나에게 주는
10가지 선물

나에게 주는 10가지 선물

1판 1쇄 인쇄 2017년 2월 15일
1판 1쇄 발행 2017년 2월 25일

지은이 추스잉
옮긴이 박소정

발행처 고즈윈
발행인 이은주

신고번호 제300-2005-176호
신고일자 2005년 10월 14일

주소 (04029) 서울시 마포구 양화로 7길 84 영화빌딩 4층
전화 02-325-5676
팩스 02-333-5980

값은 표지에 있습니다.
ISBN 979-11-87904-02-1 13190

나에게 주는
10가지 선물

추스잉 지음 | **박소정** 옮김

고즈윈
God'sWin

| 차례 |

인생은 깁니다. 대다수의 결정이 무언가를 빨리 시작해야 할 듯해도
사실 잘한 결정이기만 하면 언제 시작해도 늦지 않습니다.
꿈을 향해 분명한 지도를 그리면 반드시 그 꿈에 가까워지니까요.
아무도 보장할 수 없지만 우리도 목적지에 닿을 수 있습니다.
꿋꿋하게 꿈을 향해 걸어가기만 한다면 꿈은 이루어집니다.

- 추스잉褚士瑩

새로운 출발을 위해
과감하게 안전지대를
벗어나다

자신에게 적어도 한 번쯤은 3개월간 지금 있는 곳과 전혀 다른 데로 떠날 기회를 주자.
3개월간의 여행을 통해 자신이 알아채든 아니든 앞으로의 일생을 바꿀 만한 사건을
겪거나 그런 변화를 가져다줄 사람을 만나게 될 것이다.

새로운 출발을 위해
과감하게 안전지대를
벗어나다

자신에게 적어도 한 번쯤은 3개월간
지금 있는 곳과 전혀 다른 데로 떠날 기회를 주자.
3개월간의 여행을 통해 자신이 알아채든 아니든
앞으로의 인생을 바꿀 만한 사건을 겪거나 그런 변화를
가져다줄 사람을 만나게 될 것이다.

"내 인생에 주는 선물로 3개월간 여행을 떠나보세요!"

만약 당신이 너무 바빠서 내 얘기를 들을 시간이 단 1분밖에 없다면 나는 딱 이 한마디를 건넬 것이다.

지금의 내가 나일 수 있었던 건 처음 겪은 세 가지 사건으로 나의 인생 퍼즐이 새롭게 맞춰졌기 때문이다. 나는 이를 가리켜 세 번의 '폐기학습 unlearning'이라고 부른다. 기존에 알던 것과 배운 것을 한쪽으로 제쳐두고 다시 새롭게 익히는 것을 말한다.

공교롭게도 인생에서 중요한 이 세 번의 경험을 나는 3개월간 외국을 여행하면서 겪었다. 남들은 어떻게 생각할지 모르겠지만 나는 젊었을 때 최소한 번쯤은 3개월간 떠나는 여행이 내게 주는 최고의 선물이라는 걸 확신한다.

처음으로 3개월 동안 여행하면서 나는 많은 거지를 만났다. 훗날 NGO^{Nongovernmental Organization}의 길로 들어서게 된 것도 거지들이 내게 가르쳐준 교훈 때문이다.

두 번째 여행은 나이 서른을 눈앞에 두고 1년 동안 떠난 항해 여행이었다. 어리석을 만치 천천히 이동하면서, 비행기를 타고서 평생 몇 바퀴를 돌았는지도 모르는 지구를 새로 알게 되었고, 그러면서 다시 겸손을 배웠다. 이것이 항해가 내게 가르쳐준 교훈이다.

세 번째 여행은 미얀마 여행이었다. 그곳에서 10년이란 시간을 보내며 처음으로 꿈의 원가를 계산하고 내 인생의 '성공'과 세상이 말하는 '성공'을 구분하는 법, 경쟁뿐인 사회에서 내 인생과 화해하는 법을 배웠다. 이것이 미얀마가 내게 가르쳐준 교훈이다.

거지가 가르쳐준 교훈
처음으로 문제제기 능력을 갖게 되다

고등학생 때 난생처음 배낭여행을 떠날 수 있을 정도의 돈을 모았다. 돈이 많지 않은 탓에 먼 지역까지 갈 수 없었던 나는 비교적 가까운 인도네시아로 여행을 떠났다. 아마 내 인생에서 최초로 국외에 오래 머물렀던 경험일 것이다. 당시 여행했던 기억은 가물가물하지만 NGO에 몸담게 된 결정적인 이유가 무엇이냐는 질문을 받을 때면 그해 여름방학 때로 거슬러 올라가지 않을 수 없다.

당시 나는 여행 경비를 절약하기 위해 야간열차를 타고 다녔다. 낮에 장거리 버스에서 시간을 낭비하지 않아도 되고 숙박비도 절약할 수 있었기 때문이다. 관광객인 내가 인도네시아의 중산층도 보지 못한 가난한 현실을 볼수 있었던 건 다소 힘든 여행 방식 덕분이었는지도 모른다. 매일 아침 기차역이나 버스 터미널 문을 열고 나가면 나를 맞이하는 것은 찬란한 태양도, 차가운 공기도 아닌, 손을 내밀고 구걸하는 작은 손들이었다.

나는 속으로 생각했다. 돈을 주지 않으면 나쁜 사람일까? 하지만 돈을 준다고 꼭 좋은 사람은 아니잖아?

"하지만 너한테 돈을 주면 내가 쓸 돈이 없어."

나는 내가 내게 하는 말을 들었다.

"나도 힘들게 일해서 겨우 이만큼 모아 여행 온 건데 왜 나한테 돈을 달라는 거야? 내가 꼭 돈을 줘야 해?"

나는 언짢은 기분이 스멀스멀 올라오는 것을 느꼈다.

하지만 세 살 때부터 매일 물을 길었던 아이가 가난한 게 과연 게을러서일까? 그렇다면 나는 부지런한 것일까? 아니면 비록 최저임금을 받지만 조금이라도 돈을 모을 수 있는 곳에서 태어난 내가 비교적 운이 좋은 것일까?

그들에게 줘야 한다면 무엇을 줘야 할까? 돈? 먹을 음식? 연필? 마실 물?

돈을 줘야 한다면 얼마를 주는 게 적당할까?

내 수중에 있는 돈을 한 사람에게만 줄 수 있다면 누구에게 줘야 할까? 몸이 불편한 장애인이 꼭 사지 멀쩡한 사람보다 돈이 더 필요하다고 할 수 있나? 힘없고 연약한 데다 옷도 해지고 심지어 실오라기 하나 걸치지 않은 사람이면 꼭 불쌍할까? 나이 어린 거지들에게 더 많이 베풀어야 할까?

그렇다면 아이를 안고 있는 엄마 거지는? 그 여자는 진짜 아이의 엄마일까?

그러면 연로한 노인은?

오늘 모든 재산을 내가 준다손 치더라도 내일은 어떻게 할 건데?

모레는? 내년은? 내후년은?

긴 시간 동안 책임지고 도울 수 없다면 아예 주지 않는 편이 낫지 않을까…….

인파 속에서 거지들이 파도처럼 내게 밀려들었다. 수많은 물음표가 머릿속에 떠올랐다. 그러한 의문들은 깨지고 부서져 희미하기는 했지만 분명 존재했다. 그해 여름 여행은 내게 어떤 답도 주지 않았다. 답을 주기는커녕 오히려 수많은 질문을 던졌다. 당시 나는 많은 거지를 맞닥뜨린 그 여행이 최악의 여행이었다고 생각했다. 하지만 10년이 지나고 과학기술 업계를 떠나 NGO에 들어가기로 마음먹은 뒤에야 그해 여름이 내게 어떤 영향을 끼쳤는지, 막 여행을 시작했을 때 무엇을 두려워했고 무엇에 관해 질문했었는지, 어떻게 하면 다른 사람을 관찰하면서 가치판단을 하지 않을 수 있는지, 어떻게 사람을 감동시키고 낯선 이의 호의를 받아들일 수 있는지 비로소 알게 되었다. 10년간 머릿속에서 꿈틀대던 것이 마침내 나의 인생을 송두리째 바꾸는 결정적인 계기가 된 것이다.

지금까지도 거지들에게 도움의 손길을 내밀어야 하는지에 대한 절대적인 답은 찾지 못했지만 한 가지는 분명하게 알고 있다. 바로 NGO를 적절하게 활용하면 제도적 차원에서 자원을 집중시켜 변화를 갈망하는 약자를 도울 수 있고 그 과정에서 나 역시 수혜자가 된다는 것을 말이다.

물론 이 답을 얻기 위해 지난 10년간 먹지도, 자지도 않고 온종일 이 골치 아픈 문제와 씨름했던 것은 아니다. 청춘이었던 10년 동안 공부하고, 일하며, 여행도 다녔다. 부지런히 살았고 그래서 후회도 없다. 인생에서 젊었을 때 쌓은 여행 경험은 자신이 생각했던 것보다 더 큰 의미가 있다. 사람이라면 누구나 피하고 싶어 하는 거지도 평소에 내가 생각해본 적 없는 문제를 깊이 생각해보게 만들기 때문이다.

답이 뭘까? 이 문제에 답이 있기는 할까? 시간이 흐르면서 나는 점차 깨달았다. 답을 찾는 일이 그렇게 중요하지 않음을. 중요한 것은 학교에서 가르쳐주지 않고 시험에도 나오지 않는 문제, 바로 인생과 행복에 관한 문제를 나 스스로 묻기 시작했다는 것이다.

대학생 시절에 함께 수업을 땡땡이치고 인도, 네팔에 가서 히말라야 산기슭을 따라 여행했던 친구 케이트와 얼마 전 이야기를 나누다 지난 추억 하나가 떠올랐다.

언젠가 히말라야 산에서 둘이 갈림길에 선 적이 있었다. 어느 쪽이 호숫가에 있는 숙소로 돌아가는 길인지를 두고 실랑이를 하다 의견차를 좁히지 못하고 끝내 각자 선택한 길을 가기로 했다.

몇 시간 후 먼저 숙소에 도착한 나는 케이트가 오기를 기다렸다. 날은 어두워지고 아무리 기다려도 오지 않자 걱정스러운 마음에 왔던 길로 되돌아가 케이트를 찾아보았다. 갈림길에 도착했을 때 혹시나 하는 마음에 팔이 없는 왜소한 거지에게 길을 물었다.

"혹시 제 친구 보셨나요?"

"봤지!"

그가 말했다. 사실이든 아니든 상관없이 친구를 봤다는 그의 말에 가슴이 뛰었다.

"혼자였나요?"

내가 물었다.

"아니, 어떤 남자랑 같이 있던걸."

나는 순간 긴장해서 이렇게 물었다.

"그 사람이 누군데요? 어떻게 생겼는지 기억나세요?"

"기억나지."

거지가 웃으며 말했다.

"바로 당신이야!"

나는 화가 나서 주먹을 불끈 쥐었다. 그를 주먹으로 한 대 후려쳐서 히말라야 산골짜기로 보내버리고 싶은 심정이었다. 하지만 그의 말이 분명 거짓은 아니었다.

내가 거지를 노려보며 화를 내고 있는데 케이트가 아무 일도 없다는 듯이 산 위의 오솔길을 따라 걸어 내려왔다. 노래를 흥얼거리며 손에는 야생화처럼 보이는 흰색 꽃 한 송이를 쥐고 있었다. 내가 찾던 사람이 나타나자 거지는 곧바로 자기를 데리고 같이 좀 가달라고 요구했다.

"그러니까 당신을 데리고 산을 내려가달라고요?"

"어디든 상관없어! 당신이 가는 곳이 어디든 그냥 가는 길에 나를 데리고 가면 돼."

이 말을 듣고 나는 멍해졌다.

"제… 제가… 어떻게 당신을 데리고 가요?"

나는 말을 더듬거리며 케이트에게 도와달라는 눈빛을 보냈다. 하지만 케이트는 나를 도울 생각이 없었을 뿐 아니라 한 술 더 떠서 우리의 대화가 굉장히 재미있다는 반응을 보였다.

"간단해. 과일 한 바구니처럼 생각하고 데려가면 되는 거야!"

나는 흠칫했다. 멀쩡히 살아 있는 사람이 왜 알지도 못하는 사람한테 자기를 과일 바구니 취급을 해서 어디든 데려가주면 좋겠다고 하는 거지? 나는 난감하기도 하고 화도 나서 거절한 뒤 케이트를 끌고 길을 떠났다.

케이트는 내가 머릿속에서 싹 잊어버린 지난 일을 끄집어내 마치 어제 있었던 일처럼 깔깔대며 웃었다.

우리는 어릴 때부터 어른들이 묻는 질문에 정답을 말하도록 교육받았다. 그러다 보니 별로 중요해 보이지 않는 일에 대해 문제제기하는 법을 잊어버렸다. 그런데 여행을 시작한 뒤 어린아이처럼 시도 때도 없이 수많은 물음표가 머릿속을 가득 메웠다. 답이 있는 문제도 있었지만 답이 없는 경우가 태반이었다. 하지만 시험을 보지 않아도 되는 다양한 문제를 풀기 위해 노력하는 그 자체만으로도 굉장한 의미가 있다.

다른 여행에서 그랬듯이 우리는 그 여행을 하면서 수없이 거지를 만났다. 못 봤다고 시치미 떼기도 힘들 정도로 많이 봤다. 아마 청춘의 한 자락에 잊히지 않는 흔적이 남은 건지도 모르겠다. 그해 함께 여행했던 두 친구 중 한 명인 케이트는 호주 시드니에서 받은 건축학 석사의 영광을 뒤로하고 기자라는 직업도 포기하며 당당하게 싱글맘이 되었다. 그녀는 타이완의 시엔希恩이라는 기독교 단체에서 미혼모와 법적 보호를 받지 못하는 외국인 여성 배우자들을 돌보고 있다. 또한 버려진 아이와 미혼모 들을 위한 보호소를 설립하고, 신속하게 입양 절차를 숙지한 뒤, 타이완 현지와 외국에 있는 가정이 이 아이들을 입양할 수 있도록 돕고 있다.

여행 동반자였던 또 한 명의 친구 미셸은 예술대학 석사 과정을 마치고 방송국 기자, 대학 겸임교수, 청핀수뎬誠品書店 · Eslite Bookstore 온라인사업부 CMO최고마케팅 책임자를 역임한 뒤 대부분의 시간을 베이징에서 보내며 글로벌 패션 잡지 중문판 편집장으로 일하고 있다. 하지만 그 와중에도 여전히 여행을 그리워하고 있었다. 어느 해 여름 칭하이호青海湖에 자신만의 가게를 차리겠다는 꿈을 이뤘지만 가게가 국고로 환수되면서 결국 무산되었고, 미셸은 이내 시나리오 작가로 전향해 영화 〈킬러: 살수구양분재The Killer Who Never Kills〉를 촬영했다.

다른 사람들 눈에는 우리가 재미있게 사는 사람들로 보일 것이다. 똑같은 여행 경험이, 전혀 다르게 보이지만 어떤 면에서 비슷한 구석이 있는 꿈의 길로 우리를 인도했다. 우리가 네팔에서 인도로 가기 위해 국경을 넘던 그날 밤이 떠오른다. 인도 세관이 아침에 문을 열기 때문에 우리는 네팔에 있는 작은 마을에서 하룻밤을 보냈다. 미셸과 케이트는 그날 밤 말다툼을 했다. 땅거미 진 마을에 먹을거리가 없어 배가 고파진 미셸은 케이트가 카트만두에서 산 뒤로 먹지 않고 아껴둔 배낭 속 초코크림샌드를 노리고 있었다. 하지만 케이트는 '특별한 순간'이 돼야 그 과자를 개봉할 수 있다며 딸기크림샌드 하나만 미셸에게 억지로 쥐어줬다. 그런데 그날 밤 케이트가 길가를 떠돌던 유기견에게 초코크림샌드를 몽땅 던져주는 게 아닌가. 그 모습을 보고 눈이 뒤집힌 미셸은 불같이 화를 냈다.

"살면서 처음으로 무섭지 않은 개를 만났으니까 특별한 순간이지!"

케이트가 당연하다는 듯이 말했다.

지금 생각해도 여전히 웃음이 나는 이런 소소한 에피소드들은 즐거우면서도 두렵고 기쁘면서도 슬픈 우리의 일상에 스스로 던지는 사소한 질문에 대한 대답이기도 하다. 별것 아닌 듯한 이런 문제를 던지는 것은 답을 찾는 것과 마찬가지로 중요하다. 사소한 문제에서 대단한 답을 찾을 수도 있기 때문이다. 히말라야 산기슭의 갈림길에 섰던 그날 우리는 서로 다른 선택을 했다. 당시에는 맞는 길이 하나뿐이라고 생각했지만 마지막 목적지만 알고 있다면 모로 가도 끝은 나온다는 것을, 혹은 내가 자신을 과일 바구니처럼 데리고 가주기를 바라던 그 거지처럼 어디로 가야 할지 모를 때에도 확실한 믿음만 있다면 방향을 알지 못해도 전혀 상관없다는 걸 나중에서야 깨달았다.

인생은 우리가 생각하는 것보다 훨씬 단순하다.

이런 사소한 결정은 결국 언젠가 우리 각자의 세계관이 되고, 세계를 바라보는 개개인의 시각은 우리가 어떤 사람이 될지를 결정한다.

항해가 가르쳐준 교훈
처음으로 안전지대를 벗어나다

미국 잡지 《맨스저널Men's Journal》 기자인 스티븐 러셀이 버진그룹Virgin Group의 리처드 브랜슨 회장을 인터뷰하면서 젊은 시절의 자신에게 충고 한마디를 할 수 있다면 뭐라고 하겠느냐고 물었다.

"저는 더 자주 '예스(Yes)'를 외치라고 할 겁니다. 그러면 인생이 보다 풍부하고 다채로워질 테니까요."

100퍼센트 확신이 없는 일에 '예스'라고 말하기, 그것이 바로 자신의 안전지대를 벗어나는 첫걸음이다.

교육학에 '안전지대 이론'이라는 것이 있다. 모든 사람은 보이지 않는 틀 안에서 생활하는데, 이 틀 안에 있는 익숙한 환경에서 내가 아는 사람들과 함께 지내고 내가 할 수 있는 일을 하기 때문에 편안함을 느낀다는 이론이다. 일단 이 틀을 벗어나면 낯선 상황을 마주하게 되면서 점차 불편해지고 편안했던 기존의 틀 안으로 돌아가고 싶어진다. 대개의 경우 우리가 '예스(Yes)'가 아닌 '노(No)'를 선택하게 되는 이유가 바로 여기에 있다.

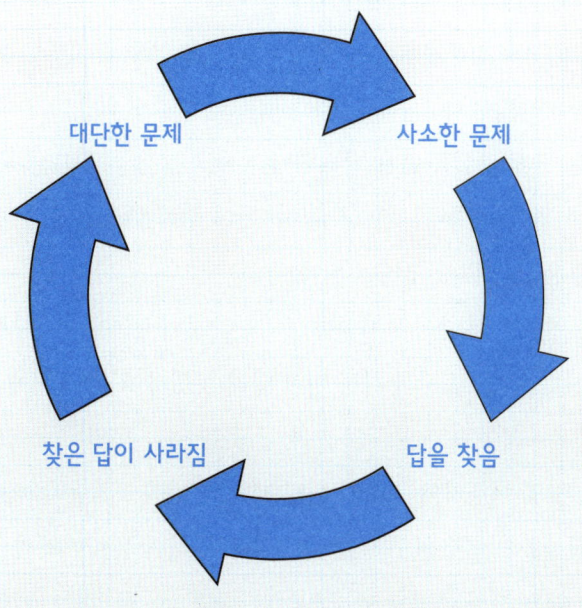

대단한 문제 → 사소한 문제 → 답을 찾음 → 찾은 답이 사라짐 → (대단한 문제)

답을 찾는 일이 그렇게 중요하지 않음을.
중요한 것은 학교에서 가르쳐주지 않고
시험에도 나오지 않는 문제,
바로 인생과 행복에 관한 문제를
나 스스로 묻기 시작했다는 것이다.

나는 학창 시절부터 다녔던 장기, 단기 여행이 스스로에게 안전지대를 벗어나 다양한 도전과 좌절을 극복할 기회를 줬다고 생각한다. 안전지대 범위가 좁은 평범한 직장인과 비교했을 때 나는 돈이 부족하다고 걱정하지도 않고(돈은 또 벌면 된다), 3개월 장기 휴가를 쓰고 돌아왔을 때 직장을 못 구할까 봐(직장은 다시 구하면 된다) 전전긍긍하지도 않는다. 여행을 통해 나는 이 두 가지 근심을 훌훌 날려버렸다. 전문성을 갖춘 사람이 되기만 하면 '살아남기'는 한결 수월해진다. 돈이 부족하면 일해서 또 벌면 되고 직장을 잃으면 다시 구하면 된다.

하지만 여행이란 중독성이 강하고 그 안에서 또 다른 일상의 규칙을 만들게 된다는 걸 그 당시 나는 미처 알지 못했다. 가는 도시에서마다 유스호스텔에서 묵었고, 모퉁이의 카페 한 곳을 골라 매일 그곳에서 커피를 마시면서 몇몇 여행자와 친구가 되었으며, 몇 가지 새로운 음식에 익숙해졌다. 일상생활의 새로운 규칙을 만든 것이다. 이런 식으로 하면 전 세계를 여행하는 일은 전혀 문제가 되지 않는다. 다만 남들이 나를 여행 고수라고 여길 때 나는 그저 안전지대가 조금 넓어졌을 뿐 지능의 발달 속도는 점점 느려지고 있다는 사실을 자각했다.

나는 쌀밥과 면을 포기하고 매일 에티오피아 전통 주식인 인제라^{injera}, 즉 테프^{teff}의 씨를 갈아 만든 빵을 먹으며 생활하는 법을 배웠다. 이렇게 지내는 방법이 생각보다 힘들지 않겠다는 걸 깨달은 것은 어떤 의미에서 꽤나 대단한 일이었다. 아시아에서도 볼 수 있는 테프는 발등을 조금 넘는 높이까지 자라는 여린 식물로서, 쉽게 말하면 그냥 잡초다. 다른 지역에서는 기껏해야 목초 따위로 쓰인다. 하지만 에티오피아 사람들은 3,000년 전부터 참깨보다도 작은 이 곡물을 주식으로 먹었다. 테프는 흰색과 검은색 두 종류가 있는데 흰색이 고급이라 비싸고 검은색은 저렴한 편이다. 테프의 씨를 갈아 가루로 만든 다음 물을 부어 반죽하고 갈대를 엮어 만든 크고 둥근 광주리에 펼쳐서 뚜껑을 덮은 뒤 사흘 동안 발효시킨다. 발효된 반죽을 꺼내 찌면 둥글고 부드러우며 시큼하고, 자잘한 구멍이 송송 뚫려 있다. 마치 물속에 빠진 시폰케이크나 타이완식 찐빵 같은 형태다. 인제라는 식기와 냅킨 역할도 한다. 먹을 때는 인도의 야채 카레와 비슷한 와트소스를 한 덩어리만큼 떠서 크고 둥근 인제라 빵 위에 얹는다. 그런데 꼭 손으로 한 조각씩 빵을 뜯어서 와트를 묻혀 먹어야 한다. 처음에는 아무리 많이 먹어도 배가 차지 않았다. 인제라를 한 장씩 테이블 위에 펼쳐놓아도 밥 한 공기나 국수 한 그릇처럼 양을 도통 가늠할 수가 없었다. 그제야 '1인분'이라는 개념을 분명히 알아도 문화 환경이 바뀌면 그 양을 가늠하는 능력을 완전히 잃는다는 걸 깨달았다. 그래서 결국 나는 항상 너무 많이 먹어서 배가 아프거나 너무 적게 먹은 탓에 배가 고파 잠을 설쳤다.

시간이 좀 지나 계속 먹다 보니 인제라에도 어느새 익숙해졌다. 배가 고프면 한 조각 떼서 소스에 찍어 꿀떡 삼키고 배가 안 고프면 그만 먹다가 허기가 지면 다시 조금 먹는 식으로 요령이 생겼다. 마침내 어느 정도 양을 먹어야 1인분인지 분명히 알게 되었다.

이렇게 해서 나의 인진지대가 조금 더 확장되있다.

처음 몽골의 대초원에 갔을 때도 나는 비슷한 경험을 했다. 끝없이 펼쳐지는 초원 위에 좌표로 삼을 만한 나무나 집이 없어 거리감을 완전히 상실했다. 초원에 착륙해 나를 기다리고 있을 경비행기가 2킬로미터 안에 있는지 20킬로미터 밖에 있는지 알 수 없었다. 눈앞에 펼쳐진 풀밭 위로 흰 구름이 만든 둥근 음영이 두 팔로 안을 수 있을 만큼의 너비인지 마을 하나만큼 큰지도 알 수 없었다.

인제라를 많이 먹고 나서 한 가지를 깨달았다. 리처드 브랜슨 회장은 열기구를 이용한 세계 일주에 계속 도전하고 있는데, 사람들은 그를 가리켜 그저 너무 많은 돈을 주체하지 못해 짜릿한 일을 찾는 금수저 집안 자제라고들 했다. 그러나 나는 전적으로 그를 이해할 수 있었다. 어느 수준에 도달하면 사람이 도전해야 하는 대상은 더 이상 외부 세계가 아니라 자신의 안전지대라는 것을 깨달았기 때문이다.

나의 안전지대는 육지라서 나는 결국 항해를 향해 '예스'를 외쳤다. 나는 안전지대를 벗어나는 것이 긴장될지언정 결코 두렵지는 않다.

숲도 안전지대를 벗어나는 방법이다

나는 바다를 제일 좋아하지만 숲에도 남다른 감정이 있다. NGO 컨설턴트 직을 맡은 지 얼마 되지 않아 프로젝트를 마무리하면서 접했던 숲이 가장 기억에 남는다. 프로젝트의 목적은 그랜드 캐니언에 있는 미국 인디언 마을 보호 구역에 가서 보호 동물로 지정된 엘크Elk의 개체 수 과잉문제를 해결하는 것이었다. 엘크는 몸집이 매우 크고 달리는 속도도 빠르지만 사람들이 야간 운전할 때 켜는 전조등 불빛에 놀라 허둥지둥하는 사이 사고가 많이 났다. 또한 마을 전통에 따르면 모든 가정이 매년 엘크를 한 마리만 잡을 수 있는데 가죽은 벗겨서 가정용품으로 쓰고 고기는 육포로 만들어 먹는다. 문제는 엘크가 너무 큰 데다 육질에 지방이 없어서 빽빽하고 맛이 없다는 것이다. 그래서 엘크 한 마리를 잡아 온 가족이 1년을 먹어도 다 먹지를 못한다.

이 프로젝트를 맡고 내가 착수한 첫 임무는 날마다 엘크의 동선을 따라가며 무리의 정확한 숫자를 추산하는 일이었다. 이 과정에서 그랜드 캐니언 아래에 위치한 숲을 알게 되었다. 인디언 마을은 이 숲을 조상의 영혼이

쉬는 곳이라고 여기기 때문에 함부로 들어가지 못하지만 이를 무시하고 들어가는 관광객이 꽤 있었다. 그들은 마을 문화의 금기에도 아랑곳하지 않고 래프팅이나 하이킹을 즐겼다. 그래도 그렇게 개념 없는 관광객의 수가 많지는 않아서 그랜드 캐니언 아래의 숲속 생태계가 잘 보존되어 있다는 게 그나마 다행이었다. 나는 자연 생태계가 파괴되면 엘크 같은 대형 초식 동물은 가장 먼저 사라질 위험에 처하리라는 걸 새삼 깨달았다.

나는 지난 10년 동안 퍼머컬처Permaculture, 영구 농업. 지속 가능한 생산 환경과 생활 환경을 만들기 위한 설계 원칙에 따라 미얀마 산간 지대에 유기 농장을 운영했는데 초식 동물의 생활 터전을 보호하기 위해 특별히 신경 썼다. 이는 야생 초식 동물이 심각하게 부족한 타이완의 한 숲을 떠올리며 이를 반면교사로 삼았기에 가능했다. 우리는 매년 수확하고 난 논밭에서 '사냥꾼들'을 몰아내야 했다. 산노루와 아기 사슴이 개발로 인해 숲에서 터전을 잃지 않는다는 점에 흐뭇하기 그지없었다.

미얀마가 가르쳐준 교훈
처음으로 꿈의 원가를 계산할 줄 알게 되다

미얀마에서 유기 농장을 운영했던 경험을 최근 몇 년간 전문대학에서 함께 나눌 기회가 있었다. 주제는 대부분 꿈과 관련돼 있었다. 모든 청년이 '꿈은 값지다'라고 생각하는 분위기에서 누군가 이런 말을 할 때마다 나는 늘 무대 아래 학생들에게 묻곤 했다. "대학을 졸업한 뒤 사장이 어느 정도 돈을 줘야 자신이 좋아하지도 않고 흥미도 없는 일을 기꺼이

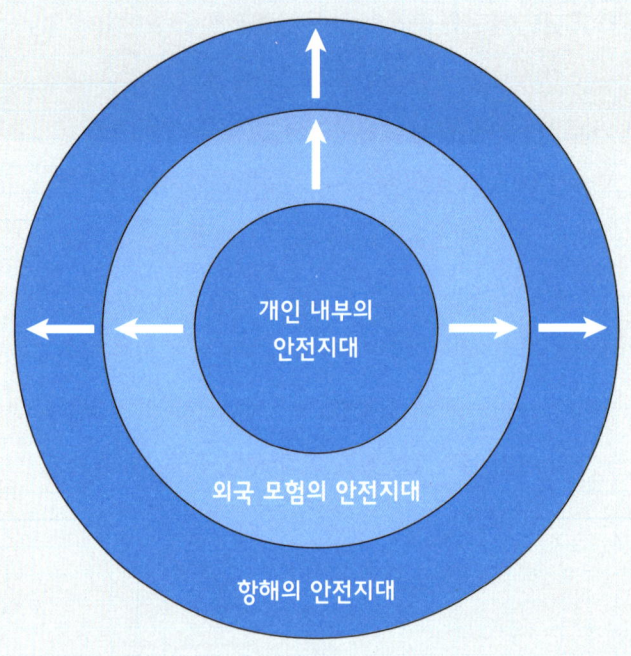

어느 수준에 도달하면
사람이 도전해야 하는 대상은
더 이상 외부 세계가 아니라
자신의 안전지대라는 것을
깨달았기 때문이다.

현장 투표를 해보면 타이완은 면적이 크지 않은 나라임에도 남북의 차이가 여전히 크다는 걸 쉽게 알 수 있다. 동부와 남부의 사립 대학교 학생들은 기본적으로 매달 2만 5,000타이완달러TWD면 가능하다고 답했다. 북부의 일류 국립 대학교 학생들이 가장 높은 값을 불렀지만 그래봤자 고작 4~5만 타이완달러를 주면 기꺼이 일하겠다고 답했다(한화로 140만 원에서 150만 원). 이 문제를 두고 타이완 대학생들이 보여준 태도는 평소 온라인 게임이나 보드게임을 할 때와는 전혀 딴판이라 잔인하게 느껴질 정도였다.

"만약 그렇다면 어떻게 여러분의 꿈이 값지다고 말할 수 있지요? 한 달 월급 4만 타이완달러에 여러분의 꿈을 팔 수 있다니요!"

나는 너무하다 싶을 정도로 매번 이 점을 꼬집었다.

그러면 무대 아래는 늘 그렇듯 침묵에 휩싸였고 곤혹스러움마저 느껴졌다.

"4만 타이완달러에 꿈을 판다니, 너무 헐값 아닌가요?"

나는 이어서 말했다.

"타이완의 18~30세 청년들은 2만 5,000타이완달러도 아니고 4만 타이완달러도 아니에요. 여러분이 만약 돈을 받고 영혼을 판다면 한 달에 최소 12만 타이완달러 정도는 돼야 한다고요. 그래도 팔까 말까 고민이 돼야 해요."

가오핑高屏이나 화둥花東 지역 대학생들은 졸업 후 현지에서 초봉 월 4만 타이완달러를 주는 일자리를 구하기도 하늘에 별 따기인데 12만 타이완달러는 어림도 없다고 여긴다.

하지만 나는 이렇게 계산했다. 18~30세인 타이완 여권 소지자라면 워킹홀리데이 프로그램 참가자워홀러로서 뉴질랜드, 호주, 일본, 캐나다, 독일, 한국 등 타이완과 관련 협정을 맺어 발효된 국가에 갈 수 있다. 그곳에서 일도 하고 휴가도 즐기면서 해당 국가의 생활상을 깊이 이해할 수 있다. 정원도 상당해서 매년 12만 명의 젊은이가 워킹홀리데이 비자로 호주에 가는데 매주 평균 2,300여 명이 워홀러가 된다는 계산이 나온다. 다시 말해서 매일같이 보잉747 여객기 한 대가 호주로 워킹홀리데이를 떠나는 젊은이들을 가득 실어 나른다는 얘기다.

타이완을 포함한 각국의 워홀러들은 1년 동안 그 나라에 머물면서 비자 유효 기간 동안 단기 아르바이트나 파트타임 일을 할 수 있다. 모두에게 일자리를 얻을 기회는 동일하게 주어지며, 그들은 같은 대우를 받고 같은 유스호스텔에 묵으면서 같은 문제에 직면한다. 그러면서 남들과 마찬가지로 자신의 문제를 해결하려고 노력해야 한다. 같은 고용주 밑에서 6개월 넘게 일할 수 없다는 제약이 있긴 하지만 대부분의 일자리 요구 기준이 매우 낮고 외국어를 못해도 상관없다. 꼭 대학생일 필요도 없고 어떤 기술이나 업무 경험이 없어도 무방하다. 창고, 공장, 주방에서 하는 일이나 가공, 제조 등의 직무와 비슷하다. 그래서 과거에 일한 경험이 없다고 걱정할 필요가 전혀 없다. 시드니 같은 대도시에서는 크게 두 가지 일을 하게 되는데 하나는 접대, 다른 하나는 기술이 필요 없는 육체노동이다. 호주 북부 지역 농장에서는 건기에 야채를 수확하고 과일을 포장하는 일자리가 많다. 호주 남부 지역에서도 대개 9월부터 이듬해 4, 5월까지 무더운 여름철에 과일을 수확하는 일꾼을 상당수 모집한다. 일자리를 찾아 어디든 갈 마음만 있다면 주 5일 동안 매일 10시간씩 일하고 시급 20호주달러AUD를 받는다고 계산했을 때 주당 1,000호주달러, 월 12만 타이완달러에 해당하는 수입을 올릴 수 있다.

물론 얼마큼 돈을 벌 수 있는지는 당신의 업무 성격에 따라 결정된

나에게 주는 10가지 선물

다. 지구 상 어느 곳이 안 그렇겠는가? 호주의 생활비가 꼭 타이완보다 비싸지도 않다. 시드니에서 다른 사람과 단기로 방 한 칸을 같이 쓰면 매주 100~150호주달러만 지불해도 충분하다. 휴양지에서 일하면 숙박비가 굉장히 저렴하다. 농장에서 일하면 무료로 숙식이 해결되고 시골이면 이동수단으로 자동차까지 제공된다. 세금 문제를 놓고 보자면 어느 국가든 일하면 세금을 납부해야 한다. 이 점은 타이완도 예외가 아니니 불평할 게 못 된다. 처음 일을 시작할 때 29퍼센트라는 세율을 대다수 청년이 받아들이기 힘들어 하지만 그동안 한 번도 집세나 세금을 내지 않았기 때문에 그런 것뿐이다.

그래서 나는 타이완 청년이 고작 얼마 되지도 않는 돈을 벌기 위해서 일하거나 한 달에 12만 타이완달러도 벌지 못하면서 꿈을 포기한다는 데는 명분이 서지 않는다고 생각한다. 서른 살 이전에 단지 돈만 보고서라도 매년 당당하게 해외로 워킹홀리데이를 떠날 수 있고 일부 국가에서는 1~2년을 더 머물 수도 있기 때문이다. 꿈에서 멀어지는 것은 매한가지지만 그렇다고 억지로 타이완에 얽매일 필요는 없다. 따라서 진정한 대가는 월 12만 타이완달러가 되는 것이다.

꿈을 실현하는 일을 하면서 잘하면 한 달에 12만 타이완달러보다 많이 벌 수도 있다. 하지만 꿈을 실현하겠다고 월급이 4만 타이완딜러인 일을 선택한다면, 그 차액인 8만 타이완달러로 사들이는 것은 다름 아닌 '나의 꿈'이다.

자신의 꿈을 사든 아니면 팔든 우리가 값지다고 생각했던 꿈은 사실 너무나 쉽게 가격을 매길 수 있는 것이었다.

꿈의 무지개에 기대다

타이베이에 있을 때 양방반洋幇辦·YBP Community이라는 청년 단체에서 주최하는 연례행사에 참석한 적이 있다. 스스로를 '방유幇友, 조합 친구'라고 칭하는 청년들이 함께 일하고 팀을 이뤄 위산玉山을 등반하기도 한다. 또 크로스 드레싱cross-dressing, 이성의 옷을 입는 것을 하고 댄스파티에 참석하거나 기업 세미나에 참가하는 데 무대극을 보러 가는 것만큼이나 열중한다. '방주幇主'와 각 분회의 분회장은 대개 해외 연수나 근무를 하고 돌아온 대기업 고액 연봉자들이다. 그들의 생각을 이어주고 방유 간의 삶을 붙들어주는 핵심 키워드는 바로 '꿈'이다.

양방반에 가입하려면 우선 가위와 풀을 들고 '꿈의 콜라주'를 만들어야 한다. 사람들이 한데 모여 오래된 잡지 한 묶음을 두고 자신의 꿈을 오려 붙인다. 여행 가고 싶다? 돈을 왕창 벌고 싶다? 결혼하고 싶다? 도쿄에 가서 지하철역마다 사진을 찍어 기념하고 싶다? 이 중에 시도해선 안 될 것은 하나도 없다. 또한 한 번으로 그쳐야 하는 것도 아니다. 이렇게 해서 방유는 자가 탐색을 통해 자신과 다른 사람의 꿈을 좀 더 잘 이해할 수 있게 된다.

꿈을 구체화한 뒤 실현하는 것은 향후 시공을 위한 청사진과 같아서 부담이나 제한이 전혀 없다. 모든 회원이 자신에게 한 약속을 쉽게 잊어버리지 않도록 방유끼리 서로 격려할 뿐이다. 또한 '드림보이스Dreamboys 대개조 파티'를 열어 종이를 잘라 만든 구름 위에 방유가 자신의 꿈을 써서 전부 '꿈의 무지개'에 붙이게 한다.

이 꿈의 무지개라는 것은 너무 순수해서 오히려 어리석어 보이기까지 한다. 하지만 10년 전 내가 미얀마 북부 고원 지대에서 일하기로 결심하고 현지 단체를 도와 아무것도 없는 땅에 자연 농법에 따른 미얀마 최초의 유기 농장을 만들었을 때, 요원해 보였던 그 꿈이 바로 나의 무지개였다.

나는 미얀마에서 10년 가까이 농장을 운영했다. 고원 지대에 위치한 덕분에 큰 비가 내린 뒤 태양이 고개를 내밀 때면 거대하고 완벽한 형태의 무지개를 볼 수 있었다. 그럴 때마다 내가 세상에서 가장 아름다운 경치를 자랑하는 사무실을 가졌다는 사실에 기뻐했다. 타이베이 101(총 101층으로 된 타이베이 세계금융센터) 창가에 위치한 사무실과 바꿔준다고 해도 그럴 마음이 전혀 없다. 해가 갈수록 NGO 컨설턴트에서 농장의 일원이 되어가는 나 자신을 발견했다. 어느새 나는 내 소유의 낫과 장화를 갖게 되었고 배가 아프면 어떤 약초를 씹어야 하는지, 피가 나면 어떤 나뭇잎을 갈아 지혈해야 하는지 알게 되었다. 나와 아무런 연고도 없던 미얀마가 내 인생에서 중요한 위치를 차지하게 되었고 허허벌판에 만들어진 유기 농장 역시 내 마음에 안식을 주는 삶의 터전이 되었다. 유기 농장에 대한 나의 집념이 이 세상에 어떤 변화를 가져왔다고 말하기는 어렵다. 하지만 무미건조했던 나의 삶이 농장 덕에 훨씬 풍성하고 윤택해졌다는 것만큼은 분명하다. 나는 처음 본 사람과 인사할 때면 '행복한 NGO 직원 추스잉'이라고 자신을 소개한다. 얼마 전에는 잘나가는 글로벌 펀드매니저가 된 대학교 친구 하나가 갑자기 MSN을 통해 밑도 끝도 없이 내게 말을 건넸다.

"넌 내가 아는 사람들 중에 제일 멋지게 사는 놈이야."

나는 몇 초간 생각하다 웃으며 바로 답장을 보냈다.

"고마워. 나는 내가 아는 사람들 중에 제일 멋지게 사는 놈이기도 해."

내 재산을 다 합쳐도 친구의 고급 주택 베란다 하나 사기도 어렵겠지만 내가 친구의 칭찬을 받아들일 수 있었던 이유는 꿈의 진정한 가치를 분명히 알게 된 이후 꿈의 무지개에서 평생 내려오지 않으리라 결심했기 때문이다. 행복해지는 비결이란 사실 특별한 게 없다. 행복은 그저 경제학 원리에 부합하는 이성적 결정에 불과하다.

나는 노르웨이 친구 크리스틴의 이야기를 자주 언급한다. 소아과 전문의인 크리스틴은 어린 시절 선교사인 부모님을 따라 동남아로 건너갔다. 그 영향 때문인지 크리스틴은 커서 동남아로 돌아가 그 지역의 아이들이 무상으로 기본 의료 서비스를 받을 수 있게 돕기를 간절히 바랐다. 이 꿈을 이루기 위해서 크리스틴은 매년 3개월 동안 노르웨이에서 의사로 일하고, 3개월 동안 번 돈을 남은 9개월 동안 미얀마에서 의료 NGO로 봉사하는 데 사용한다. 노르웨이에서 한 달간 더 머물며 돈을 좀 더 벌어서 조금이라도 편하게 생활하라고, 첫째 아이를 출산한 지도 얼마 되지 않았는데 그렇게 하는 편이 낫지 않겠느냐고 권유했지만 크리스틴은 거절했다.

"만약 그렇게 하면 동남아에서 의사로 일할 수 있는 시간이 줄어들잖아."

3개월은 크리스틴이 매년 자신의 꿈을 팔 수 있는 시간의 상한선인 게 분명했다.

더 이상 행복하지 않다고 느껴지는 순간은 언제인가?

꿈의 가격이라는 말이 나왔으니 행복의 가격에 대해서도 속 시원히 말해보겠다. 세계 다이아몬드 시장의 선두 브랜드인 드비어스De Beers는 몇 년간 동일한 광고 문구를 사용했다.

"두 달 월급으로 이 세상에서 가장 멋진 물건을 살 수 있습니다The best thing two months salaries can buy."

물론 누군가에게는 세 달 월급이 될 수도 있고 돈이 많은 사람에게는 하루에 벌어들이는 금액일 수도 있다. 어느 경우가 됐든 행복에 '두 달 월급으로 살 수 있는 다이아몬드'라는 상징적인 가격이 매겨진 셈이다.

아프가니스탄 마을 단위에서 이루어지는 결혼이나 외국인 신부를 연결해주는 중개 회사를 통한 결혼이 아닌, 겉보기에 성스러운 결혼일지라도 역시 분명한 가격을 매길 수 있다.

미국 국립노화연구소National Institute on Aging의 드레이레DeLeire 교수에 따르면 결혼은 대체로 행복감을 증대시키지만 그 가치는 대략 2만 달러(약 2,220만 원) 정도로 높지 않고, 여가 활동을 하면 얻을 수 있는 행복 수준과 비슷하다고 한다. 이 얘기를 들으면 기분이 좀 상할 수도 있다. 하지만 사람이 쓸쓸해 보이지 않게 한다는 점에서 여가 활동에는 사실상 결혼과 유사한 면이 있다.

3만 타이완달러(약 100만 원) 물건을 구매해서 얻는 즐거움은 경험이 주는 즐거움보다 오래 지속되지 않는다는 걸 심리학자라면 누구나 다 알고 있다. 예를 들면 3만 타이완달러로 가죽 재킷을 사거나 평면 TV를 샀을 때 일단 그 옷을 입거나 콘센트에 플러그를 꽂는 순간 절정에 달한 즐거움은 사라지고 남아 있는 만족감마저 서서히 줄어든다. 하지만 같은 3만 타이완달러를 가지고 여행을 떠난다면 즐거운 경험은 비교적 오래 지속된다. 캘리포니아 대학교 리버사이드의 심리학과 교수인 소냐 류보머스키가 말한 것처럼 여행하면서 완벽한 경험을 하는 사람은 없다. 현실에서는 교통체증, 줄 서기, 소지품 분실, 불면증, 물갈이, 여행 동반자와의 다툼처럼 유쾌하지 않은 사건이 발생하곤 한다. 하지만 시간이 지나 여행 당시를 떠올리면 행복했던 순간과 여행하면서 느꼈던 즐거움만 떠오른다. 새로 산 TV가 주는 즐거움보다 여행의 즐거움이 오래 지속되는 것도 그런 이유일 터이다.

여가 활동의 즐거움과 마찬가지로 결혼에 약 2,200만 원의 가치가 있다면 그만큼의 돈을 가지고 매년 두 번씩 '볼런투어리즘Voluntourism, 휴가를 자원봉사 할 수 있는 곳으로 떠나는 여행'을 떠났을 때 얻는 즐거움은 10년 동안 지속될 수 있지 않을까? 10년 후에도 행복한 결혼 생활을 유지하는 것보다 수월할 것이다. 적어도 내 개인적인 생각은 그렇다.

미국에서 최근 재미있는 연구 결과를 발표했다. 일반적으로 급여가 높은 사람일수록 스스로 행복하다고 느끼지만 미국의 중산층은 일단 연봉이 7만 5,000달러를 넘으면 행복감이 더 증가하지 않고 거기서 멈춘다는 것이다. 즉 매년 100만 달러를 버는 부자는 기본적으로 7만 5,000달러를 버는 사람보다 행복하지 않은 셈이다.

이 보고서에서는 또 하나 흥미로운 현상을 밝히고 있다. 돈을 많이 버는 사람일수록 스스로 행복하다고 여기는 것은 보편적으로 자신의 생활에 대한 만족감을 가리킬 뿐이라는 사실이다. 아침에 잠이 덜 깬 상태로 고속도로 정체를 경험할 때 연봉이 7만 5,000달러인 샐러리맨이 반드시 3만 달러를 버는 사람보다 그 상황을 잘 견뎌낸다는 뜻이 아니라는 것이다.

당신에게 묻고 싶다. 당신이 생각하는 행복의 가격은 얼마인가?

좋은 외국인이 되는 법 ①
우물 파는 전문가를 배우다

2011년 5월 첫째 주《이코노미스트The Economist》에 한 유명 인사의 부고 기사가 실렸다. 그녀의 남편은 가정적인 사람이었다. 아이들을 데리고 바닷가에 가서 별이 총총한 하늘 아래에서 캠핑을 했다. 해바라기를 좋아했고 요구르트를 먹을 때는 꿀을 넣어 먹는 걸 좋아했다. 매일 아침 영국 BBC 국제 방송을 들으며 세상이 어떻게 돌아가는지 배우고 매주 금요일에는 백마를 타고 친구들과 함께 사냥하는 걸 즐겼다.

이야기 속 주인공은 꽤나 흥미로운 인물 같다. 이 사람은 아마도 사람들의 사랑과 존경을 받는 북유럽 지역의 로열패밀리일 수도 있고 어쩌면 양자역학 과학자일 수도 있다. 하지만 놀랍게도 부고의 주인공은 다름 아닌 오사마 빈라덴이었다.

이 세상에는 절대적으로 좋은 사람도, 절대적으로 나쁜 사람도 없다. 좋은 사람이라도 평생 나쁜 일을 한 번도 저지르지 않기란 불가능하다. 마찬가지로 나쁜 사람도 경솔하게 좋은 일을 '저지르지' 않도록 하루 종일 경계하거나 걱정하지는 않을 것이다.

우리가 언론을 통해 접한 빈라덴은 잔인한 괴물로 묘사되기에 요구르트에 꿀을 넣어 먹는 사람과 빈라덴의 얼굴과 연결하기란 여간 어렵지 않다. 하지만 그저 문화가 다르고 사람 사이의 관념이 달라서 그런 것뿐이라는 생각이 들 때도 있다. 미국인은 지나치게 삶을 찬양하는 반면 이슬람교도는 지나치게 죽음을 찬양한다. 따라서 보수적인 미국 기독교는 젊고 아름다운 한 여성의 인생을 망가뜨릴 수 있다는 사실을 알면서도 어떤 형태로든 낙태를 용납하지 않는다. 국제 테러 조직 알카에다에서 자란 젊은 이슬람교도는 결혼식에서는 밀어를 속삭이는 젊은 부부의 모습을 보이지만 2~3년 뒤엔 자살 폭탄 테러범이 되어 함께 장렬한 최후를 맞이한다. 두 경우 모두 등골을 오싹하게 만드는 건 마찬가지다.

세계화된 이 세상은 우리가 생각한 것보다 훨씬 지역화되어 있다. 스페인 IESE 경영대학원 판카즈 게마와트 교수의 견해에 따르면 세상은 토머스 프리드먼이 말한 것처럼 평평하지 않다. 실제로 세계에서 해외 연수를 가는 대학생은 2퍼센트 미만에 불과하고 조국이 아닌 다른 나라에 사는 사람은 3퍼센트 미만, 국경을 넘어 세계 시장에서 거래되는 백미는 7퍼센트밖에 안 된다. 스탠더드앤드푸어스S&P가 매긴 상위 500대 기업의 고위층 가운데 외국인은 7퍼센트뿐이다. 미국 기업 중 해외에 거점을 마련한 기업의 수는 1퍼센트도 채 되지 않는다. 세계화 열풍은 우리가 상상하듯이 그렇게 대단하지 않다. 지역마다 현지에 익숙한 사람이 있고 현지에 맞는 일을 한다. 해당 지역의 특색과 풍습에 딱 들어맞는 요소는 어떤 식으로 언어를 번역하든 외지인에게 이해시키기 상당히 어려울 것이다.

: '떠남'의 힘

세상은 한 번도 신문지 한 장처럼 평면인 적이 없다. 국제 뉴스조차도 시비, 흑백, 선악이 분명하고 명료한 것처럼 보여도 사실은 전혀 그렇지 않다.

이는 모든 젊은이가 세계 어느 곳이든 가서 여행을 하거나 3개월 장기 체류를 해야 하는 진짜 이유다. 인류가 미지의 세계인 우주에 가기를 갈망하듯이 우리의 안전지대 너머에는 우리가 상상도 못 할 방식으로 우리의 삶에 충격을 가할 수 있는 미지의 것이 수없이 많기 때문이다. 이 세상의 비밀을 알 수 있는 유일한 방법은 우물을 파는 전문가처럼 발로 뛰며 곳곳을 돌아다니는 것이다. 그러다 보면 언젠가는 샘구멍이 있는 곳을 발견할 수 있다. 하지만 전문가가 아닌 평범한 사람은 전혀 분간할 수 없을 것이다.

타이완 중부 농업 현縣에는 고등학교가 하나 있는데 그 학교에는 흔히 말하는 영재반이 있었다. 영재반에 뽑힌 학생은 그해 여름방학에 있을 미국 연수에 참가할지 말지를 결정할 수 있었다. 20일밖에 되지 않는 짧은 기간에 들 여행 경비로 30만 타이완달러(약 1,000만 원)가 필요했다. 영재반 학생

나에게 주는 10가지 선물

의 학부모는 대부분 경제 상황이 넉넉지 않았지만 어떻게든 자녀를 미국에 보내고 싶어 했다. 영재인 자녀가 재능을 키울 수 있는 더없이 좋은 기회라고 생각했을 것이다. 그래서 돈을 빌리거나 아껴서 어렵사리 비용을 마련한 부모의 노력 덕에 학생들 모두 미국 연수를 가게 되었다.

타이완으로 돌아온 후에 나는 학생들과 만났다. 내가 물었다.

"영어는 좀 늘었니?"

고등학생들은 웃으며 고개를 저었다.

"그럴 리가요. 같이 간 친구들하고만 있었는걸요. 다른 나라에서 유학 온 학생들이 저희보다 영어를 더 못하던데요!"

"그럼 이번에 미국 가서 보고 배운 것 중에 타이완에서랑 다른 게 있었니?"

학생들은 한참을 생각했지만 끝내 대답하지 못했다. 막판에 비교적 활달한 학생 하나가 뭔가 깨달았다는 듯이 소리쳤다.

"미국에 있는 맥도날드가 타이완보다 맛있었어요!"

학생들은 모두 웃으며 맞는다고 고개를 끄덕였다.

여행은 답이 아니라 하나의 방법일 뿐이다. 외국에서 몇 개월, 길게는 몇 년을 살아도 여전히 제자리걸음하듯 그대로인 사람이 있다. 편집하는 내 친구가 말하길 그녀가 아는 친구는 오래전에 일본인과 결혼했는데, 지금도 일본어를 할 줄 모른다고 한다. 내 주위에도 그런 사람이 있다. 능력 있는 대학교 동기 하나가 결혼 후 직장을 그만두고 가정주부가 되었는데, 도쿄 주재원인 미국인 남편과 일본에서 꽤 오랜 시간 지내며 그곳에서 첫아이를 출산했다. 도쿄를 떠날 때 동기는 안도의 한숨을 내쉬었다. 그러면서 하는 말이 일본 사람들이 영어를 못해서 도쿄에서 지내는 동안 너무 힘들었다는 것이다.

이런 얘기를 들으면 너무 안타깝다. 많은 사람이 엄청난 돈과 시간을 들여서 외국에 가는데 그렇게 좋은 환경에 있으면서도 폐쇄적으로 생활하며 현지 언어도 배우지 않고 현지 사람도 사귀지 못하다니 말이다. 같은 기회가 다른 사람에게 주어졌다면 전혀 다른 결과를 만들어냈을지도 모른다.

매년 여름이 끝나갈 즈음이면 나는 클라우드 게이트의 '방랑자 플랜' 선발 명단 발표를 손꼽아 기다린다. 각 분야에서 오랫동안 성실하게 노력해온 사람들이 방랑자 플랜 대상자로 선발되면 여행 경비, 왕복 비행기 티켓, 비자, 보험료 등의 혜택을 받고 아시아 국가에서 60일간 배낭여행을 할 수 있다.

중국의 민간 환경보호 단체인 '프렌즈 오브 네이처Friends of Nature'의 천완닝陳婉寧은 이스라엘에 가서 현지 환경 의사 일정에 참여하고 UNEP국제환경기구를 방문해 타이완 실정에 맞는 의제와 행동으로 구체화할 예정이다. 자이嘉義 현 아리산阿里山 생활 재건 서비스 센터에서 사회복지사로 일하는 천팡저陳芳哲는 티베트를 비롯해 대륙에서 멀리 떨어진 지역에 가서 교육 현황을 알아보고 이를 추후 아리산 쩌우족鄒族 부족 국가와 함께 나누며 사회복지 사업에 새로운 아이디어를 제공할 계획이다.

작은 서점을 운영하는 류훙핑劉虹風은 중국 각지의 독립 서점을 방문하고 동종업계 종사자들과 교류한 뒤 타이완에서 독립 서점 투어 좌담회를 추진할 생각이다. 칭화淸華 대학교 사회학과 대학원생인 린뤼위林汝羽는 인도의 장족 둔전 개간 지역을 방문해 문학에서 묘사하는 당대에 망명한 장족의 모습을 보도하고 최근 이들에 대한 인도의 태도 변화를 연구할 계획이다.

사진 작가인 쩡이신曾怡馨은 아시아 국가 최초로 동성 간 혼인을 인정한 네팔을 찾아 법안을 추진했던 인사를 취재하고 동성애자에 대한 현지인의 생각을 들어볼 예정이다. 파리 미술대학교에 재학 중인 장카이췬江凱群은 요르단에 가서 고대 모자이크 수공 예술을 배운 뒤 타이완에서 지역 사회와 협력해 다시大溪 옛 거리의 민속축제를 주제로 한 다시 현縣 모자이크 도안을 설계할 것이다.

극장 및 글쓰기와 관련된 일을 하는 장푸친姜富琴은 터키에 가서 여성 극작가를 만나고 극단을 방문한 후, 홀로 여행하는 여성과 관련된 글을 써서 발표할 계획이다. 타이완 대학교 음악대학원을 졸업해 글과 디자인으로 먹고사는 황페이링黃佩玲은 인도 전통 악기인 타블라의 명맥을 이어온 문파를 방문해 악기의 발전 역사와 연주의 특색을 이해한 뒤 타이완에서 타블라를 감상할 수 있는 자리를 마련할 생각이다.

이처럼 삶에 민감한 사람들은 자신의 삶을 위해 우물을 파는 기술자다. 스스로를 위해 자원을 주고, 가장 가고 싶은 곳으로 가며, 가장 하고 싶은 일을 하는 사람들이다. 주어진 시간이 불과 두 달뿐일지라도 삶에 엄청난 의미를 만들어낸다. 하지만 호기심이 없거나 준비가 되지 않은 사람들은 많은 돈을 들여 유학을 보내도 고작 미국의 맥도날드가 더 맛있다는 것만 기억할 뿐이다. 매일 집에 있을 때는 잘 모르지만 막상 집을 떠나보면 집이 소중하다는 걸 느끼듯이 '떠남'의 힘은 평소에는 몰랐던 것을 볼 수 있는 눈이 생기는 데 있다.

여행과 해외 장기 거주 경험을 통해 '떠남'을 일종의 습관으로 변화시켜 관찰력을 유지하는 삶을 사는 것이 가장 중요하다. 따라서 출국은 하나의 가능성을 제공하는 것에 불과하다. 그 가능성의 결과는 스스로가 자신의 삶을 위해 우물을 파는 사람이 되느냐 아니면 총총히 지나가는 과객에 머물 것이냐에 달려 있다.

타지에 있을 때 우리는 외국인으로서 아무리 노력해도 주류 사회의 가장 자리만 맴돌고 있다는 느낌을 종종 받는다. 꼭 인종 차별 때문만은 아니다. 국내에서는 인간관계가 넓지 않아도 가족, 학교 동기 등 인맥을 통해 굳건한 지지 기반을 마련할 수 있다. 오토바이 한 대를 사고 싶을 때 어떤 친구의 가족을 알거나 단골 오토바이 가게가 있으면 특별히 할인을 받을 수 있다. 피부과에 갈 일이 있으면 괜찮은 의사를 손쉽게 수소문할 수 있고 심지어 밤 12시에도 진료를 받을 수 있다. 그런데 간단해 보이는 이런 일이 우리가 해외에 있거나 반대로 외국인이 국내에 머무는 경우에는 상당한 고충으로 다가온다. 매일 이런 소소한 일들을 한데 모아보면 외국 생활이 굉장히 힘들다는 걸 피부로 느끼게 된다. 타지에서 직접 외국인 신분으로 일정 기간 살아보지 않는 이상 현지인은 이런 고충을 알 턱이 없다.

다른 나라에서 주류 사회에 편입되고 심지어 대통령으로까지 선출되는 사례가 없지는 않다. 남미의 일본계 미국인이나 카리브 해의 인도인 중에 이런 성공을 이룬 경우가 있다. 나도 남태평양의 마셜 제도에서 근무할 때 당시 중앙은행 총재가 타이완 사람인 걸 알고 깜짝 놀란 적이 있다. 또한 20대였던 나는 그 사실로 큰 깨달음을 얻었다. 외국 생활을 하면서 현재 생활권 안에 들어가기 힘들다고 느껴지는 원인은 우리가 하고 싶은 일을 현지인도 할 수 있다면 굳이 외국인을 고용하는 번거로움을 자초하지 않기 때문이라는 걸 알게 된 것이다. 이것을 인종 차별이라고 말할 수는 없다. 입장을 바꿔 내가 만약 고용주라면 나 역시 같은 결정을 할 테니까 말이다. 따라서 이제는 외국에서 '외국인만이 할 수 있는' 일을 어떻게 찾느냐가 중요하다.

사실 이것은 경제학에서 가장 기본이 되는 수요 공급의 원리에 지나지 않는다. 앞 세대 중국인이 외국에서 천편일률적으로 중국 식당 또는 침집이나 발 마사지 숍을 운영한 것도 현지인이 보기에 중국인이 그 일을 가장 잘한다고 생각했기 때문이다. 캐나다 오타와에 있을 때 나는 '사무라이'라는 일식집을 제일 좋아했는데 장사가 그렇게 잘될 수가 없었다. 이 가게의 요리사는 같은 길 위에 자리한 10여 개 일식집 요리사와 실력 면에서 큰 차이가 없었고 죄다 중국인 아니면 베트남인이었다. 하지만 '사무라이'가 여느 집과 달랐던 건 딱 하나, 홀에서 일하는 직원들이 전부 일본인이라는 점이었다. 덕분에 손님에게 '이 집은 진짜 정통 일식집이다'라는 인상을 심어줄 수 있었다. 이국적 분위기를 자랑하는 레스토랑이나 제조소매업을 제외하고 오늘날과 같은 다원화 사회에서는 우리가 장기를 발휘해 현지 주류 사회로 편입할 수 있는 일이 아직도 많다. 외국인이기 때문에 현지인보다 더 잘할 수 있는 일이 많다는 뜻이다.

유기견에게 입양 가족 찾아주기

얼마 전 타이완 북부에 있는 한 대학교의 초청을 받아 갔었다. 이 학교에 재학 중인 외국인 학생들에게 영어로 강연해달라는 요청이었는데, 강연 내용은 타이완에서 '외국인만이 할 수 있는' 일을 찾는 법이었다. 부르키나파소, 니카라과, 아이티, 벨리즈까지 강연을 들으러 온 학생들의 국적도 다양했다. 타이완에 온 지 거의 1년여 만에 처음 듣는 강연이라 그런지 학생들의 반응은 무척이나 뜨거웠다. 그동안 이 학교에서 외국인 학생을 위해 열린 행사는 볼링 대회가 전부였다고 한다. 학교 측도 어쩔 수 없었다고 국제사무처는 토로했다. 학생들을 위해서 해줄 수 있는 일이 뭔지 몰랐다는 게 그 이유였다. 그래서 나는 인생의 절반을 다른 국가에서 외국인으로 생활한 경험을 토대로 외국인 학생들의 처지를 생각해봤다. 외국인이 타이완에서 외국어를 가르치는 것은 중국인이 외국에서 중국 식당을 차리는 것만큼이나 당연한 일이다. 그런데 어느 나라 출신이든 타이완에서 외국인을 보면 모두 미국인으로 여기거나(외국에서 타이완인을 태국인이나 중국인으로 오인하는 것처럼), 자신이 어떤 장기를 가졌든 외국에서는 결국 영어밖에 가르칠 수 없다면(외국에서 중국인이 중국 식당밖에 차릴 수 없는 것처럼) 너무 힘 빠지지 않겠는가? 더군다나 그중에 영어가 모국어인 사람은 한 명도 없는데 말이다.

몇 가지 예를 들어보겠다. 타이중에 있는 TUAPA는 유기견에게 입양 가정을 찾아준다. 직원들은 모두 타이완에 거주 중인 미국인이나 캐나다인이다. 그들은 자신의 인맥이나 언어적 이점을 활용해 미국과 캐나다 현지에서 타이완 유기견을 맡아 기를 입양 가정을 찾을 수 있다. 타이완과 북미 지역을 오가는 관광객이나 학생 자원봉사자를 후견인으로 삼고, 유기견을 자원봉사자와 함께 비행기에 태워 태평양 너머에 있는 입양 가정으로 보내는 것이다. 이로써 외국인은 할 수 있지만 타이완인은 할 수 없는 분야를 개척한 셈이다. 타이완인이 일할 수 있더라도 이 외국인들보다 더 잘할 수 있는 타이완인은 아마 없을 것이다. 덕분에 TUAPA 직원들은 자연스럽게 타이완의 주류 사회에 필요한 일원이 되었다. 지금까지 TUAPA가 하는 일에 반대한다는 얘기는 들어본 적도 없다. 온통 칭찬 일색이다.

베갯머리 서책을 발행하다

마찬가지로 타이완의 시엔은 가오슝에 사는 외국인을 통해 선천적 결함이 있는 버려진 아기들을 서양 국가의 사랑이 넘치는 가정에 입양될 수 있도록 돕고 있다. 메이눙美濃의 난양타이완자매회南洋臺灣姊妹會나 핑둥네이푸屏東內埔의 하오하오부녀권익발전협회好好婦女權益發展協會의 경우 가오핑 농촌 지역에 거주하며 발언권이 없던 외국인 배우자들이 주류 사회에 당당히 자신의 목소리를 낼 수 있도록 만들었다. 그뿐만 아니라 동남아 지역에서 온 능력 있는 여성들을 보호하는 데 그치지 않고 그들이 자신의 잠재력을 십분 발휘하도록 여건을 마련했다. 미국의 피터는 타이완에 '지구 승객 스튜디오Earth Passengers Studio'를 설립해 농업의 쇠락으로 외면받는 타이둥 마을에서 퍼머컬처 영농 설계를 추진했다. 피터와 같은 미국 출신인 원루빈文魯彬은 타이완의 녹색당에서 자연보호 및 육성 정책 제정을 적극 추진하고 있으며, 최근에는 소비자가 스스로 가격을 결정하는 양심 레스토랑을 구상 중이다. 이들은 사회 전체가 해야 되는데도 하지 않은 일을 하고 있다. 외국인만이 할 수 있는 일을 해준 이런 외국인 덕분에 우리의 '주류' 사회가 좀 더 아름답고 완전한 모습을 갖춰가는 것이다.

이집트에서 미국으로 거처를 옮긴 뒤 글로 먹고사는 사람으로서 내가 처음으로 했던 '외국인만이 할 수 있는' 일은 세계일보World Journal나 중앙사中央社의 기자가 아니었다. 다른 나라에 와서까지 같은 일을 하고 싶지는 않았다. 나란 사람은 재미없고 평범한 걸 병적으로 싫어하는 데다 지나치게 진지하거나 소수 취향인 일을 꺼리기 때문이다. 보스턴에서 함께 학술지 성격이 강한 중문 문학 잡지를 만들어보자는 베이징 친구의 제안도 거절했다. 결국 내가 선택한 일은 미국 현지 친구와 함께 소소한 일상을 담아 베갯머리 서책 시리즈를 발행하는 것이었다. 몇몇 중소 호텔의 협조를 받아 매일 밤 세계 각지에서 오는 여행객들의 베갯머리 맡에 민트초콜릿과 함께 책자를 비치했다. 책자마다 이민자들이 창작한 글이나 난민이 주변에서 있었던 실화를 직접 쓴 글을 실었는데, 교집합이라곤 전혀 찾아볼 수 없는 낯선 이들에게 잠들기 전 3분이라는 짧은 시간 동안 공감과 감동을 자아냈다. 그때의 일을 떠올리면 지금도 입가에 저절로 미소가 지어진다.

인생의 매 순간마다 나는 이런 행복감 때문에 외국인이라서 더 잘할 수 있는 일을 끊임없이 찾는다. 새로운 삶의 터전과 소통하는 수단으로서 나는 어디를 가든 내 가슴을 뛰게 만드는 다음 계획을 찾을 것이다.

워킹홀리데이를 가도 좋고 6만 5,000타이완달러를 모아 세계 일주 티켓을 끊어 배낭여행을 떠나도 좋다. 아니면 해외 인턴, 교환 학생, 유학, 해외 파견 근무 등 어떤 방법이라도 상관없다. 젊었을 때 다른 나라에서 최소한 3개월 이상을 머무르며 좋은 외국인이 되는 법을 배워보자.

3개월 미만은 그 나라를 깊이 경험하기엔 짧다. 최소 3개월 이상, 반년이나 1년 혹은 그 이상의 시간이 필요하다. 다른 사람에게 더 큰 경제적 부담을 지우지 않으면서 본인의 능력으로 충분히 비용을 부담할 수 있다면 그보다 더 오래 머물러도 상관없다. 머무는 시간이 길어질수록 세계에서 자신이 어떤 위치를 차지하는지 좀 더 분명하게 알 수 있기 때문이다.

외국에 있는 도시는 모두 몇십만 명, 많게는 몇백만 명의 고향이라고 한다. 그 현지인들에게 세계에서 가장 아름다운 곳이 어디냐고 묻는다면 대다수 사람은 그들이 있는 곳이 세계 제일이라고 답할 것이다. 현지인이 가장 아름답다고 생각하는 곳이 왜 아름다운지 그 이유를 알 수 있다면 관광객 수준을 넘어선 거나 다름없다. 그런 식으로 안목을 넓혀 고향으로 돌아올 때 우리는 전보다 더 용감하고 포용력 있는 사람이 될 수 있다.

좋은 외국인이 되는 법 ③
타이베이 아파트에 있는 방글라데시 맛집

몇 년 전 국제결혼을 한 유쾌한 부부를 알게 되었다. 남편은 방글라데시 NGO 직원이고 아내는 타이완 사람으로 방글라데시의 기초의료민영화 추세를 주제로 박사 논문을 쓰는 중이다. 부부는 타이베이에서 지낼 때도 있고 방글라데시로 돌아가 현지 조사 연구를 할 때도 있다. 최근 이 부부가 방글라데시 본토 음식을 맛볼 수 있는 가정식 레스토랑을 차렸다고 들었다. 방글라데시에서 직접 구매한 양념과 타이완 현지의 가공하지 않은 신선한 천연 식재료만 사용하는데 국제결혼을 한 부부처럼 서로 다른 두 문화를 잘 버무린 느낌을 주었다.

재미있는 점은 돈이 많아야 먹을 수 있는 것도 아닌데 부부가 레스토랑을 100퍼센트 예약제로 운영한다는 것이다. 여섯 명이 돼야 예약할 수 있고 늦어도 사흘 전에는 예약해야 한다. 그리고 한 끼에 한 테이블만 예약을 받는다. 그뿐만 아니라 손님은 반드시 먼저 식당을 방문했던 친구를 추천인으로 지정해야 한다. 이곳에서 식사를 하기 위해 나는 타이완 친구와 네덜란드 친구를 불러 겨우 머릿수를 채운 다음 날짜를 정해 식사를 예약했다. 주인과 이메일을 주고받으며 메뉴를 논의했다. 주인은 무슬림이라 돼지고기를 안 먹고, 일행 중에는 담백하게 먹는 사람과 밤이 되면 카페인이 들어간 음료를 마시지 않는 사람이 있어 여러 번 수정을 거쳐 3일 전에 메뉴를 확정했다. 이 식당에서 식사하려면 칼럼을 쓸 때보다 더 부지런해야겠다는 생각이 들었다.

예약한 날짜가 되었다. 평소에 지각을 밥 먹듯이 하던 나는 1분도 늦어서는 안 될 것 같아 구불구불 이어진 좁은 골목을 따라 깊숙한 곳으로 들어 갔다. 그러고는 아파트 건물 5층까지 단숨에 계단을 걸어 올라가 마침내 친구의 가정집 레스토랑에 도착했다. 문을 열고 들어가자 방글라데시에서 공수해 온 테이블, 전등갓, 그릇, 잔, 접시들이 눈에 들어왔다. 마치 다른 시공간에 들어온 듯했다. 분명 이곳은 타이베이인데 문을 닫으면 문 밖이 방글라데시 수도 다카가 아니라는 사실이 믿기지 않을 정도였다.

전채는 세 가지였다. 가장 먼저 나온 건 방글라데시의 일반 가정식 요리인데 으깬 감자를 뭉쳐서 타이완식 완자처럼 만들었다. 절반은 붉은색으로 매콤했고 나머지 절반은 고수처럼 청록색을 띠고 있는 순한 맛이었다. 주인은 이 요리에 '원앙'이라는 이름을 붙였다. 매운 걸 무척이나 좋아하는 내게 주인은 특별한 과정을 거친 고추를 사용했다고 말했다. 햇빛에 말리고 화덕에 구운 다음 뜨거운 기름에 튀기는 등 '혹독한 고문'을 여러 차례 거친다는 것이다. 주인의 표현을 빌려 고추의 맛을 설명하면 이렇다. "산전수전을 다 겪어 뼈에 새겨질 정도로 강렬하게 매운 맛이라 욕하고 싶어도 욕이 나오지 않고 울고 싶어도 울음이 나오지 않을 거예요……. 그런데도 이상하게 계속 당겨서 그만 먹을 수 없게 되죠. 한입 먹고 또 한입 먹고 자꾸 자꾸 먹게 된다니까요……."(이런 표현을 쓰는 사람이라면 박사 논문보다는 광고 카피나 홍보 문구를 쓰는 일이 어울릴 것 같다는 생각이 들었다.)

이어서 매운 양념으로 만든 달걀 프라이와 병아리콩으로 만든 '디저트 골드빈'이 나왔다. 메인 요리는 '새우커리', '쇠간조림', 카레를 뭉근히 고아서 만든 '모둠찜', 힘줄이 반쯤 섞인 고기와 카레를 졸여서 만든 '로열비프' 이렇게 네 가지였다. 주식은 바스마티 쌀Basmati Rice, 낟알이 길고 향내가 나는 쌀과 즉석에서 만든 수제 전병이었다. 직접 밀대로 밀어서 반죽을 만들었기 때문에 쫄깃한 맛이 일품이었다. 사이드 메뉴로 '오향토마토가지'와 풍부하고 깊은 맛을 내는 양념을 곁들인 상추샐러드를 선보였다. 그날 사용한 제철 채소는 잘게 잘라 부드럽게 익힌 양배추와 적배추였다.

남자 주인인 무집의 설명에 따르면 방글라데시인은 손으로 음식을 집어먹는 게 익숙하기 때문에 손으로 집었을 때 딱 한입에 먹기 좋게끔 채소를 잘게 잘라서 삶는 걸 좋아하며 으깬 감자, 으깬 가지처럼 재료를 으깨서 만든 요리로 발전시켰다고 한다. 손님 앞에 콩으로 만든 스프가 한 그릇씩 놓였다. 서빙된 요리 중 단연 압권이었던 건 소고기고로케였다. 친구 중에 소고기를 안 먹는 친구가 있어서 잘게 자른 계란으로 소고기를 대신했지만 이 요리의 주인공은 원래 소고기가 아니라 감자라는 여주인의 설명을 들어서인지 조금도 아쉽지가 않았다. 이 고로케는 만들기 쉬워 보여도 만드는 사람 입장에서는 손이 많이 가는 음식이다. 밀가루를 사용하지 않고 오로지 감자만 열심히 으깬 다음 볶은 소와 양념을 넣고 비벼서 정성스럽게 모양을 내고 거기에 계란과 통밀식빵가루를 묻혀 부쳐야만 겉이 바삭한 고로케가 완성되기 때문이다.

디저트로는 신선한 과일과 방글라데시식 캐러멜 푸딩이 나왔다. 다른 건 일체 넣지 않고 계란, 우유, 설탕 딱 이 세 가지 재료만 써서 가스레인지로 천천히 끓이는 거라고 주인이 자랑스럽게 말했다. "다 기술과 경험이 있어서 되는 거예요. 거기에 사랑을 듬뿍 담는 거죠. 이 푸딩을 먹으면 행복이 가득 흘러넘쳐요." 여주인은 또다시 낯간지러운 멘트를 덧붙였다. 이런 사람이 박사 논문을 잘 쓸 수 있을까? 나는 걱정스러운 마음이 들었다.

음료는 카페인이 들어간 것을 마시지 않아 타이완식 파파야밀크를 마시는 스위스 친구를 제외하고 타이완 친구들은 모두 깊고 그윽한 맛이 일품인 방글라데시 마살라 차이Masala chai를 마셨다. 손가락을 접어 가짓수를 세보니 한 끼 식사에 우리가 먹은 음식이 총 17가지였다. 이 식당에서는 금연이고 술을 팔지 않았다. 여주인은 자신이 학생이고 여성이라는 이유로 '학생과 여자 손님은 10퍼센트 할인'이라는 조항을 만들었다. 전혀 해당 사항이 없는 나는 할인 대상에서 제외됐다는 얘기다.

여주인이 공공 보건 의료 분야의 박사 논문을 마무리하는 데 이 한 끼 식사 값이 쓰인다고 생각하면 1인당 555타이완달러라는 가격은 그만 한 값어치가 있다. 남은 음식은 전부 포장해서 가져가면 그다음 날 또 먹을 수 있었다. 당시 함께 식사했던 한 친구가 갑자기 가방에서 식품 보관 용기 네 개를 꺼내는 모습을 보고 그 철저한 준비성과 정성에 다들 놀란 기억이 있다.

방글라데시 맛집에서 먹은 한 끼 식사로 나는 적잖은 깨달음을 얻었다. 점점 더 많은 사람이 건강도 챙기면서 인류의 생산, 소비, 먹는 행위가 지구 환경에 미치는 영향에 관심을 갖기 시작했다는 것을 말이다. 먹는 즐거움을 포기하지 않아도 지구 환경을 보호하면서 맛있는 음식까지 즐길 수 있다면 웰빙이라는 개념을 사람들이 좀 더 쉽게 받아들일 수 있을지도 모르겠다.

타이베이 거리 깊숙한 곳에 자리한 프티 방글라데시. 다음에 가게 되면 생선 요리를 먹어보고 싶다. 추천해준 친구에게, 담수에 사는 평범한 틸라피아(열대성 민물고기)로 끝내주게 맛있는 요리를 만들어내는 걸 보고 깜짝 놀랐다는 얘기를 들었기 때문이다. 원래 생선은 갠지스 삼각주에 사는 방글라데시인의 주 단백질원으로서 보통 연못과 담수에서 기르며 종류만 해도 40종이 넘는다. 생선 요리 외에도 소고기 구이(방글라데시식 중동 케밥), 요거트 카레 치킨, 그리고 이번에는 인연이 없었던 소고기고로케를 맛보고 싶다.

주방에서 요리를 마친 부부는 그제야 자리에 앉아 우리와 즐거운 대화를 나눴다. 대학생, 일가족, 심지어 오직 소문만 듣고 찾아온 국제결혼 심리상담사까지 각양각색의 사람이 이 식당을 방문한다고 했다.

"박사 논문 끝나면 손님들 얘기를 엮어서 책 한 권 내셔야 할 것 같은데요. 책 제목은 《밥상머리의 인류학자》로 하고요.……" 배가 좀 차니 시답잖은 농담도 주고받았다.

식사 후에 여주인은 현지답사 결과를 기록하는 학자처럼 노트를 꺼내서 오늘 먹은 17가지 요리 중에 '내 마음속 Top3'를 물은 뒤 열심히 받아 적었다. 예전 손님들이 꼽은 Top3와 비교해서 가장 인기 있는 요리의 순위를 매겨 변화 추이를 분석하는 모양새가 전혀 장사하는 사람 같지 않았다. 어쩌면 주인장의 그런 모습 덕분에 이국적인 한 끼 식사를 유쾌하게 즐길 수 있었는지도 모른다.

"제가 박사 과정을 마칠 수 있도록 도와주셔서 감사드립니다.……" 가게 문을 나서기 전에 여주인이 우리에게 인사했다. 우리가 먹은 한 끼 식사가 환경에도 이롭고 누군가의 학업에도 일조했다고 생각하니 배가 불러 구부정했던 허리가 금세 꼿꼿하게 펴졌다.

여행, 용감하고 어진 사람이 되는 법을 가르쳐주다

나는 어려서부터 스스로를 대단하다고 생각한 사람이 아니었다. 더군다나 시험에서 1등을 해본 적도, 반장이나 모범생으로 뽑힌 적도 없었고, 대회에 나가 우승한 적도 없었다.

하지만 나는 나라는 이유만으로 이 세상에서 가장 특별한 사람이다. 누구도 이 점만큼은 부인할 수 없다.

어려서부터 나는 행낭을 멜 때면 집을 나가겠다, 자전거를 탈 때면 세계 일주를 떠나겠다는 생각을 했다.

물론 그때마다 매번 붙들려 와서 호되게 두들겨 맞았다. 언젠가 한번은 공부하러 저 멀리 이집트까지 갔더니 더 이상 아무도 나를 찾아내지 못했다. 그해 아버지가 갑자기 진지한 모습으로 내게 딱 한마디를 물어보셨다.

"아들아, 세계 일주하겠다는 네 꿈을 막지 않는 이유가 뭔지 아니?"

나는 고개를 저었다. 무슨 말을 해도 틀리리라는 걸 알기 때문에 아무 말도 하지 않았다. ('아들아'라는 말은 굉장히 부자연스럽게 들리지만 TV 연속극에서나 나올 법한 이 말이 우리 집에서는 이처럼 아무렇지 않게 쓰인다.)

이공계 출신인 아버지께서 당시 하신 말씀은 내 평생 아버지께 들은 말 중에 가장 감성적인 대답이었다.

"시대를 막론하고 세계 일주를 꿈꾸지 않는 청년이 어디 있어? 네 힘으로 꿈을 이룰 수 있다는데 내가 너를 막을 이유가 없지 않겠니?"

그 순간 나는 비로소 깨달았다. 세계 일주라는 꿈은 조금도 특별하지 않다는 것을. 그리고 살면서 1등을 한 번도 해본 적 없는 내가 꿈마저도 남들보다 나을 게 없다는 것, 그래도 단 하나 남들과 다른 점은 실제로 세계 일주를 떠났다는 것을 말이다.

그때 나의 가치는 훌륭한 꿈이 아니라 꿈을 대하는 훌륭한 태도에 달려 있다는 걸 실감했다.

내 꿈이 '젊을 때 돈 벌자'가 아니라 '젊을 때 여행 가자'라서 참 다행이다. 여행으로 나는 삶에 대한 태도를 바꿨다. 여행을 '신'이라고 하면 나는 목숨을 바쳐 정성스레 제사지내는 '열혈 성도'라고 할 수 있겠다.

도대체 여행에 어떤 특별한 매력이 있기에 내가 이토록 매료당했을까? "여행은 내게 용감하고 어진 사람이 되는 법을 가르쳐주었다."

다양한 학문과 지식, 모범 답안이 있는 모든 문제는 학교에서 배울 만큼 배웠다. 부모에게 효도하고 형제간 우애에 힘쓰라는 가르침은 가정에서, 안 좋은 일은 피하고 경쟁에서 이기는 법 같은 처세술은 사회에서 이리저리 치인 경험이 많은 친구들에게서 배웠다. 하지만 중국인 사회에서 청년이라면 의로운 일에 용감하게 나서야 한다고 가르치는 사람은 없는 듯하다. 가정에서조차 아이들에게 나중에 커서 어진 사람이 돼야 한다고 강조하지 않는다. 만약 외국에서 오래 머물 수 있는 기회가 없었더라면 나는 아마 인생에서 중요한 이 두 가지 덕목을 배울 수 없었을 것이다.

법률문제가 아니라 자비에 대한 이해의 문제인가?

얼마 전 친구가 글 하나를 공유해주었다. 타이완 출신의 '애플Apple'이라는 블로거가 자신이 머무는 호주 퍼스에서 있었던 일을 적은 것이다. 어느 추운 겨울 밤 퇴근하고 집으로 돌아가던 애플은 차이나타운인 노스브릿지 근처의 콜리스COLES 마트를 지나갔다. 그 옆에는 큰 공원이 있는데 부랑자가 많이 모이는 곳으로 유명했다. 그녀의 남편은 다른 현지인처럼 그곳 일대를 지날 때는 특히 조심하라고 그녀에게 신신당부를 했다. 부랑자를 무시해서가 아니라 부랑자 중에 마약 중독자나 만취한 알코올 중독자가 적지 않고 감옥 드나들기를 밥 먹듯이 하는 범죄자도 있었기 때문이다. 매일 저녁이면 자선 단체가 그 공원에 와서 부랑자들에게 따뜻한 국물을 나눠주었다. 애플이 양손 가득 짐을 들고 횡단보도 신호를 기다리고 있는데 마침 눈에 띄는 옷차림의 여학생 무리가 마트 바깥쪽 테이블에 모여 있는 게 보였다. 타이완에서 워킹홀리데이로 호주에 온 청년들이 현지 자선단체가 부랑자에게 나눠주는 무료 급식을 받으려고 혈안이었던 것이다. 요즘 유행하는 귀여운 옷차림에 털모자를 쓰고 짧은 부츠를 신은 여학생 하나가 다급하게 중국어로 친구들에게 소리쳤다.

"빨리 와! 바로 저기야! 더 늦으면 못 받아!"

(원문 링크. http://applelovemark.pixnet.net/blog/post/35330945)

애플은 뺨을 한 대 후려 맞은 것처럼 얼굴이 화끈 달아오르고 숨을 쉴 수 없을 정도로 창피했다고 블로그에 당시 상황을 설명했다. 겨울철 퍼스는 저녁에는 온도가 섭씨 4도까지 내려가고 낮에도 15도를 넘어가지 않는다. 비가 오면 도시 전체가 습하고 추워진다. 오갈 데 없는 부랑자들은 낡고 더러운 옷차림으로 여기저기 뜯기고 해져 엉망진창이 된 트렁크를 끌고 거리에 나앉아 구걸을 한다. 백인부터 호주 원주민까지 다양한 출신의 부랑자가 있었을 것이다. 마음씨 좋은 자선단체들이 정기적으로 이른 아침부터 저녁까지 소형 화물차나 승용차로 부랑자들이 모여 있는 공원에서 따뜻한 국물이나 간단한 식사를 대접한다. 부랑자들이 한겨울에 길에서 얼어 죽지 않도록 최소한의 먹을거리를 제공하는 것이다. '수프 키친soup kitchen'으로 불리는 이런 급식소는 사실 호주에만 있는 게 아니라 대부분의 서양 국가에서도 흔히 볼 수 있는 것이다.

이 글은 곧바로 인터넷에 잔잔한 파문을 일으켰다. 학생들의 행동이 부끄럽기 짝이 없다며 애플의 견해에 찬성하는 사람도 있었고 출국한 지 얼마 되지 않은 '풋내기'라 부랑자를 위해서 주는 것인지 몰랐으리라는 사람도 있었다. 일부 네티즌은 일명 '타조 효과Ostrich Effect, 궁지에 몰리면 모래에 얼굴을 처박고 움직이지 않는 타조에 빗댄 표현으로 현실을 도피하려는 심리를 가리킨다'에 빠져 타이완인이 아닐 가능성도 있다는 데 실낱같은 희망을 걸기도 했다. 어차피 공짜라서 가져가도 법을 어긴 건 아닌데 왜 그리 유난들이냐, 같은 국민인데 그렇게 심하게 할 필요 있느냐며 아무렇지 않게 말하는 사람도 있었다.

그중 한 네티즌의 말이 정곡을 찔렀다.

"법을 어긴 건 아니지만 부끄러운 일입니다."

법률은 마지노선일 뿐 법을 어긴 게 아니라면 한번 해봐도 좋다는 뜻이 결코 아니다. 나는 실제로 젊은이들이 걸핏하면 "이게 법에 걸려요?"라며 돼먹지 못한 말로 받아치는 경우를 자주 목격했다.

이득을 좀 보겠다고 부랑자들에게 주는 급식을 가로채는 행위는 비록 법을 어긴 건 아니지만 '자비'를 가르치지 못한 타이완의 교육 실태를 여과 없이 보여준 것이나 다름없다.

이 사건을 계기로 나는 인도네시아 발리에 있는 '그린 스쿨'을 떠올렸다. 대나무와 천연 자재만 사용해 숲속에 지은 이 노천 학교는 이상주의자인 외국인 학부모들이 앞장서서 세운 학교다. 창립자인 하디 부부는 원래 보석 디자이너였는데 지금은 학교 운영 이외에도 대나무 제품을 만들어 생활한다.

유치원부터 고등학교 과정까지 교육하는 이 학교에서는 당시 학생 245명이 수업을 들었고 2013년이 돼서야 1기 졸업생을 배출했다. 학년마다 자신만의 목표가 있고 현지 NGO 단체를 지원하며 직접 활동에 참여하기도 한다. 학교의 무선 인터넷은 교내의 수력 발전 시설을 통해 공급한다. 하지만 무엇보다 이 학교가 특별한 이유는 학생들에게 지식과 문제 풀이 방법이 아닌 가치관을 가르친다는 데 있다.

예를 들면 이런 것이다. 초등학교 5학년은 학습 주제가 '물'이기 때문에 그해 모든 학생은 산수, 문학, 생물, 물리 등 각 분야에서 물과 관련된 지식을 중점적으로 배운다. 심지어 수산업을 배우는 수업도 있어서 학생들에게 붕어를 기르는 법도 가르친다.

초등학교 6학년 교육 과정의 주제는 '탄소 발자국Carbon Footprint'이다. 학생들은 수학 공식과 기타 다양한 과학적 지식을 배워 각자 탄소 발자국을 계산하고 그 결과에 따라 교정에 손수 대나무를 심어서 자신의 탄소 발자국을 줄여야 한다.

이 학생들이 고등학교를 졸업하고 대학교를 지원할 때 하버드 대학교에 합격할 수 있을지 장담하기는 어렵다. 대학교 지원 양식에는 '자연 존중'이라는 항목이 없기 때문이다. 하지만 그렇다 해도 학생 200여 명의 학부모는 매년 1만 달러(약 1,100만 원)에 달하는 학비를 기꺼이 지불할 뿐 아니라 가족 전체가 발리로 이사 오는 걸 감수하면서까지 과감하게 전인 교육을 실천하는 이 학교에 자녀를 입학시키고 싶어 한다.

이곳에 자녀의 미래에 대한 희망을 거는 학부모는 어쩌면 아이를 숲속학교Forest School나 발도르프 학교로 보내는 학부모처럼 독선적이라는 비난을 받을지도 모른다. 혹은 현실을 외면하고 자녀의 앞길은 전혀 고려하지 않은 채 그저 독야청청인 귀족히피학교를 세우려는 히피 군단이라고 매도당할 수도 있다. 대개 사립 귀족학교는 차세대 글로벌 리더 양성을 목표로 한다. 하지만 나는 푸르른 교정에서 자녀를 양육하려는 이 학부모들 편에 설 생각이다. 자녀가 '법에 어긋나지 않기'를 최소한의 기준으로 삼거나 '돈 잘 벌기'를 최고의 기준으로 삼는 데 그치는 것이 아니라, 아름답고 정의로운 인격을 갖춰 자연과 조화로운 관계를 만들어가는 '전인全人'으로 자라기를 간절히 바라는 부모의 결정이 옳다고 믿기 때문이다.

다시 부랑자 무료 급식 얘기로 돌아오면, 애플이 사건을 공개한 진의가 의심스럽다는 것도 아니고, 이 얘기를 처음 들었을 때 느꼈던 불편하고 괴로웠던 심정을 결코 부인하는 것도 아니다. 딱 3개월만이라도 여행 경험을 쌓았더라면 상황이 달라졌을 텐데 하는 아쉬움이 드는 것뿐이다.

내 예상이 맞는다면 그 학생들은 분명 부유한 집안의 자제들로 집을 떠난 지 3개월이 채 되지 않아 부랑자들에게 무료로 급식하는 '수프 키친' 제도를 잘 몰랐거나 서양의 가정 문화 구조에서 부랑자들이 갖는 의미를 깊이 이해하지 못했던 게 아닐까 싶다.

외국에서 3개월가량 생활해본 사람 중 기본적으로 사리 판단 능력이 있고 심지가 강한 성인이라면 감정 이입이 되지 않을 수 없다. 자기 인생에서 인정머리 없는 문제가 눈에 보이기 시작하면 법을 어긴 게 아니라도 부끄러워한다는 얘기다. 애플이 순간적으로 화가 머리끝까지 나서 "타이완인이 이런 짓을 저질렀을 때 태국인이나 중국 본토인일 거라고 여기는 것도 무리는 아니다"라고 한 말 역시 인정머리 없는 발언이다. 내가 만약 태국인이나 중국 본토인이라면 이런 난데없는 비난을 듣고 당연히 화가 나지 않겠는가? 물론 나중에 애플이 댓글을 통해 글을 올릴 당시 감정이 격해져 용어 선택이 적절하지 않았다고 거듭 강조했지만 사실 이 일은 당사자의 국적과는 전혀 상관이 없다. 또한 호주 원주민이 대부분인 부랑자가 배급 대상이라는 점, 그중 상당수가 정부가 제공하는 고액의 기초생활수급비를 받아 술 마시고 마약하며 심지어 친자식을 성폭행한다는 점과도 무관하다. 우리가 스스로 깊이 반성할 수 있는지가 중요한 것이다. 인생을 살다 보면 위법 여부만을 기준으로 삼을 순 없다. 나와 타인의 삶에 대한 존중을 한 차원 더 높은 기준으로 삼아야 할 것이다.

타이완인과 호주 사회의 충돌, 그리고 타이완인 사이의 충돌은 인생의 모나고 각진 부분이 둥글게 다듬어지기 위한 필수 과정이다. 글에 나오는 타이완 배낭여행객을 특별히 비난할 뜻은 없다. 오히려 고향과 전혀 다른 환경에 가기로 한 그들의 결정을 다행스럽게 생각한다. 덕분에 외국에서 작은 실리를 추구한 결과가 엄청난 파문을 일으킨다는 걸 눈으로 확인하고 좋은 외국인이 되는 법을 배울 수 있었기 때문이다. 애플의 말에 따르면 온라인상에서 이 글이 급속도로 퍼진 이후 실제로 부랑자의 무료 급식 대열에서 더 이상 젊은 워홀러나 배낭여행객의 모습을 볼 수 없었다고 한다.

만약 외국에 가서 어질고 의로운 태도를 배웠다면 그 여행은 이미 평생을 두고 기억할 만한 가치가 있다.

'미스터 승부욕'이 될 필요는 없다

부랑자의 무료 급식 사건이 타이완에서 일어났다면 대다수 사람은 별일 아니라고 치부해버릴 것이다. 이렇게 말하는 이유는 이와 비슷한 사건을 내가 눈앞에서 봤기 때문이다. 2009년 8월 8일 태풍으로 큰 피해를 입은 지 얼마 되지 않아 타이베이 다안大安 공원에서 구호 물품을 모집하고 있었다. 세련된 젊은 여성 두 명이 오토바이를 타고 그곳을 지나가다 교차로에서 갑자기 방향을 틀어 인도로 되돌아왔다. 그러고는 높이 쌓여 있는 생수병을 가리키며 봉사하던 남성에게 아무렇지도 않게 말했다.

"여기 잔뜩 있으니까 두 병만 가져가도 되죠?"

질문을 받은 청년의 말문이 막힌 사이 옆에 있던 아주머니가 씩씩거리며 달려와서는 단칼에 거절했다. 그러자 그녀들은 대수롭지 않다는 듯 웃으며 다시 헬멧을 쓰고 가던 길을 갔다. 밑져야 본전이니 그냥 한번 물어나 봤을 뿐일 테다. 자초지종을 직접 목격한 나는 애플이 그랬듯이 격분했고 당시 상황을 전부 녹화해서 인터넷에 올려 여론의 집중 포화를 받게 하고 싶었다.

하지만 또 한편으로는 호주의 공원에서 급식을 가로챈 청년들이 스스로에게 장기 해외여행의 기회를 줌으로써 잘못을 저질렀던 것이 자못 다행스러웠다. 그 경험을 통해 이국땅에서 객지 생활을 할 때 '지기 싫어하는' 성향이 초래한 결과를 공론화할 수 있었기 때문이다. 배낭여행객들이 조금만 더 오래 머물렀다면 이 사건을 고발한 애플이든 고발 대상이 된 젊은 남녀든 이 얘기에 등장하는 사람 중 나쁜 사람은 없다는 걸 분명히 알 수 있었을 것이다. 타이완의 교육 체계가 '지기 싫어하는' 사람을 길러낸 것뿐이다. 부랑자들의 무료 급식을 앞다투어 받았던 건 자녀를 적게 낳는 가정과 뺏고 뺏기는 경쟁 사회에서 자라면서 어려서부터 손해 보는 걸 싫어하는 습관이 길러진 탓이다. 애플이 여행객의 행동을 망신거리로 여기는 이유도 백인, 태국인, 특히 중국 본토인에게 지기 싫다는 인식 때문이다. 중국 본토 출신 갑부들이 타이완에서 돈을 기부하고 타이완인은 무릎 꿇고 돈을 구걸하면 이를 두고 '졌다'고 하는 것 역시 같은 논리다.

젊은이들은 여행을 통해 '필요한 것'과 '원하는 것'의 차이를 배워야 부랑자에게 주는 따뜻한 한 끼 식사를 가로채서는 안 된다는 것을 분명히 알게 된다. 그 따뜻한 국물은 '필요한' 사람에게 주는 것이지 '원하는' 사람에게 주는 것이 아니기 때문이다. 하지만 우리는 어릴 때부터 마치 싸움을 위해 길러진 사람처럼 다양한 시합에서 어떻게든 이기려고 기를 썼다. 강한 승부욕이 미덕인 양 선생님은 그런 모습을 칭찬하셨고 그 결과 우리에게는 자연스럽게 시합만 있다 하면 이기길 '원하는' 습관이 생긴 것이다. 그 시합이 규모가 크든 작든 말이다. 왜 그렇게 했냐고 그 젊은이들을 비난하기보다는 워킹홀리데이라는 간편한 해외 장기 거주 기회 덕분에 '지는 건 싫어한' 결과가 얼마나 허망한지 우리가 눈으로 확인할 수 있어서 다행이라고 여기는 편이 낫다.

손해 보는 것을 싫어하는 사람은 비단 타이완인뿐만이 아니다. 어쩌면 어딜 가나 경쟁해야 하는 현대 중국 사회에서 보편적으로 존재하는 현상일지도 모른다. 오래전에 싱가포르인 친구 류샤쭝劉夏宗, Johnny이 그린《미스터 승부욕Mr. Kiasu》이라는 만화가 싱가포르와 말레이시아 화교사회에서 큰 인기를 끌었다. 재미있는 만화를 통해 싱가포르인에게 보편적으로 존재하는 '지기 싫어하는' 심리를 적나라하게 그려냈기 때문이다. 다윈은 환경에 잘 적응한 생물체가 살아남는다는 '적자생존'을 주장했지만 싱가포르에 사는 화교들은 생존 방법으로 '지는 걸 싫어하는 것'만한 게 없다며 자연 도태의 원리를 역설했다. 사실 '지는 게 싫다'는 건 이기기 위해 '열심히 노력한다' 는 뜻으로도 볼 수 있다. 그런 면에서 보면 나쁜 쪽보다는 오히려 좋은 쪽 으로 해석될 여지가 더 클지도 모르겠다.

많은 싱가포르인이 매년 외국으로 여행을 간다. 말로는 가벼운 마음으 로 휴가를 즐기러 간다지만 '지기 싫어하는' 성향 탓에 짧은 시간 안에 최 대한 많은 곳을 돌아보고 가장 저렴한 물건을 구매하려고 한다. 타이완의 젊은 배낭여행객들은 '지기 싫어서' 부랑자의 무료 급식을 받으려고 했다. 미국의 부유한 가정 중에서도 '지기 싫은' 마음에 아시아 시대에 뒤처지지 않게끔 어린 자녀를 일찍부터 화교 학교에 보내려고 한다. 이를 위해 가족 전체가 해협 양안이나 싱가포르로 이사하는 경우도 적지 않다. 중요한 것 은 지는 게 두렵지 않은 사람이 되는 것이 아니라 우리가 지는 걸 싫어하 게 된 원인이 무엇인지, 그런 성향을 갖게 된 데에는 성장 과정에서 여러 요소가 복합적으로 작용했던 건 아닌지 곰곰이 생각해봐야 한다는 것이다.

긍정적인 의미에서 '지는 걸 싫어하는' 심리는 이상과 목표에 도달하기 위해 좀 더 치밀하고 빈틈없이 생각하고 더 많은 노력을 기울이며 더 많은 책임을 지도록 만든다. 우리는 '미스터 승부욕'이 될 수는 있다. 하지만 기 왕 될 거라면 어질고 용감한 '미스터 승부욕'이 돼야 한다.

'용감하다'는 말이 나온 이상 고등학교 동창인 장정張正에 대한 얘기를 해 야겠다. 내가 가장 용감하다고 생각하는 사람이 바로 장정이기 때문이다. 그는 2006년 리바오立報 산하의 베트남어로 된 《쓰팡바오四方報》를 창간했다. 타이완에 있는 베트남 노동자와 베트남 국적의 배우자가 구독층인《쓰팡바오》에는 독자 기고문, 법률 및 의료 상담, 베트남에서 전해진 가십 기사 등이 실린다. 이미 인도네시아, 태국, 필리핀, 캄보디아 판으로도 발행되고 있으며 타이완에서 이 5개국 언어를 사용하는 약 60만 명의 외국인 노동자와 외국인 배우자가 촉각을 기울이고 있다. 장정은 순전히 '정의감' 때문에《쓰팡바오》를 창간했다고 말했다. 친구의 그 정의감은 베트남에서 4개월간 머물면서 이국땅을 몸소 체험하며 말을 하지도, 듣지도 못하는 자신의 처지가 꼭 타이완에 첫발을 내딛은 베트남 사람과 다르지 않다는 사실을 알게 된 데서 비롯되었으리라. 그런 경험이 친구에게 용기를 북돋아주었고 옳은 일을 해야겠다고 결심한 계기가 되었다. 4개월간의 해외 장기 거주를 통해 한 문학청년이 용기를 냈고 일생일대의 큰 변화를 맞이했다. 장정에게 이보다 더 큰 사건은 없을 것이다.

만약 지는 걸 싫어하기만 했다거나 그해 통장 잔고가 1만 타이완달러뿐이었다면 누가 뭐라고 하든지 장정은 이 일을 해선 안 됐다. 하지만 용감했던 친구 덕에 오늘날 타이완 사회에는 사람 냄새 나는 언론 매체가 하나 더 늘었다.

방콕 택시 기사가 말하는 타이완

최근 태국에서 택시를 타고 가는데 휴대폰이 울렸다. 타이완에서 온 전화였다. 전화를 끊자 택시 기사가 잔뜩 신이 나서 물었다.

"타이완분이셨어요?"

내가 태국어를 잘해서가 아니라 피부가 너무 까매서 나를 태국인이라고 생각했던 모양이다.

기사는 내게 이야기보따리를 풀어놓기 시작했다. 타이완의 소인국에서 5년 동안 일했다는 그의 말에 타이완에서 일하는 동안 어떤 게 가장 인상 깊었는지 물었다.

"첫인상은 너무 춥다는 거였어요!"

나는 듣자마자 피식 웃었다. 택시 기사의 말을 100퍼센트 이해할 수 있었기 때문이다. 태국에서는 겨울에 섭씨 20도만 돼도 두꺼운 가죽 코트, 목도리, 밍크코트 차림인 사람을 볼 수 있다. 그 정도 기온이면 보스턴 출신의 사람이라면 웃통을 벗고 해변에서 선탠을 하며 여름철 햇빛을 즐기고도 남겠지만 방콕에서는 부랑자들이 얼어 죽기도 한다. 그래서 '춥다'는 느낌은 과학이 아니라 고향에 대한 기억에 더 가깝다고 할 수 있다.

"두 번째 받은 인상은 택시비가 너무 비싸다는 거예요!"

이 부분은 좀 의아했다. 타이완의 택시비가 방콕보다 비싸긴 해도 너무 비싼 정도까지는 아니고 구미 지역이나 일본과 비교하면 오히려 훨씬 저렴하기 때문이다. 그래서 기사에게 택시를 타고 어디까지 갔는지 물었다.

"매주 토요일은 휴무라 소인국에서 룽탄龍潭까지 택시를 탔어요. 그런데 몇 분밖에 안 되는 거리를 가 놓고 1,000타이완달러를 달라고 하더라고요! 방콕에서는 하루 종일 택시를 타도 그만큼 안 나오는데 말이죠. 타이완 택시비는 진짜 말도 못 하게 비싼 거 같아요!"

기사의 그 경험은 더군다나 10년 전 있었던 일이었다.

당시 나는 속으로 생각했다. 몇 안 되는 비양심적인 택시 기사들 농간에 5년 동안 놀아난 거라고 사실대로 말해야 할까? 아니면 타이완에 대한 좋은 인상을 깨지 않도록 그냥 진실을 묻어야 하나?

어쩌면 좋지?

사실대로 말하는 게 과연 용감한 것일까? 차라리 타이완으로 돌아가서 블로그에 내국인과 다른 기준을 적용해서 외국인을 대상으로 장사해서는 안 된다. 우리도 외국에서 누군가 이런 식으로 바가지요금 씌우는 걸 싫어하지 않느냐며 호소문이라도 올려야 하는 걸까? 밝힌다고 해서 진상을 바꿀 수 있는 것도 아니고 택시 기사에게 씁쓸함만 안긴다면 너무 인정머리 없는 행동 아닐까? 진실을 밝히는 게 과연 의로운 행동일까?

국제 교류가 활발한 오늘날에는 타인이 볼 때 우리도 외국인이 되는 경우가 많다. 만약 좋은 외국인이 되는 법을 모른다면 우리 나라에서 외국인을 잘 대접하는 법도 모를 수밖에 없다. 외국에 간 자신의 모습을 떠올려본다면 어떻게 외국인의 심정을 이해해야 하는지 알게 될 것이다.

택시 뒷좌석에 앉은 나는 생각에 잠겼다.

"제가 만약 태국인이었다면 이런 상황에서 어떻게 했을까요?"

옷을 사러 갔다. 정말 마음에 드는 옷인데 내가 원하는 치수나 색상이 없어서 아쉬운 상황이다. 점원한테 옷을 구해서 갖다놓을 수 있는지 물어봤다고 하자. 점원은 그 자리에서 일단 가능하다고 했다. 그리고 며칠이 지나 옷이 도착했으리라 잔뜩 기대하고 갔더니 그 옷이 없는 게 아닌가! 더군다나 점원은 어제 이미 옷이 없으리란 걸 알고 있었다. 단지 내게 말을 안 했을 뿐이다. 이런 상황에서 타이완인이라면 사실대로 얘기하지 않은 점원 때문에 자신이 헛걸음했다고 생각하겠지만 만약 당신이 태국인이라면 태국 점원이 그렇게 행동한 데는 그만한 이유가 있다는 걸 대번에 알 수 있다.

"손님은 이미 원하는 옷이 없어서 실망한 상태예요. 만약 내가 안 된다고 하면 연거푸 두 번이나 기분이 상할 텐데 그러면 너무 딱하잖아요. 우선 된다고 말해두면 손님 기분이 좀 좋아질 테고 며칠 지나서 솔직하게 털어

놓으면 그냥 한번 불쾌하고 마는 거고요. 다 손님 생각해서 한 일인데 어떻게 속았다고 할 수 있어요?"

택시 기사의 논리대로 나는 마음의 결정을 내린 뒤 말했다.

"타이완 택시비 너무 비싸죠! 근데 요즘은 대중교통도 엄청 편리하고 가격도 많이 저렴해졌어요. 다음에 타이완 가실 때는 돈 많이 안 들 거예요!"

택시 기사는 고개를 끄덕이며 만족스러운 미소를 지어 보였다. 그 모습에 나도 마음이 한결 편안해졌다.

하루하루의 삶, 그 자체가 짧은 여행이다

여행의 지도는 내 인생의 지도와 겹쳐지면서 내 인생이 또 다른 인생과 겹쳐지게 만든다. 3개월이란 시간이 1년이 되고 그 1년이 또 눈 깜짝하는 사이에 10년이 되었다. '여행'은 앞으로도 나를 인생의 다음 단계로 데려가줄 것이다.

나는 내 인생을 여행에 전부 걸 수 있다. 비행기 티켓과 여권이 있든 없든 그것과 상관없이 하루하루의 삶이 짧은 여행과 같다고 믿기 때문이다. 매일 떠나는 당일치기 여행을 충실히 보내고 나면 그 여행이 모여서 내 인생 전체가 근사한 장기 여행이 되는 것이다. 하지만 모든 사람이 여행에 대해 나와 같은 여행자처럼 종교적 신념으로 자신의 인생을 바친다고 생각하지는 않는다. 다만 적어도 한 번쯤은 자신에게 3개월간 지금 있는 곳과는 전혀 다른 곳으로 떠날 수 있는 기회를 주면 어떨까 생각해본다. 그 여행을 통해 당시 자신이 알았든 몰랐든 앞으로의 일생을 바꿀 만한 사건을 겪거나 혹은 그런 사람을 만나게 되리라 장담한다.

그런 의미에서 여행은 나에게 줄 수 있는 최고의 선물이다.

CHAPTER

2

평생 할 수 있는
운동을 찾다

평생 할 수 있는 운동을 찾으면
생활의 활력을 유지할 수 있고 자기 몸을 봐도 부끄럽지 않다.
더 중요한 것은 우리가 심리 기술을 훈련하는 데 도움을 준다는 것이다.

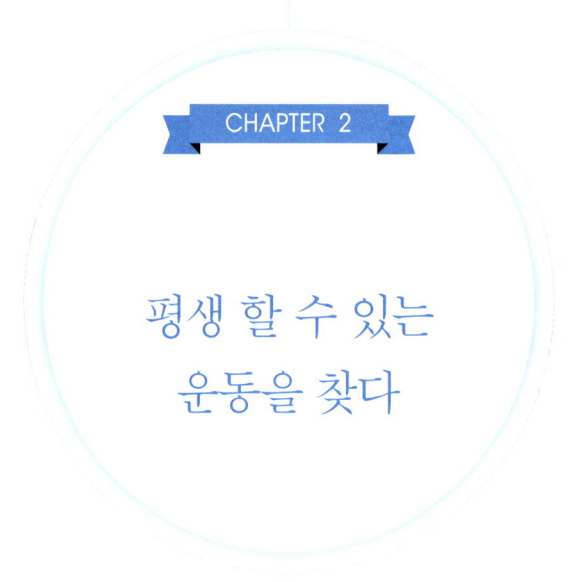

평생 할 수 있는
운동을 찾다

평생 할 수 있는 운동을 찾으면
생활의 활력을 유지할 수 있고 자기 몸을 봐도 부끄럽지 않다.
더 중요한 것은 우리가 심리 기술을 훈련하는 데 도움을 준다는 것이다.

운동하는 습관을 기르는 건 종신 건강 보험 가입과 같다

일전에 한국에서 가장 매력적인 싱글 남성 100명을 선정했는데 결과가
꽤나 흥미로웠다. 100명 중 축구 선수가 상당수를 차지한 것이다.

성공한 운동선수의 매력은 과연 무엇일까? 잘 빠진 근육질 몸매에 계약
만 했다 하면 억 소리 나는 연봉? 아니면 강한 승부욕일까? 콕 집어 정답을
말하라면 운동선수의 진짜 매력은 꾸준한 운동 습관으로 드러나는 자
신감과 넘치는 건강미일 것이다. 그런 매력 덕분에 어디를 가든 주변

사람들은 그들이 내뿜는 강한 존재감을 느낄 수 있다.

운동 습관을 기르는 건 수익성 높은 건강 보험에 가입하는 것과 같다. 이는 영국의 일부 생명 보험이 다음과 같은 시스템을 계획하는 이유다. 피보험자가 헬스장에 가서 개인 전용 카드키로 운동 기구에 로그인하면 기구를 사용할 때마다 소모된 칼로리가 기록된다. 운동 습관에 따라 보험사는 이 자료를 토대로 보험료를 할인해준다. 따라서 운동 습관을 길러 건강을 유지하는 사람은 보험료를 아낄 수 있다.

미국에는 피보험자의 헬스장 회비를 지불해주는 보험 정책이 많다. 보험 가입자가 건강을 유지하도록 도와주면 피보험자에게 주는 보험금 지급 일자를 늦추거나 아예 지급하지 않아도 되기 때문에 보험사 입장에서 보면 수지맞는 장사인 셈이다.

'느낌이 좋은' 사람이란?

학창 시절에 한 여성 작가의 글을 읽은 적이 있다. 작가가 누군지는 기억나지 않지만 대략적인 내용은 이렇다. 어렸을 때 스스로 너무 뚱뚱하다, 얼굴이 못생겼다, 키가 어중간하다며 늘 자신의 외모에 불만을 늘어놓던 작가는 서른 살을 넘긴 어느 날 그 시절에 찍었던 오래된 사진을 발견했다. 그제야 인생에서 가장 아름다웠던 시절이 다름 아닌 스스로 아름다움과는 전혀 거리가 멀다고 느끼던 그 시절이었음을 깨달았다. 그때는 '젊음이 무기다'라는 말의 의미를 몰랐기 때문에 인생에서 가장 아름다운 시절을 불평불만만 하다 흘려버리고 만 것이다.

이유는 모르겠지만 당시 이 글은 내게 강렬한 인상을 남겼다.

일본 막부 시대에 치아를 검게 물들이고 눈썹을 싹 밀어버린 여성을 보게 된다면 자녀를 둔 엄마일 확률이 100퍼센트다. 결혼을 하면 반드시 치아를 검게 물들이고 눈썹을 밀기 때문인데 결혼 후 미망인이 돼서도 계속 그 상태를 유지하면 재혼할 의사가 없다는 뜻이다.

당시 유럽인은 일본 소녀와 남성의 치아는 새하얀 반면 기혼 여성의 치아는 새카맣다는 걸 발견하고 이런 악습에 치를 떨었다. 치아를 검게 물들인 여성이 입을 벌리면 '입구가 열린 무덤구덩이'처럼 보였기 때문에 당시 네덜란드 항해사였던 스웬센은 "치아가 검은 일본 여성이 입을 벌리고 대화하는 모습을 볼 때면 나도 모르게 뒷걸음질 쳤다"라고 기록했다. 치아를 검게 물들인 여성도 자신의 모습이 추하다는 것을 알았다. 그래서 일부 젊은 여성은 웃을 때 최대한 볼품없는 치아를 드러내지 않으려고 무진 애를 썼다. 그러면서도 여성은 결혼해서 남편이 있는 몸이라는 사실을 보여주기 위해 이처럼 자신의 개인적인 매력을 희생시키는 일을 마다하지 않았다.

당시 소녀들은 충분한 자유를 만끽했다. 일상적인 농담, 차 마시기, 흡연, 화장은 물론이고 각종 제례에 참석해서 시간을 보내기도 했다. 그러다 결혼하고 나면 거리낄 것 없던 자유로운 생활과는 작별을 고하게 된다. 기혼 여성은 아내로서, 엄마로서의 책임을 다해야 했기 때문이다. 다시 말해서 눈썹을 밀고 치아를 검게 물들인다는 건 이전의 허영심과 쾌락을 추구하던 삶을 완전히 포기했다는 증거였다. 이는 젊은 마사이족 남성의 경우와 흡사하다. 젊었을 때는 충분히 자유를 누리고 상도에 어긋나는 일탈 행위를 해도 용인된다. 하지만 어느 날을 기점으로 해서 뛰어난 언변과 정확한 판단력으로 부족의 질서를 유지하는 장로로 탈바꿈하게 되는 것이다.

19세기 들어 구미 지역 사람들은 일본 소녀의 아름다움에 매료되었다.

문헌 기록에 따르면 안세이 5년(1858년), 카텐다이크 중위는 간린마루咸臨丸 군함을 지휘해 항해 훈련을 할 때 가고시마를 방문했는데 '얇디얇은 기모노 차림의 짙은 흑발을 드리운' 현지 아가씨의 모습을 보게 되었다. 카텐다이크는 말로 형용할 수 없을 정도로 아름다운 긴 머리카락과 곱게 쪽 찐 머리를 한 일본 아가씨에게 흠뻑 빠져버렸다. 네덜란드 해군도 흥분해서 말했다. "태어나서 이런 광경은 처음 봅니다. 그냥 이곳에 정박하시죠. 저흰 아무 데도 가고 싶지 않습니다."

하지만 당시 유럽인도 알고 있었다. 엄밀히 말해서 그들의 기준에서 보자면 일본 여성은 예쁜 축에 들지 못했다. 휴브너는 "그녀들은 전혀 아름답지 않았다. 높이 솟은 광대뼈, 길고 가느다란 눈매, 두툼한 입술을 갖고 있어 가녀린 여성미가 부족했다"라고 말했으나 사실 유럽인을 사로잡은 매력은 '밝고 순수함, 조신함과 태생적 우아함'에서 비롯되었다. 이런 매력이 사람을 편안하게 만들고 좋은 느낌을 준 것이다. 오랫동안 일본에서 생활한 외국인은 자기도 모르게 미의 기준이 바뀌었다. 몸집이 아담하고 예의 바르며 조신한 일본 여성을 계속 보다 보니 자국의 여성은 우악스럽고 드세며 공격적이라고 느끼게 되었다.

따라서 누군가에게 느낌이 좋은 사람이 되는 것이야말로 진정한 아름다움의 조건이다.

다른 사람이 볼 때 느낌이 좋은 사람으로 평생을 사는 사람은 나이를 떠나 외적으로도 변함없이 매력을 발산한다. 하지만 그 매력이 꼭 초콜릿 복근을 장착하거나 9등신의 미남미녀일 필요는 없는 것이다.

'느낌이 좋은 사람'이란 말은 상당히 추상적이다. 하지만 주위를 자세히 들여다보면 느낌이 좋다고 평가받는 사람들은 남녀를 불문하고 한 가지 공통점이 있다. 가정과 일에서뿐만 아니라 일상생활에서도 적극적으로 취미

생활을 즐긴다는 것이다. 이를 통해 건강한 육체와 건전한 정신이 겉으로 드러나는 게 아름다운 매력이라고 할 수 있다.

정말 자신을 사랑한다면 자신에게 '먹칠'하지 말자

최근 유치원 동창 모임이 있었다. 동창 중 우리가 라오왕이라고 부르는 대학교 정치학과 교수인 친구가 볼품없는 자전거를 끌고 친구들 앞에 떡하니 나타났다. 자전거가 어찌나 형편없던지 친구들은 한창 하던 얘기마저 까맣게 잊어버린 채 자전거 옆에 서서 신기하게 쳐다봤다.

자전거 앞쪽엔 바구니가 있고 뒤에는 아동용 안장이 있었다. 자전거 프레임에는 녹색과 귤색으로 페인트가 듬성듬성 뿌려져 있었다.

그래도 명색이 일류 대학교 교수님인데 자전거 격이 떨어져도 너무 떨어졌다. 그런데 자세히 살펴보니 이 고물 자전거는 가격도 적당하고 품질도 좋은 새 자전거였다.

"살 때 사장이 '먹칠'을 하겠냐고 묻더라고. 그래야 도둑질을 안 당한다나."

라오왕은 심정이 복잡해 보였다. 누가 그를 나무랄 수 있겠는가.

뜻밖에도 요즘 자전거 가게에서는 새 자전거가 도난당하지 않도록 일명 '먹칠' 서비스라는 것을 해준다고 했다.

이 얘기를 들은 태국 화교 친구 조이도 타이완에 갔을 때 오랜 친구를 만났는데, 그 친구가 타던 자전거도 분명 연식이 불과 5년밖에 안 됐는데도 20년 넘게 탄 것처럼 손잡이까지 녹슬어 있었다며 당시를 회상했다.

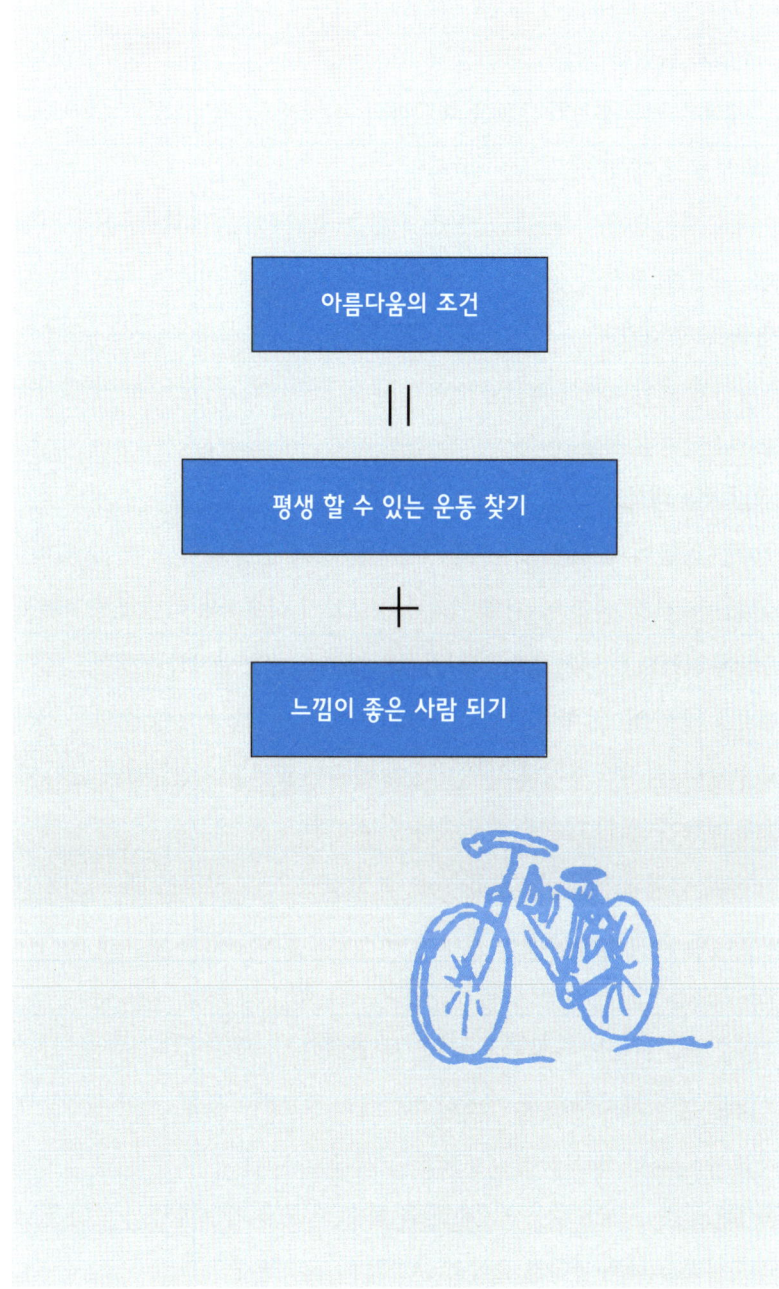

아름다움의 조건

||

평생 할 수 있는 운동 찾기

+

느낌이 좋은 사람 되기

"그래서 이게 네가 자전거를 아끼는 방식이라는 거야?!"

조이가 물었다.

"이래야 누가 훔쳐가지 않을 테니까……."

라오왕이 말했다.

태국 대학교에서 자전거 동아리 회장을 맡고 있는 조이는 자신을 사랑하는 주인의 독특한 방식을 그저 묵묵히 받아들인 타이완의 자전거를 차마 볼 수가 없었다.

타이완 대학교에서 교수로 일하는 내 고등학교 친구 한 명은 이 얘기를 듣더니 한마디 했다.

"타이완 대학교에도 먹칠한 자전거 엄청 많아!"

나는 곰곰이 생각했다. 라오왕이 일하는 곳도 분명 타이완 대학교였다!

나는 자전거 '먹칠'이 대체 어찌된 영문인지 라오왕의 아내에게 물어볼 수밖에 없었다. 그녀가 말하길 자전거 사장이 도난을 방지하는 방법으로 두 가지를 얘기했는데 하나는 먹칠이고 다른 하나는 아동용 안장을 다는 거라고 했단다. 하지만 후자의 경우 비용이 많게는 몇천 타이완달러나 들기 때문에 어쩔 수 없이 먹칠을 선택했다는 것이다.

"지금 생각해보면 사장 말을 들을 걸 그랬어요. 그 사장이 맨 처음에 그랬거든요. 어차피 외관은 다 똑같으니까 아예 중고를 사는 편이 나을 거라고요."

라오왕의 아내는 후회막심이라는 듯 말했다.

가끔 가다 폐차해야 될 것처럼 낡아빠진 오토바이를 본 적이 있었는데 사실 알고 보면 새 오토바이일 수도 있다는 것 아닌가! 그 후로 나는 타이베이를 걷다 유난히 낡은 교통수단을 볼 때면 눈을 가늘게 뜨고 주인의 남다른 사랑을 받은 차인지 유심히 살피는 버릇이 생겼다.

대학교 캠퍼스에서 이처럼 독특한 문화 수업을 받고 난 뒤 앞으로 결혼 사업에서도 '먹칠' 서비스가 등장하는 게 아닌가 하는 엉뚱한 생각이 들었다. 신부에게 '먹칠'을 하고 아동용 안장을 추가로 다는 식의⋯⋯. 마치 일본 막부 시대에 기혼 여성에게 눈썹을 밀고 치아에 검은 칠을 하도록 강요한 것처럼⋯⋯. 신부를 추녀로 만들어 아름다운 아내를 집에서 장 보고 아이나 기르게 하는 것과 자전거에 먹칠하고 바구니와 아동용 안장을 다는 방식이 생각할수록 닮았다! 하하! 그렇게 생각하면 철저하게 이런 전통문화를 몸소 실천하고 있는 사람들이 내 주위에 적지 않은 셈이다.

누군가 훔쳐갈까 두려웠던 라오왕은 유별난 방식으로 자전거에 대한 애정을 보여주었고, 질투심에 눈 먼 남편도 유별난 방식으로 아내를 사랑했다. 요즘 젊은이도 마약 다이어트, 불필요한 성형 수술처럼 유별난 방식으로 자신에 대한 사랑을 실천 중이다. 사랑하는 대상이 자전거든 평생의 동반자든 아니면 자신의 몸이든 '사랑'하는 데 더 좋은 방법이 있다는 걸 우린 모두 알고 있다.

정말 자신을 사랑한다면 누군가를 위해 자신에게 '먹칠'하지 말자.

내 몸의 동반자, 운동

운동 습관은 지금까지 내게 많은 도움을 주었다. 특히 많은 사람이 장거리 여행으로 인한 시차나 체력적인 부담으로 여행을 멀리할 때도 나는 언제나 이곳저곳을 누비고 다녔다. 오죽하면 사람들이 나를 과잉행동장애가 있거나 정력이 넘치는 사람으로 여길 정도였다. 내가 좋아하는 일을 하면서 다른 하고 싶은 일까지 해낼 수 있을 만큼 힘이 넘치는 이유는 매일 하루도 거르지 않고 꾸준히 운동하는 습관 덕분이다.

내가 어릴 때 요가 강사로 일하셨던 어머니는 등산도 좋아하시고 현재 근린공원에서 태극권을 앞장서서 지도하신다. 아버지는 지역 볼링팀 팀장이시고 매주 주말이면 바다낚시를 가신다. 겉보기에는 체육인 집안 같지만 사실 불행히도 우리 식구들은 하나같이 손발이 따로 노는 운동 신경 제로인 사람들이다. 단체에서 구기 종목 시합이 있을 때 배구나 농구 같은 인기 종목에서는 우리를 팀원으로 껴줄 리 만무했고 심지어 초등학생이 하는 피구, 제기차기, 줄넘기 시합에서조차 우리가 낄 자리는 없었다. 이는 어쩌면 육상 종목에서 차마 눈 뜨고 보기 힘든 참혹한 실력을 보여준 누나가 원반던지기 선수로 차출되고 안팎으로 한결같이 뻣뻣한 형이 군악대 지휘관이 된 것, 앉으나 서나 자세가 곧지 않아 선생님께 송충이 같다고 혼나는 내가 수영팀으로 보내진 이유일지도 모른다. 자세히 보면 우리 가족 다섯 명이 잘하는 건 빠른 반응 속도를 요하는 경기가 아니라 반복 동작만 잘하면 되는 운동이었다. 그래서일까, 어려서부터 지금까지 우리 가족은 다 함께 밖에 나가 운동한 적이 없다. 그 흔한 원반던지기도 하러 나간 적이 없었다. 그리고 나는 우리 집 개에게 원반을 던져주는 편이 더 재미있다는 걸 깨달았다.

혼자서도 할 수 있는 운동

중학생 때부터 나는 수영과 카누 등 수상 스포츠에 열중하기 시작했다. 나를 보면 운동 신경이 좀 없더라도 얼마든지 자신에게 맞는 '평생 운동'을 찾을 수 있다는 걸 알 수 있다. 여름철 보스턴의 작은 섬 위에 있는 집에서 아침에 깼을 때 가장 신나는 건 혼자든 친구들과 함께든 카누를 타고 바다로 갈 수 있다는 점이다. 겨울철 방콕에 있을 때는 주말에 두 시간 동안 버스를 타고 해변에 가서 카누 한 척을 빌린 다음 배로만 닿을 수 있는 한산한 항만 근처 오두막집에서 시간을 보낸다. 만약 일 때문에 가게 된다면 영국 런던, 뉴욕 맨해튼, 타이완 타이베이, 미얀마 양곤, 태국 방콕 등 각 도시마다 내가 좋아하는 올림픽 규격의 수영장이 있다. 혼자도 좋고 친구나 가족과 함께여도 좋다. 매일 물속에 첨벙 뛰어들어가 2,000미터 길이를 30분 안에 주파하면 나만의 생활 규칙을 찾을 수 있다.

언젠가 골다공증이 생기고 무릎관절이 마모되거나 류머티즘 및 다른 질병으로 고통받고 심지어 손과 발을 한쪽씩 잃는다 해도 수영이나 카누를 전혀 못 하지는 않을 것이다. 그런 의미에서 나와 평생을 함께할, 내 몸을 보살펴줄 수 있는 평생 운동 두 가지를 찾은 나는 상당한 행운아라고 생각한다.

보통 자전거, 오토바이, 차를 사면 기본적으로 최소 5년에서 10년 정도는 우리와 함께하기 때문에 애지중지하는 면이 있다. 내 몸은 나와 평생을 함께하는 만큼 평생 할 수 있는 운동을 찾는 건 가장 손쉬운 건강 유지 방법이다.

대학교 강연에서 무대 아래 학생들에게 평생 하고 싶은 운동이 있다는 사람은 손을 들어달라고 주문했을 때 손드는 사람은 대개 많아야 10퍼센트 정도에 불과하다. 운동 관련 학과가 아닌 이상 대학교 교육에서는 운동에 전혀 관심을 두지 않기 때문인데 학교의 전체 석차가 앞쪽에 위치할수록 운동 습관이 있는 학생 수는 줄어든다. 물론 이런 현상이 타이완에서만 나타나는 건 아니다. 도쿄 대학교의 럭비팀이나 하버드 대학교의 축구팀도

삼류 아마추어 실력을 보여주기 때문이다. 나는 이어서 학생들에게 평생 운동으로 어떤 종목을 선택했는지 물었다.

"야구요."

한 학생이 이렇게 대답했다. 온통 진흙투성이가 된 야구복을 입고 있는 걸 보니 굉장한 야구 팬임을 한눈에 알 수 있었다.

"야구를 평생 할 수 있다고 생각해요?"

내가 물었다.

"그럼요! 못할 이유가 없잖아요?"

학생이 당연하다는 듯이 말했다.

"야구하려면 몇 명이 필요하죠?"

"아홉 명이요."

"네?"

나는 짐짓 놀라며 말했다.

"그럼 누구랑 시합을 한다는 거죠?"

무대 아래는 웃음바다가 됐다.

"열여덟 명이요."

학생이 고쳐 말했다.

"야구 한번 하려면 열여덟 명을 모아야 하는데 어렵지 않을까요?"

나는 이어서 물었다.

"어렵죠."

그는 고개를 저었다.

"올해 나이가 어떻게 되나요?"

"스물이요."

"스무 살에도 열여덟 명 모으기가 쉽지 않은데 학생이 마흔 살이 되면 어떨까요?"

무대 아래에는 순간 정적이 흘렀다.

"학생 나이가 예순이면요? 나이가 여든이 돼서 야구 멤버로 열여덟 명을 모았다고 해도 그중 배트를 휘두를 수 있는 사람이 몇이나 될까요? 슬라이딩을 해도 다리가 멀쩡한 사람은 또 몇 명이나 될 것 같아요? 그래서 평생 하기에 적합한 운동은 혼자서도 할 수 있는 운동인 경우가 대부분이죠. 장소나 체력 면에서 제약이 크지 않은 종목으로요."

럭비나 축구는 평생 운동으로서 자격미달이다. 하지만 수영, 조깅, 등산, 하이킹, 전통 무술, 자전거, 배드민턴 등 별로 대단해 보이지 않는 종목이 오히려 평생 운동 후보에 당당히 이름을 올렸다. 일단 스무 살 문턱을 넘어서면 열여덟 명을 모아서 야구 할 수 있는 기회가 다신 없을지도 모른다는 냉혹한 현실 때문이다.

운동에서 배울 수 있는 것은?

현지 국제 하교에서 체육을 가르치는 홍콩 친구가 있다. 학기 말이면 친구는 젊은 운동 선수들의 학부모를 초청해 설문 조사지에 솔직하게 답해 달라고 요청했다. 나는 그 설문지를 빌려다 처음부터 끝까지 쭉 살펴보았다. 초등학교 6학년생을 자녀로 둔 한 학부모는 지나치게 조용하고 내성적이던 딸이 탁구를 하면서 적극적이고 자신감 있는 모습으로 변했다고 전했다. 그전에도 다양한 운동을 시켰지만 큰 흥미가 없어 보였다는 것이다. 학부모는 아이가 다양하게 경험해보고 그중 자신이 흥미를 느끼고 잘할 수 있는 것을 찾아서 집중적으로 계발해야 한다는 사실을 알고 있었기 때문에 딸에게 강요하지 않았다. 초등학교 3학년 때 딸이 교내 반 대항 탁구 대회에 나갔는데 뜻밖의 우승을 해서 온 가족이 무척 즐거웠다고 한다. 그 뒤로 아이는 탁구에 더 흥미를 느끼게 됐고 바로 교내 탁구 훈련반에 들어가서 다양한 볼 컨트롤 기술을 배우는 중이다. 기량이 뛰어나 선생님과 친구들의 인정을 받으면서 아이는 부쩍 자신감이 생겼고 학업에 임하는 자세도 전보다 훨씬 적극적으로 변했다.

선생님은 운동이 아이에게 가져온 가장 큰 변화가 무엇인지 학부모에게 물었다. 학부모는 한 치의 머뭇거림도 없이 대답했다.

"탁구가 제 딸을 어려움에 당당히 맞설 수 있는 사람으로 만들어줬어요!"

테니스, 농구, 육상, 높이뛰기, 멀리뛰기, 수영, 벨리댄스를 선택한 학생의 부모들도 비슷한 얘기를 했다. 아들과 좀 더 가까워졌다는 학부모도 있었고 시합을 하면서 사물에 대한 본인의 견해와 능력이 생겼다는 아이도 있었다. 또 자기밖에 모르던 외동 자녀가 팀원들과 함께 지낸 뒤로 남과 소통하는 법을 배우기 시작했고 자신감도 높아졌다고 한다. 어떤 학부모는 중요한 시험에 아이가 온전히 집중했으면 하는 마음에 운동과 체육 활동을 일체 중단시켰는데 그게 잘못된 결정이었다는 걸 인정하기도 했다. 운동 연습 때문에 학업을 등한시하리라는 부모의 예상과는 정반대로 아이는 전보다 적극적으로 시간을 내어 수업 내용을 열심히 복습한 결과 만족스러운 성적을 거뒀다.

운동선수가 아니라도 운동 습관을 통해 아이가 운동선수처럼 심리 상태를 훈련할 수 있다고 확신한다.

운동선수의 심리 상태란 무엇일까? 치열한 경쟁이 벌어지는 경기장을 떠올려보자. 1등은 한 명으로 정해져 있다. 하지만 때론 실력이 가장 뛰어난 사람이 아니라 시합에서 최고 기량을 발휘하는 사람이 우승하기도 한다.

운동 경기는 선수들에게 신체 에너지는 물론이고 심리 에너지를 최대치로 소모할 것을 요구한다. 그래야 최고 기량을 발휘할 수 있기 때문인데 사실 일상생활에서도 마찬가지다.

운동선수는 운동 신경이 민첩하기 때문에 우리 같은 일반인과 다르다고 생각하는 사람이 많다. 하지만 운동심리학자들은 대부분 공통으로 '심리 기술'에 대해 연구한다. 심리 기술이란 운동선수가 장애를 극복하는 능력, 기량, 인간관계, 자신감을 끌어올리는 도구로서 운동선수의 성장을 돕는 걸 가리킨다.

운동선수가 아니라도 영화 〈점프 아쉰Jump Ashin!〉을 본 사람이라면 정상급 선수가 최고의 기록을 달성하려면 뛰어난 생리적 요소와 반복적인 기술 훈련의 조화가 필요하다는 것을 눈으로 확인했을 것이다. 그중에서도 심리적 요소는 운동선수가 최고 수준에 도달할 수 있는지 여부를 결정하는 중요한 원인이다.

운동은 부정적인 생각을 없애는 데 도움을 준다

인류의 운동 경기는 고대부터 지금까지 계속 발전해왔다. 운동선수들 사이의 기술과 체력의 차이는 갈수록 줄어들어 경쟁이 더욱 치열해졌다. 심리적 요소가 경기 성적에 미치는 영향도 한층 뚜렷해졌다.

운동 전문가들은 타이완 선수가 올림픽 같은 대규모 스포츠 대회에서 메달을 따지 못했던 것은 기회를 놓친 탓이지 결코 노력이 부족해서가 아니라고 분석했다. 운동선수의 심리적 소양이 양호하지 않은 데다 장기적이고 체계적인 심리 훈련이 부족하다는 것이다. 체력이나 기술적인 면은 상대방과 견주어도 손색이 없지만 결정적인 순간에 평정심을 잃고 실수하는 까닭은 나약한 심리 상태 때문이다. 경기장이 주는 압박감을 이겨내지 못하는 것이다. 심리적인 요인이 시합의 승패를 결정하는 관건이 되는 것이다.

운동선수가 경기에서 승리하려면 반드시 동작 하나하나에 심혈을 기울이고 부정적인 생각을 없애야 한다. 심리 기술도 신체 기술과 마찬가지로 훈련과 학습을 통해 향상시킬 수 있다. 운동선수가 주관적으로 인지하는 심리 에너지와 심리적 능력의 좋고 나쁨은 우수한 운동선수를 선발하는 평가 항목에 포함된다. 스스로 승리할 수 있다고 믿는 사람은 그보다 기술이 더 뛰어나도 자신감이 부족한 운동선수보다 승리할 확률이 높기 때문이다. 그렇다면 심리 기술이 미치는 영향력은 얼마나 대단할까? 독보적인 운동 기량 이면의 심리적인 특징을 연구한 윌리엄스 앤드 크레인에 따르면 대부분의 감독과 운동선수가 성공적으로 실력을 발휘했다고 생각하는 경우 중에서 적어도 40~90퍼센트는 심리적 요인에서 비롯됐고 기량이 높을수록 심리적 요소가 더 중요하게 작용하는 것으로 나타났다. 골프, 사격, 피겨스케이팅처럼 고도의 '침착성'과 '집중력'을 요하는 운동 종목의 경우 심리 기술의 영향이 80~90퍼센트 이상을 차지했다. 강인한 성격으로 정평이 난 세계적인 테니스 선수 지미 코너스도 "선수의 체력과 기량이 최고조에 달했을 때 시합의 승패를 좌우하는 건 95퍼센트가 실제 경기에 임할 때의 심리 상태다"라고 말했을 정도다.

미국의 학자 그럽이 스포츠과학 학술대회Olympic Scientific Congress에서 발표한 논문에 따르면 실력이 중급 이하인 선수는 80퍼센트는 생물 역학적 요소, 나머지 20퍼센트는 심리적 요소의 영향을 받지만 실력이 상급인 운동 선수는 정반대로 80퍼센트가 심리적 요소, 20퍼센트가 생물 역학적 요소의 영향을 받는 것으로 나타났다.

따라서 운동 습관을 기르는 것은 곧 자신이 승리할 수 있는 심리 기술을 훈련하는 것과 같다. 경기장 안에서든 밖에서든 경기에서 최고 기량을 발휘한다는 건 고도의 기술을 보여주는 것에 지나지 않는다. 심리적 요소야말로 경기의 승패를 좌우하는 관건이다. 심리는 선수가 뛰어난 기량을 발휘할 수 있도록 돕는 열쇠이자 거의 모든 경기에서 두각을 나타내 성공을 거머쥘 수 있는 열쇠라고 할 수 있다.

팀을 조직하고 훈련할 때 첫 번째 단계는 인재 선발이다. 정확하게 인재를 선발하면 훈련의 절반은 성공한 것이나 마찬가지기 때문이다. 따라서 스카우터나 감독은 운동선수의 기술 이외에도 선수의 혈액형, 집에서 형제자매 사이의 서열 등 전혀 연관성이 없어 보이는 자료를 은밀히 조사하기도 한다. 우리는 어렴풋이 형제자매 서열이 개성, 아이큐, 책임감, 자신감, 적응력, 성취도 면에서 기량 발휘에 영향을 준다는 사실을 짐작할 수 있다. 이런 배경 조건은 감정, 의지 과정volitional process, 불안 등을 직면하는 태도와 개성의 필요, 동기, 신념, 심리적 특징을 반영하는 능력, 기질, 성격에 드러니기 때문이다.

한 일본 기업이 면접시험에서 응시자의 혈액형을 물어봤다는 이유로 고소를 당한 뒤 패소했다. 나는 법 앞에서는 만인이 평등하다는 원칙을 알고 있다. 하지만 만약 이 기업이 자사 직원을 한 팀으로 여기고 운동선수들의 심리 현상을 상호 연계해 함께 심리적 공동체를 만들려고 한 의도로 그랬다면 해당 기업 사장의 취지도 어느 정도는 이해할 수 있을 것 같다.

평생 할 수 있는 운동을 찾으면 생활의 활력을 유지할 수 있고 자기 몸을 봐도 부끄럽지 않다. 더 중요한 것은 우리가 심리 기술을 훈련하는 데 도움을 준다는 점이다. 우리는 인생이라는 경기장에서 실력이 가장 뛰어난 사람이 아닐 가능성이 크다. 하지만 최고 기량을 발휘하는 최강의 심리 기술 소유자가 될 수는 있다.

'슬로 라이프Slow Life'에 적합한 운동을 선택해보자

"팔뚝 굵어질까 봐 운동하기 겁나요!"

젊은 타이완 여성들은 운동을 하라는 제안을 받으면 이런 비슷한 핑계를 대곤 한다.

이런 말을 들을 때면 그 사람을 알든 모르든 "저기요! 팔뚝이 굵어지려면 얼마나 운동을 많이 해야 하는지 알고서나 그런 걱정 하시죠!"라며 한마디 끼어들고 싶은 충동이 인다. 하지만 여성 모독죄로 고소당할까 봐 무서워서 매번 꾹 참는다. 이 사람들 집에는 거울도 없나?

일부 운동선수 외에도 대다수 아시아계 화교는 체력 소모가 큰 운동을 멀리하는 경향이 있는 듯하다. 스키, 패러글라이딩처럼 속도감 있는 운동이나 등산과 암벽타기처럼 체력의 한계를 시험하는 운동은 중국인을 알프스 산으로 여행하도록 유인하기에는 매력도가 떨어진다. 그래서인지 스위스 정부 관광청은 유럽에서 가장 긴 '슬로 트래블Slow Travel' 여행 코스를 대대적으로 홍보하면서 갈수록 부담 없고 편안한 여행을 선호하는(다르게 표현하자면 게으르고 체력도 약한) 중국여행객을 유치하기 위해 '스위스 스포츠 매력 체험' 이벤트를 시범적으로 추진하기도 했다.

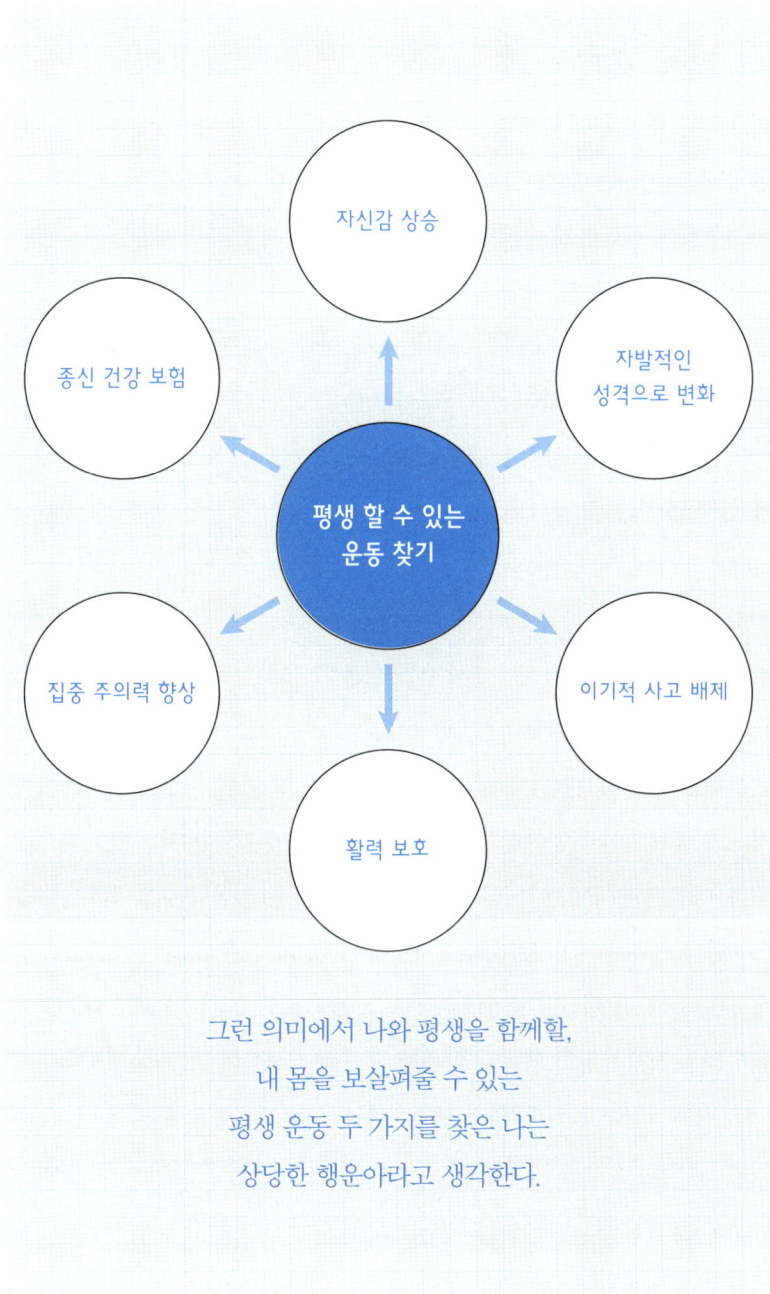

자신감 상승

종신 건강 보험

자발적인
성격으로 변화

평생 할 수 있는
운동 찾기

집중 주의력 향상

이기적 사고 배제

활력 보호

그런 의미에서 나와 평생을 함께할,
내 몸을 보살펴줄 수 있는
평생 운동 두 가지를 찾은 나는
상당한 행운아라고 생각한다.

스위스 관광청은 2008년 총길이가 2만 킬로미터에 달하는 '슬로 트래블' 여행 코스를 선보였다. 이는 가볍고 편안한 여행을 위해 마련된 교통 네트워크로서 유럽 최대 규모를 자랑하며, 동일한 마크가 있는 소풍 코스, 자전거 및 산악자전거 코스, 롤러블레이드 코스, 조정漕艇 코스 등이 포함된다.

여행객이 편안하게 여행할 수 있도록 스위스 정부 관광청은 협력 파트너와 함께 캐리어 운반, 시설 임대 등 관련 서비스를 제공함으로써 스위스를 찾는 모든 여행객이 시계나 초콜릿 구매 외에도 대부분의 구미 지역 여행객처럼 운동이 주는 즐거움을 몸소 체험하리라 기대하고 잇다.

독일의 과학자도 상당한 공을 들여 '슬로 라이프' 정신에 부합하는 운동을 연구 중이다. 요가, 태극권, 낚시, 당구, 산책, 기공은 모두 평생 동안 '슬로 라이프'를 실천하기에 적합한 운동이다.

사실 슬로 라이프 정신에 굉장히 부합하는 운동이 있다. 아쉽게도 한국과 일본을 제외하면 아시아에서 보기 드물다. 영어로는 컬링curling이라고 하는 이 운동은 얼음 위에서 스톤을 미끄러뜨리는 경기다. 컬링은 16세기 스코틀랜드에서 유래됐다. 겨울에 너무 춥고 할 일 없어 무료했기 때문에 당시 스코틀랜드인은 얼어붙은 강 위에서 과녁 맞추기와 유사한 경기를 개발했다. 다른 점은 활이 아니라 묵직한 빙석冰石을 사용한다는 것이다. 선수들은 1인당 브룸broom이라고 부르는 빗자루 모양의 솔을 하나씩 가진다. 규칙은 간단하다. 각 팀 5명 중 4명은 선수로 출전하고 1명은 후보로 대기한다. 선수들은 직사각형의 얼음길 위에서 경기를 진행한다. 스킵skip, 팀의 주장으로서 스톤의 위치를 지정하는 등 전략을 세운다 - 역자은 하우스(원 속의 표적)에 서서 반대편에 있는 세 명의 선수를 지휘한다. 그중 한 명이 투구하면 나머지 두 명이 브룸으로 스톤을 건드리지 않고 얼음길을 닦아서 스톤의 속도와 회전 각도를 조절한다. 마지막에 스톤이 하우스 안에 들어가거나 상대방의 스톤을 쳐서 하우스 밖으로 밀어내면 그 팀 선수 전원에게 각각 두 번씩 투구할 기회가 생긴다. 반대편에서 지휘하던 스킵이 가장 마지막에 투구하며 티(tee, 가장 안쪽의 원)에 가장 가까운 스톤으로 점수를 계산해 승패를 결정한다.

어떻게 보면 경기 방식이 좀 우스워 보일 수도 있다. 스톤이 얼음 위를 잘 미끄러지도록 솔을 들고 길을 닦는 모습은 별것 아닌 듯하지만 몇 번 보다 보면 그 동작이 왜 필요한지 절로 알게 된다. 브룸으로 C~D구간 제한선 사이에 있는 얼음을 스위핑sweeping해서 자기 팀 스톤이 앞으로 잘 미끄러지게 하는 한편 상대팀이 투구하기 전에 B~C 제한선 사이의 얼음을 닦아 상대팀 스톤이 하우스 밖으로 미끄러지게 만드는 것이다. 그런 의미에서 컬링은 당구의 정확성과 판단력, 수를 읽는 체스의 기술, 투포환 선수의 균형감각(화강암으로 만든 스톤의 무게는 모두 19킬로그램 정도다), 발레 선수의 우아함, 달리기 선수의 힘이 총망라된 스포츠라고 할 수 있다.

컬링은 길이 42.07미터, 너비 4.27미터인 직사각형 얼음 링크에서 경기한다. 경기장 양쪽에 각각 하우스와 네 개의 제한선을 그린다. 양 팀 스킵이 토스로 투구 순서를 결정하고 나면 번갈아가며 투구한다. 선수 한 명당 스톤 두 개를 모두 투구하면 1엔드(end)가 끝난다. 다음 엔드는 이전 엔드에서 이긴 팀이 선공한다. 경기는 총 10엔드로 진행되며 12엔드까지 갈 경우 제한 시간이 다 되면 종료된다. 마지막에 획득한 점수가 더 높은 팀이 우승한다. 동점인 경우 한 번 더 연장전을 치른다.

스코틀랜드 서해안 너머에 있는 화산섬 아일사 크레이그Ailsa Craig의 채석장에서 나는 화강암이 스톤을 만드는 데 가장 훌륭한 석재로 알려져 있으며 제조 비용도 꽤 비싸다. 다이아몬드를 사용해야 스톤의 위아래 표면을 오목한 형태로 다듬을 수 있기 때문이다. 스톤의 속도를 조절하기 위해서 위아래 표면은 오목한 정도가 다르다. 스톤은 좀 무겁긴 해도 들어서 움직일 수만 있으면 남녀노소 할 것 없이 누구나 즐길 수 있다. 휠체어를 타는 사람도 경기에 참가할 수 있다. 주위에 있는 친구 중에 할 수 있는 사람이 아무도 없는 새로운 운동을 시도하고 싶을 때 "뭐? 이것도 할 줄 몰라?"라며 비웃음당할 걱정은 할 필요가 없다. 컬링은 아마 전 세계에서 가장 생소하지만 동양인에게 가장 적합한 운동이지 않을까?

그렇다. 컬링은 명실공히 동계올림픽 정식 종목 아니던가! 얼음 위에서 하는 경기니까 더위를 탄다거나 땀 흘리는 걸 싫어한다는 핑계는 댈 수 없을 것이다!

나에게 주는 10가지 선물

서로를
잘 아는 친구
10명을 사귀다

친구는 내 삶을 완성해준다.
평범한 나의 하루가 다양한 친구들 덕분에 특별해진다.

CHAPTER 3

서로를
잘 아는 친구
10명을 사귀다

친구는 내 삶을 완성해준다.
평범한 나의 하루가 다양한 친구들 덕분에 특별해진다.

한 의학 연구 보고서에 따르면 똑같이 암에 걸린 여성 환자라고 해도, 수가 많을 필요도 없고 주위에 한 여섯 명 정도 고정적으로 연락하는 친구가 있다면 친구가 한 명도 없는 환자보다 1년 뒤 생존할 확률이 50퍼센트나 더 높은 것으로 나타났다.

나는 의사도 아니고 통계학자도 아니기 때문에 이 연구의 신빙성을 판단할 순 없지만 그동안 살아온 경험에 비춰볼 때 내 인생에서만큼은 친구가 굉장히 중요한 존재라고 확신할 수 있다. 만약 내 곁에 평생을 함께할 좋은 친구가 한 명도 없었다면 차마 꿈을 향한 여정을 떠난다는 용기를 내지 못했을 것이다.

다만 여기서 내가 말하는 친구의 범주에는 술, 도박처럼 나쁜 일을 함께

하는 친구는 포함되지 않는다는 걸 밝혀둔다.

인생에서 어느 순간 돈이 없는 것과 친구가 없는 것 중 어느 쪽이 더 비참할지 생각해본 적이 있다. 나는 돈보다 친구가 없는 쪽이 백배는 더 불행하다고 자신 있게 대답할 수 있다. 돈을 얼마큼 벌어야 성공한 사람이라고 할 수 있는지, 돈이 많다는 게 성공의 기준이 될 수 있는지에 대해 나는 모두 회의적이다. 하지만 살면서 평생을 함께할 친구를 사귀었다면 그 사람은 분명 성공한 사람이다. 평생 친구는 눈에 띄지 않는 포도 한 송이를 발견하는 안목, 흔들리지 않는 신념과 인내심으로 오래 빚어낸 귀한 술과 같기 때문이다. 자신의 목적을 위해 우정을 이용하는 사람은 제대로 발효되기도 전에 홀랑 마셔버린 와인처럼 곧 사라지는 존재와 같다. 곁에 좋은 친구가 많은 사람이라면 본인 역시 괜찮은 사람일 확률이 높다.

좋은 친구를 떠올리면 나도 덩달아 용감해진다

학창 시절 셋이서 찍은 단체 사진으로 만든 연하장을 보면서 나는 두 친구를 떠올렸다. 왼쪽에 있는 친구는 대학 다닐 때 함께 수업을 땡땡이치고 히말라야 산을 여행했던 미셸이었고 오른쪽에 있는 여성은 한국 화교인 아량이었다.

학과와 대학원은 서로 달랐지만 그 시절 우리는 좋은 일이든 나쁜 일이든 늘 함께했다. 사실 좋지도 나쁘지도 않은 싱거운 일이 대부분이었다. 당시 나는 수업 외에 방송국에서 매일 밤 두 시간씩 심야 생방송 프로그램을 진행했는데 친구들이 놀 때 나를 부르지 않는 상황을 만들지 않으려고 두 친구를 기어코 끌어들여 함께 프로그램을 진행했다. 뜬금없는 주제를 다루는가 하면 〈사소한 일주일〉이란 코너를 만들어 사소하고 보잘것없는 다양한 일들만 골라 칭찬하기도 했다. 설 명절 때는 라디오 드라마 〈우동 한 그릇〉을 녹음하고 일본 소설가 다와라 마치의 감동적인 이야기를 처음부터 끝까지 재연하기도 했다. 그때 찍은 사진으로 만든 크리스마스카드는 그해의 걸작이라 나처럼 무료한 청취자에게 부쳐주었다. 심지어 셋 다 똑같은 옷을 입고 있는 이 크리스마스카드는 이미 기억 속에서 잊힌 지 오래였다. 미셸은 중국 대륙에 있고 나는 세계 곳곳을 빨빨거리고 돌아다니는 데다 아랑은 서울에 돌아가 가업을 이어받았기 때문에 그 시절 빈들거리던 세 친구는 얼굴 한번 보기도 어려워졌다.

그러던 어느 날 아랑의 언니가 어디서 이 사진을 발견했는지 사진을 찍어서 페이스북에 올렸다. 사진을 보고 깜짝 놀랐다. 하지만 이내 주위에 아무도 없는 걸 확인하고 용기 내서 20년 전 세 친구의 단체 사진을 열어보았다. 카메라 렌즈를 마주한 모습이 다소 어색해 보였지만 분명 굉장히 즐거운 상태였다. 그때 그 즐거웠던 감정을 나는 지금까지도 그 시절의 내 모습보다 더 생생하게 기억한다.

사진을 보고 나는 베이징에 있는 미셸에게 전화를 걸었다. 미셸은 마침 지난주에 서울에 가서 아랑을 보고 왔다고 했다. 그 말을 듣고 이때다 싶어 그날로 비행기 티켓을 예매한 뒤 오랜만에 서울로 떠났다.

서울은 좋긴 한데 인구 1,000만 명이 넘는 대도시라 매일 청계천을 두세 번 왔다 갔다 해도 양쪽으로 끊임없이 이어지는 차량 행렬에서 자유로울 수 없다는 게 흠이다. 요즘 도시 사람들은 집에선 금붕어를 기르지 않으면서 도시 중앙을 가로지르는 청계천에 방생을 한다. 이 불쌍한 어린 생명은 당연히 죽을 수밖에 없다. 선홍색의 배를 드러낸 채 물 위를 둥둥 떠다니며 저 멀리 고층빌딩을 향해 흘러가는 모습이 이 도시를 더욱 고요하고 쓸쓸하게 만들었다.

나는 갑자기 교외를 걷고 싶어졌다. 진짜 강이 흐르고 진짜 물고기가 헤엄치는 곳으로 가고 싶었다.

다짜고짜 아량을 끌고 지하철을 탔다. 청량리역에서 중앙선으로 갈아타고 '양수리'로 향했다.

"우리 엄마 고향이 양수리에 있는데, 난 좀 멀게 느껴지더라고. 여기 나오늘 처음 와봐."

지하철이 지상철로 바뀌면서 차창 밖으로 도시가 지나갔고, 아량은 점점 키가 작아지는 집들을 바라보며 생각에 잠긴 듯 말했다.

손에 표를 쥐고 있지 않았다면 LED 간판이 늘어선 명동 번화가에서 불과 한 시간도 채 안 걸리는 곳에 시간이 멈춰버린 듯한 시골 마을, 남한강과 북한강의 물이 합쳐지는 이곳 양수리가 있다는 것을 상상하기 어려웠을 것이다. 역사를 나와 보니 지금 서울 인구의 5분의 1 정도밖에 되지 않는 1960년대에 와 있는 느낌이었다. 허름하고 낡은 오래된 집 몇 채에 남아 있는 흔적은 양수리가 그 옛날 나루터 역할을 했음을 보여주는 듯했다.

연꽃으로 가득한 좁고 긴 강가를 따라 약 90미터쯤 걷다 보니 400년 된 니도밤나무가 눈앞에 우뚝 솟아 있었다. 나무 아래에는 조그마한 식당이 있었는데 일교차가 큰 탓에 강물 위로 안개가 자욱했다. 강 위에는 붉은 돛을 단 낡은 나무배가 강 한가운데 있는 고목에 묶여 있었다. 일부러 분위기를 내기 위해 그렇게 해두었다는 것을 알면서도 불편할 만큼 인위적인 느낌은 전혀 없었다. 오래된 나무다리 다른 쪽 끝에는 유기농 식품을 전시하고 판매하는 가게가 있었다. 외관이 깔끔한 가게 안에는 손님이 한 명도 없었다. 영업을 안 하나 보다 생각하는 와중에 덜컥 자동문이 열렸다. 카운터

뒤편에 앉아 있던 젊은 여성이 깜짝 놀라며 벌떡 일어나 황급히 인사를 건넸다. 우리는 양수리산産 연근으로 만들었다는 티백을 만지작거리다 더 방해하고 싶지 않아 서둘러 가게를 나왔다.

산책 삼아 역사로 천천히 걸어오는데 날이 벌써 어둑어둑해지기 시작했다. 음료수나 한잔할까 하고 어느 잡화점의 묵직한 목재 문을 살짝 열어 안으로 들어갔는데 등도 하나도 없었고 오래 묵은 쾌쾌한 곰팡이 냄새가 코를 찔렀다. 당연히 아이스박스가 있을 리 만무했다. 나무로 만든 선반 위에는 듬성듬성 딱 보기에도 팔지 못한 간식들이 진열돼 있었고 사람이라곤 그림자도 보이지 않았다. 돌아서 그냥 가려고 하니 가게 뒤쪽에서 또 다른 목재 문이 삐걱 소리를 내며 천천히 열렸다. 그 너머로 구들에 반쯤 누워 계신 연세 지긋한 할머니 한 분이 보였다. 할머니는 가늘게 떨리는 목소리로 말씀하셨다.

"어서 오시요, 뭐 사시게?"

갑작스러운 질문에 우리는 눈이 휘둥그레졌다. 정신없는 와중에 필요한지 안 필요한지도 생각하지도 않고 그냥 눈에 들어오는 물건을 아무것이나 집어 할머니께 내밀고는 계산해달라고 했다. 동작이 너무 커서 먼지가 풀풀 날렸는데 구들에서 물 끓이는 소리와 묘한 조화를 이뤘다.

"할머니, 초코파이 있어요?"

서울에서 자란 도시 여성 아랑이 앞에 계신 할머니께 여쭸다.

"미안하지만 이제 안 팔아."

"왜요?"

아랑은 아쉬워하며 물었다.

"초등학교 다닐 때 제가 제일 바랐던 게 학교 끝나고 어렵게 모은 용돈으로 달고 부드러운 초코파이 사 먹는 거였거든요! 초코파이 파시면 장사

잘될 것 같은데요?"

이부자리보다 주름이 더 깊게 패인 얼굴이 살짝 움직였다가 할머니는 이 내 치아가 없는 입을 드러내며 웃으셨다.

"예전엔 팔았지……. 근데 애들은 점점 안 오고 초코파이는 계속 들여놓다 보니 늘 유통 기한이 지나는 거야. 그래서 더는 안 팔게 됐어."

먹을 게 상대적으로 부족했던 그 시절 초코파이가 초등학생에게 어떤 의미였는지는 알 수 없지만 할머니의 그 말에 담긴 처연함은 느낄 수 있었다. 우리는 할머니와 몇 마디 나누다 헤어졌다.

가게 문을 나서는데 어느덧 초저녁이 되었다. 대각선 쪽으로 멀지 않은 곳에 세븐일레븐 24시간 편의점이 있었는데 온 거리를 통틀어 불이 켜진 유일한 곳이었다. 책가방을 멘 초등학생 무리가 편의점 안에서 우르르 뛰어나왔다. 하나같이 군것질거리가 손에 들려 있었는데 소리는 들리지 않았지만 깔깔대며 웃는 모습이 꽤나 즐거워 보였다.

두 개의 강줄기, 두 시대가 서울 외곽에서 만나는 이곳은 더할 나위 없이 고요했다. 우리는 할머니 가게에서 산 포테이토칩 봉지를 뜯어 한입 먹었는데 딱히 무슨 맛이라고 설명하기는 어려웠다. 쓱 한번 보니 유통기한이 1년도 더 지난 거였다. 잠시 멈칫했지만 손은 여전히 봉지 속으로 직행하고 있었다. 한 개씩 계속 집어먹으면서 씹는 속도도 점점 빨라졌다. 있는 힘을 다해 입속에 과자를 밀어 넣지 않으면 금방이라도 눈물이 왈칵 쏟아질 것 같았기 때문이다.

그럴싸하게 단장한 청계천의 모습은 어쩌면 내 기억 속에서 언젠가는 사라질 것이다. 하지만 점점 쇠잔해가는, 서울의 뒤뜰에다 연꽃을 기르고 구들 위에서 물을 끓이며 도시에서 고향을 그리워하는 아이들이 돌아오기를 기다리는 이곳 양수리를 나는 영원히 잊지 못할 것 같다.

대학 시절의 나의 외모, 아니면 공무원처럼 몇 년간 라디오 프로그램을 진행했던 사실을 언젠가는 잊게 될 것이다. 하지만 미셸과 아량 이 두 친구와 그들의 삶을 나는 영원히 잊지 않을 것이다. 캠퍼스를 떠난 뒤 우리는 두 개의 강줄기처럼 서로 다른 곳을 향해 흘러갔지만 언젠가는 바다에서 다시 만나게 될 것이다. 그렇게 다시 만나 가게 할머니처럼 구들 가에 둘러 앉아 보리차를 마시며 그 시절 우리가 함께 진행했던 〈사소한 일주일〉을 들으면서 숨 넘어가게 웃어젖힐 것이다.

우정은 물과 같다. 나는 이생에서 미셸과 아량처럼 좋은 친구를 곁에 둘 수 있었던 나의 행운이 믿기지 않는다. 나는 좌절을 경험할 때마다 이 친구들을 떠올린다. 세계 곳곳에서 열심히 살아가는 친구들의 모습을 생각하면 나도 덩달아 불끈불끈 용기가 샘솟는다.

경마의 신념과 아일랜드 형제

형, 누나와 나이 차가 많이 나는 데다 한집에 살지도 않고 같이 어울려 놀지도 않아서 나는 어려서부터 친구를 굉장히 중요하게 생각했다. 그렇다 보니 자연스럽게 내 주변에는 좋은 친구들이 넘쳐났다. 친구들을 너무 좋아해서 유치원 때부터 대학원 시절까지 인생의 단계마다 평생을 함께할 친구를 사귀었고 지금까지도 연락을 하며 지낸다. 어렸을 때는 친구라는 존재를 기껏해야 방학에 같이 짓궂은 장난을 치거나 시험 때 노트를 빌려주는 사이라 별스럽게 생각하지 않았지만 다 크고 나서야 친구가 얼마나 소중한 존재인지 깨닫게 되었다.

성인이 되고 나는 우정이 기수와 말의 관계처럼 공생하는 듯이 느껴졌다. 당신의 말이 경기에서 매번 우승하진 않을 것이다. 심지어 한 번도 우승하지 못할 수도 있다. 그렇다고 해도 운명 공동체인 당신과 말의 관계에 아무런 영향도 주지 않는다. "말은 형편없지만 기수는 정말 훌륭했어!"라고 말할 사람은 아무도 없을 것이다.

친구는 우리가 일군 성과의 하나기 때문이다. 오랫동안 이어진 우정은 혼인 서약과 같은 신념이자 결심이다. 과거의 친구를 직시할 수 있다는 건 과거의 나를 용감하게 마주하는 것이면서 자신의 삶을 최대한 존중하는 것이라고 할 수 있다.

아일랜드인은 가족이나 친구 중에 물을 흐리는 미꾸라지 같은 존재를 '썩은 사과'라고 부른다. 무리에 도움이 안 되는 존재일지라도 썩은 사과는 영원히 포기할 수 없는 형제이다. 혈연관계가 없어도 무슨 일이 생기면 일을 수습할 수 있도록 있는 힘껏 도와준다. 이것이 바로 아일랜드인은 마피아 조직처럼 서로 똘똘 잘 뭉친다고 알려진 이유이기도 하다. 미국에서 일할 때 마침 아일랜드 출신인 월스트리트 변호사가 있었다. 그는 내가 파트너가 돼주기를 원하면서 물었다. 좋은 일은 함께 나누고 좋지 않은 일이라도 연루되는 걸 마다않는 '아일랜드 정신'을 받아들일 수 있겠느냐고 말이다. 나는 웃으면서 대답했다.

"최근 제가 뉴욕에서 유치원 시절 담임 선생님을 만나 회포를 풀었는데 이 정도면 답이 될까요?"

이로써 나와 아일랜드 형제들의 우정은 시작되었고 지난 10년 동안 수많은 우여곡절을 함께 겪었다. 하지만 단지 그 말 한마디로 어떤 계약도, 정식 회의를 연 적도 없이 지금까지 함께 일하고 있다. 뉴욕에 가는 걸 싫어하는 나를 위해 친구들은 두말 않고 아침 기차에 몸을 실어 보스턴에 있는 나를 찾아온다. 그리고 일 얘기가 끝나면 가족과 함께 저녁을 먹기 위해 서둘러 집으로 돌아간다. 친구들이 보여주는 이런 마음 씀씀이를 보며 나는 무척 감동했다.

네트워크는 친구와 소통하는 방식을 바꾼 것인가?

네트워크 시대인 오늘날, 친구의 정의도 크게 바뀐 듯하다. 친구에 대한 나의 기준이 네트워크 시대에서도 여전히 유효할까?

모교인 하버드 대학교가 있는 보스턴에서 줄곧 지내던 나는 지리적 이점 덕택에 거의 설립과 동시에 페이스북을 사용한 초창기 유저가 되었다. 페이스북의 인기를 가늠하기 위해 링크드인이나 트위터와 같은 소셜네트워크 서비스SNS와 비교한 적은 없지만 처음으로 페이스북의 인기를 실감한 건 2009년 방콕 번화가에 있는 한 인터넷 카페에서였다. 당시 나는 관심 없는 척하며 카페를 쓱 둘러봤는데(이런 종류의 유혹은 뿌리치기가 쉽지 않다!) 각기 다른 나라에서 온 관광객 다섯 명이 거리 쪽 창가에 놓인 컴퓨터를 뚫어져라 응시하고 있었다. 하나같이 페이스북을 사용하고 있었다. 언어, 취미, 개성은 서로 다르지만 전부 페이스북 세상에서 자기 계정인 '집'을 운영하고 있었다. 그때만큼은 주위에서 무슨 일이 일어나도 그들에겐 페이스북보다 더 진짜처럼 느껴지지 않을 것이다.

페이스북은 우리가 모르는 사이에 이미 세상과 소통하는 법을 바꿔놓은 것일까?

"페이스북은 우리의 사회 연결망을 넓혔을까 아니면 실제 인간관계를

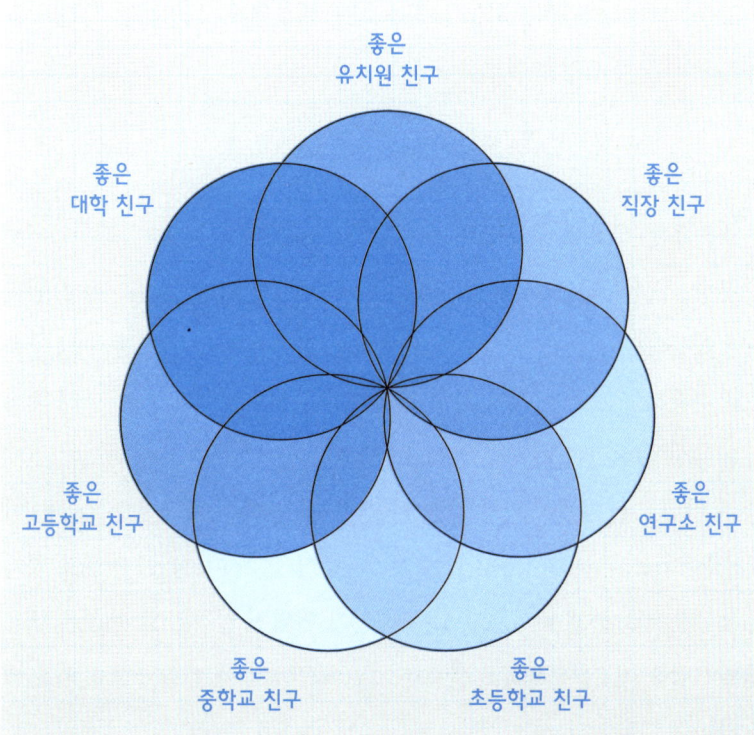

좋은
유치원 친구

좋은
직장 친구

좋은
대학 친구

좋은
연구소 친구

좋은
고등학교 친구

좋은
중학교 친구

좋은
초등학교 친구

살면서 평생을 함께할 친구를 사귀었다면
그 사람은 분명 성공한 사람이다.

잊어버리게 했을까?"

이 문제는 끊임없이 내 머릿속을 맴돌았다. SNS 게임 '해피팜Happy Farm'에 몰두하던 나의 지인들은 이미 페이스북 친구에 공들이는 쪽으로 갈아탔고 모든 사람이 업데이트하는 사진을 시도 때도 없이 확인하며 사진과 글귀로 그 사람의 심정을 유추한다.

하지만 최근 한 달 동안 직접 얼굴을 보며 얘기를 나눈 페이스북 친구는 몇 명이나 될까?

친구 추천 목록에서 함께 아는 친구가 65명이나 되는데 이름도 들어보지 못한 사람이 있는 게 과연 예삿일일까? 하늘에 떠 있는 별처럼 요원한 유명 인사라도 일단 친구 명단에 이름을 올리면 날마다 먹이를 주고 물을 주고 수확하고 보물을 사야 하는 해피팜이나 네오펫Neopets과는 달리 페이스북 세상에서는 아무것도 할 필요가 없다. 페이스북은 네트워크 저편에서 분 단위로 끊임없이 가장 값진 아이디어들을 마치 황제에게 조공을 바치러 온 각국 사신처럼 우리 앞에 가져다준다. 눈이 어지러울 정도로 진기한 것들을 무료하게 바라보고 있다가 눈이 번쩍 뜨일 정도로 괜찮은 내용을 발견했을 때 그저 '좋아요'를 누르기만 하면 사신에게 망극할 은혜를 베푼 것이나 다름없다.

이처럼 깊이 빠져들게 만드는 힘이 있기 때문에 현실에서는 분초 단위로 우리를 즐겁게 해주는 사람이 없다는 걸 잊어버릴 때가 많다. 페이스북에서는 세상 친한 친구라고 생각하지만 사실 그 상대방은 내가 전혀 알지 못하는 낯선 사람일 수도 있다는 얘기다. 사람 사이에 정이 쌓이지 않고서는 우정이라고 말할 수 없다. 조심성이 없는 친구 하나가 망신스러운 일을 겪은 적이 있다. 매일 TV 연속극을 시청하던 그는 극중 연기자들이 그렇게 익숙하고 친근할 수가 없었다. 어느 날 공항 라운지에서 여자 주인공을 보았다. 순간 누군지 기억은 나지 않았지만 분명 아는 사람으로 생각하고 기쁜 마음에 손을 흔들어 인사를 건넸는데 차가운 반응만 돌아왔다고 한다. 친구는 그제야 자신과 잘 아는 사이라고 착각했던 사람이 자신의 존재를 까맣게 모르고 있다는 사실을 깨달았다.

오랫동안 내 글에 '좋아요'를 눌러온 사람은 고작 10퍼센트다

한 사람이 기억할 수 있는 '친구'의 수는 몇이나 될까? 옥스퍼드 대학교의 인류학자인 로빈 던바 박사가 사람의 뇌 용량을 실험했는데, 한 사람이 파악할 수 있는 인간관계는 최대 150명(정확하게는 148명이지만 반올림해서 150명)이고, 가족, 선생님, 학교 동기, 친구, 이웃, 동료를 비롯해 심지어 적대적인 사람들도 150명 안에 드는 것으로 나타났다. 이는 대다수 회사, 단체, 조직, 모임이 자연스럽게 150명 규모로 유지되는 이유를 설명해준다. 모든 사람이 서로 아는 사이라 다른 부차적인 형식화를 생략할 수 있기 때문이다. 150명이 넘어가면 규정이나 기타 관리 방법을 통해 제약을 두든지, 그게 아니면 분열될 운명에 처한다.

다른 연구 사례도 있다. 미국 하버드 대학교 인류학 교수 피터 마스든도 귀납적으로 유사한 결론을 도출해냈다. 겉으로 볼 때 교우 관계가 넓은 미국인이라도 마음을 터놓고 얘기할 수 있는 진정한 친구는 손에 꼽을 정도로 적었다. 이는 그 넓은 뉴욕 땅에서 〈섹스 앤드 더 시티〉의 여주인공 네 명의 우정이 전 세계의 수많은 시청자들에게 인정받을 수 있었던 이유라고 생각한다. 현실에서는 정말 운 좋은 사람만이 그처럼 가깝고 서로를 잘 이해하는 친구 셋을 얻을 수 있을 테니까 말이다.

페이스북 사무실에는 카메론 말로우라는 사회학자가 근무한다. 그는 페이스북 사용자의 사회적 행위를 전문적으로 연구해 페이스북의 상업적 효과를 극대화한다. 연구 결과 페이스북 사용자의 친구 수는 평균 120명으로 앞서 언급한 옥스퍼드 대학교 던바 박사의 결과와 거의 흡사하다(사람들마다 인터넷을 할 줄 모르거나 페이스북을 사용하지 않는 친구가 주위에 한 30명쯤은 있지 않은가?). 재밌게도 여성 사용자의 친구 수가 남성 사용자보다 많았다. 하지만 페이스북 전체 친구 수가 많고 적음을 떠나서 진짜 자주 소통하는 친구 1명에서 7명 정도만이 상대방의 사진에 태그나 댓글을 달았다. 여성의 경우가 조금 더 많기는 해도 그 역시 10명이 채 되지 않았다. 지속적으로 비밀 댓글이나 메신저를 통해 소통하는 사람 수는 남성이 평균 4명, 여성이 평균 6명이었다. 트위터 팔로워 수가 수천수만 명이라는 건 사실 큰 의미가 없다. 따지고 보면 이 세상에서 진정한 친구는 150명 정도에 불과하고 고작 10명 정도에게 영향을 끼칠 수 있는 거라면 트위터를 하는 게 무슨 의미가 있겠는가?

호주심리학회Australian Psychological Society에서 발표한 1,834개의 유효 설문 조사 결과를 보면 소통 매체는 변했을지라도 네트워크 과학 기술은 질적 혹은 양적으로 사람들의 사교 행위에 변화를 가져오지 않은 것으로 나타났다. 매일 페이스북에 로그인하는 사용자는 71퍼센트, 그중 매일 수차례 페이스북에 들어가는 사용자는 51퍼센트였다. 30세 이하, 30~50세, 50세 이상 페이스북 사용자는 각 평균 263명, 206명, 92명의 페이스북 친구가 있는 것으로 나타났다.

물론 러셀 버나드와 피터 킬워스 같은 인류학자는 사람들의 사교범위 상한선은 150명보다 많지만 아무리 많아도 300명은 넘지 않는다고 보았다. 따라서 평범한 미국 학생의 페이스북 친구 수가 대개 1,000명을 넘는다고 부러워할 필요가 없다. 그들도 매일 평균 일곱 명에서 많게는 열 명 정도에게만 댓글을 달 테니 말이다. 그렇게 본다면 누군가 페이스북에 어떤 게시

물을 올렸을 때 한결같이 '좋아요'를 누르거나 댓글을 달 경우 당신도 모르는 사이에 그 사람 인생에서 가장 중요한 열 명의 친구 중 하나로 이름을 올리게 될 가능성이 크다.

언젠가 한 어머니가 딸과 소통하는 방식이 못내 걱정스럽다고 내게 말한 적이 있다. 바로 옆방에 있으면서도 딸은 인터넷에 글을 남길지언정 엄마와 얼굴을 마주 보며 얘기하려고 하지 않는다는 것이다. 그래서 나는 인터넷이 터지지 않는 미얀마 시골농장에서 어떻게 페이스북에서와 같은 효과를 거둘 수 있었는지 예를 들어 설명했다. 사실 변한 건 아무것도 없었다. 네트워크상에서 사람들과 소통하는 게 익숙했던 내가 인터넷이 안 터지는 농장에 가서 생각을 달리했을 뿐이다. 이 농장에서 일하는 사람들에게서 어떻게 하면 페이스북에 단편 영화 한 편을 올려서 호응을 얻는 것과 같은 효과를 거둘 수 있는지 생각했다. 우리가 농부학교를 세워 수업을 할 때 농장 직원들이 하나둘 자발적으로 모이기 시작했고 옆에서 우리가 수업하는 걸 지켜봤다. 이는 모든 사람이 '좋아요'를 누른 것에 해당했다. 그리고 점차 자신도 모르게 의견을 내고 자유롭게 생각을 발표했는데, 이것은 '댓글'을 남긴 것과 같았다. 중요한 건 소통의 본질이며 형식은 그저 형식일 뿐 그 이상도, 그 이하도 아닌 것이다.

2009년 말부터 영국의 이혼 부부 중 20퍼센트가 페이스북 때문에 이혼한다고 한다. 그렇다면 페이스북이 사라지면 이혼을 막을 수 있을까? 표면상으로는 그럴 것 같지만 실제로 페이스북은 외도의 증거가 쉽게 드러나는 통로일 뿐 외도를 직접 막을 수는 없다. 이는 지나치게 단순한 논리에 불과한 것이다. 페이스북이나 SNS를 비난하는 사람은 어딘가 모자란 게 틀림없다.

지금으로선 전혀 인기가 사그라질 것 같지 않은 페이스북도 언젠가는 마이스페이스MySpace나 프렌드스터Friendster처럼 네트워크를 통해서든 모바일이든 혹은 제3의 상상하지 못한 플랫폼에든 결국 자리를 내주고 말 것이다. 하지만 그때도 인생에서 가장 중요한 존재는 여전히 그 일곱 명이 되리라 믿어 의심치 않는다.

친구에 관한 나의 개똥경제학

얼마 전 친구 10여 명이 함께 식사하기로 약속했다. 과학 기술 권위자, 금융의 귀재, 물리학과 출신의 정치학과 교수, 타이완의 실리콘밸리로 불리는 신주과학산업단지에서 일하다 전업주부가 된 친구까지, 로터리 클럽처럼 보이는 이 조합은 사실 그보다 더 특별하다. 우리는 유치원 시절 같은 반 친구들로, 테이블 위에는 그 당시 우리가 함께 찍은 흑백 졸업 사진이 놓였다.

이 모임이 더 소중한 까닭은 살면서 한 번 모일까 말까 한 만남이 아니라 일상적인 식사 자리라는 데 있다. 우리는 자주 만난다.

이런 모임에 참석할 때마다 나는 치즈가 높은 온도에서 사르르 녹아내리듯 감상적인 아저씨가 된다. 나는 내가 정이 많고 행복한 사람이라는 걸 알기 때문이다. 살면서 언제라도 평생을 함께해도 좋을 친구들을 만날 수 있는 나는 행운아임이 분명하다.

회식이 거의 끝나갈 무렵 한 친구가 레스토랑 한쪽 구석을 가리켰다. 우리는 그제야 우리가 밤새 깔깔대며 저녁을 즐기는 사이 내게도 익숙한 유명 언론인이 구석에서 혼자 식사하고 있었다는 걸 알게 됐다. 그 순간 나는 그 유명 인사가 안타깝게 느껴졌다.

살면서 내 곁에는 늘 진실한 친구가 많았기 때문에 친구가 별로 없어 떠들썩한 자리에서 혼자 밥을 먹는 사람의 심정을 100퍼센트 이해하지는 못한다. 물론 내게도 혼자 밥 먹고 혼자 영화 보는 걸 좋아하는 친구들이 있기는 하다. 친구가 별로 없는 사람들은 다 그만 한 이유가 있다. 스스로 원해서 선택한 경우도 있고 어쩌다 보니 그렇게 된 경우도 있다. 내 주위에는 고생한 친구들이 별로 없어서 내가 그들의 깊은 내면세계를 이해하지 못하는지도 모른다.

나는 친구 사이의 교제가 옷감을 짜는 것처럼 정교한 공예라고 생각한다. 친구가 많을수록 크고 화려한 양탄자를 만들어낼 수 있기 때문이다. 하지만 친구 사이의 우정은 기술이 아니라 화학적 변화로 생긴다.

적어도 나는 그렇다고 믿는다. 그래서 조급해하지 않는다. 우정이 '무르익기'를 바라는 마음으로 선물이나 도움을 베풀어 성급하게 우정을 강요하지 않고 '얕은 술수'로 아름다운 과실을 독점하지도 않을 것이다. 일하면서 알게 된 사람을 당연하다는 듯이 제멋대로 친구처럼 대하지도 않을 것이다. 기쁜 마음으로 긍정적인 화학 변화를 기다릴 것이다. 이 과정에서 비바람에 열매가 떨어지고 상처투성이가 된다 해도 개의치 않을 것이다. 세상은 넓고, 태어나면서부터 내가 모든 사람과 친구가 될 수 있었던 건 아니기 때문이다.

우정에 대한 나만의 개똥철학이다.

경제학을 배웠던 사람이라면 알 것이다. 시장의 범주를 정하려면 계산에 들어가는 관련 제품을 알아야 한다. 관련 제품만이 상호 대체성이 있기 때문이다. 예를 들어 석유 가격이 급등하면 버스, 지하철, 가솔린·전기 하이브리드 자동차, 오토바이, 고속 철도는 자가용의 대체품이 된다. 석유 가격이 오를수록 대체성은 높아진다. 반대로 석유 가격이 폭락하면 경제적으로 보이는 자가용이 대중교통 수단의 대체재가 된다.

세일즈맨은 진상 고객을, 편집자는 상대하기 힘든 작가를, 모든 직장인은 '얄짤' 없는 사장을 만나게 된다. 몇 안 되는 진상 고객을 대할 때 우리는 많은 시간과 정력을 쏟는다. 경제학적으로 말하면 많은 자원을 낭비해 비용을 증가시키는 것이나 다름없다. 만약 얻을 수 있는 이익보다 비용이 많이 들면 세일즈맨은 해당 거래를 포기하고, 편집자는 해당 작가의 책을 포기하며, 직장인은 사표를 던지고 더 좋은 일자리를 찾아 나설 것이다. 우리가 친구와 소원해지거나 반목하는 이유도 그 친구가 우리에게서 많은 시간과 정력을 낭비하도록 만들기 때문이다. 그 사람과 친구가 되기 위해 지불해야 할 비용이 너무 크다면 우리는 친구 되기를 포기한다.

어떻게 하면 '희토'인 친구가 되고 부르면
언제든 달려오는 '편안한 친구'가 될 수 있을까?

인정머리 없게 들릴지 모르겠지만 친구는 100퍼센트 대체성이 있는 존재다. 단지 대체성의 높고 낮은 차이만 있을 뿐이다.

이는 시장에서 파는 모든 대체품이 제품 가격 변동에 따라 대체성이 달라지는 것과 비슷하다. 경제학에서 말하는 '대체성'이란 같은 종류의 상품이 같은 기능을 보유하고 있는 경우 다른 생산자가 당신의 제품을 대신해 시장을 차지할 수 있다는 뜻이다. 마치 주식인 밥과 면의 관계처럼 대체성이 높다는 것이다. 대체성이 높은 물건은 가치가 낮을 수밖에 없다.

친구가 적은 사람은 친구 하나를 잃었을 때 다시 새로운 친구를 찾아 대체하기가 어렵다. 잃어버린 그 친구는 '희토rare earth'처럼 대체하기 어려운 존재이기 때문이다. 그래서 이런 친구의 미세한 변화, 자신과 얘기할 때 나타나는 말 한마디 한마디에도 굉장히 신경을 쓴다. 좋은 친구가 한 명뿐인 사람은 상대방에게 애인 같은 역할을 해야 한다는 얘기인데, 그렇게 되면 우정은 사람을 숨 막히게 만드는 사랑으로 변질되고 만다.

반대로 친구가 많은 사람은 나와 친구의 다른 점에 일일이 신경 쓰지 않고 단지 서로의 공통점에 주목한다. 페이스북 친구가 수천 명이나 되는 사람처럼 친구 하나하나가 오늘 무슨 말을 했고 무슨 일을 했는지 관심을 갖는 건 불가능하다. 그저 친구와 몇 가지 공통 관심사에 대해 얘기를 나눌 뿐이다. 이런 '공통성'은 사실 '대체성'의 다른 이름이다.

애인이나 가족은 가장 이상적인 친구이다. 대체 가능성이 낮고 공통성이 크기 때문이다. 하지만 이 역시 비용이 무한대로 커지면 낯선 사람 취급 하는 날이 오게 될 것이다.

경제학이 존재하고 발전하는 이유는 자원이 유한하기 때문이다. 결국 경제학이란 유한한 자원을 효과적으로 분배해서 사람들의 끝없는 욕망을 만족시키는 학문인 셈이다.

경제학 관점에서 볼 때 친구를 사귀려면 두 가지 원칙을 지키면 된다. 하나는 비용을 낮추는 것, 다른 하나는 대체 불가성을 높이는 것이다.

어떤 사람을 친구로 사귀는 데 별로 비용이 들지 않는다면 그 사람은 '난이도 하' 정도의 친구다. 이런 사람은 갓 아이를 출산한 엄마처럼 항상 밝고 말도 잘 통한다. 어린아이를 항상 데리고 다녀야 하는 친구는 비용이 많이 드는 친구가 되어 결국 다른 아이 엄마들과 친구가 될 수밖에 없기 때문이다. 친구가 되는 데 비용이 거의 들지 않는 사람 주변에는 날파리 같은 친구만 그득할 것이다. 이 사람과 친구가 되면 많은 '콩고물'이 떨어지기 때문이다. 다른 사람들의 눈에 비용이 별로 들지 않는 친구로 등극할 수 있는 가장 간단한 방법은 식사 때마다 밥값을 지불하고, 친구가 직장을 잃으면 바로 발 벗고 나서서 직장을 구해주고, 만날 때마다 손에 뭔가를 쥐어 보내고, 돈 필요할 땐 언제든 빌려주고 돌려받지 않으면 된다. 물론 이 경우는 진짜로 비용이 낮은 게 아니라 보이지 않는 비용을 스스로 짊어지는 거나 다름없기는 하지만 말이다.

또 다른 방법은 친구들에게 대체 불가능한 친구로 비치는 것이다. 비용이 아무리 많이 들더라도 사귈 원하는 사람이 있는 '희토'처럼 대체 불가성을 높이면 된다. 하지만 누군가에게, 어떤 대가를 치르더라도 소유하고 싶은 친구가 될 수 있는 (혹은 되고 싶은) 사람은 극히 드물다.

이는 개인이 대체 불가성을 지닌다는 것이 굉장히 중요하기 때문이다. 그런데 기업에서는 대체 불가능한 직원은 사장에게 위협적인 존재가 된다. 사장 입장에서 보면 대체 가능한 직원을 더 채용하기를 원할 것이다. 그렇게 해야 자유롭고 효과적으로 인력을 분배할 수 있는 데다 조직 운영 비용을 절감하고 업무 효율을 높일 수 있기 때문이다. 마찬가지로 작가는 자신과 적대적인 위치의 콧대 높은 편집장을 만날까 두려워한다. 또한 인터넷에서 정찰가로 상품을 구매하는 고객 중 일부는 살벌한 영업 사원을 마주하고 싶지 않아서 그러는 것이다.

같은 방향을 보며 서지 않으면 같은 풍경을 볼 수 없는 법이다. 같은 방향을 보고 서서 상대방의 마음을 헤아리는 게 친구로 다가서는 첫걸음이다.

우리는 살면서 대체 불가성이 너무 높은 친구가 있다는 걸 알게 됐을 때 그 친구가 가족이나 배우자가 아니라면 친구를 잃기 전에 먼저 그 친구와 자발적으로 거리를 두고 대체 가능한 친구를 더 사귀려고 할 것이다. 대체 불가성이 높은 직원에게 휘둘리는 사장처럼 되지 않기 위해서라도 말이다.

우리는 친구들에게 부르면 언제든 달려오는 '10분 대기조' 같은 친구일까 아니면 천금을 줘도 손에 넣기 힘든 '희토' 같은 친구일까? 스스로 그 사람의 인생에서 정말 중요한 사람이 되고 싶을 정도로 소중한 친구가 있다면 자신의 대체 불가성을 높이는 것부터 시작해야 한다. 이런저런 구실을 대는 건 무용지물이다!

식사가 마무리될 즈음 오랜 고민 끝에 그 유명 언론인에게 가서 반갑게 인사를 건넸다. 그도 반가워하며 친구들에게 와서 얘기를 나눴다. 친구라고 하긴 그렇지만 그날 우리는 같은 위치에 서서 비용이 별로 들지 않는 '편안한 친구'의 모습을 연출했다.

사람과의 정을 무기로 삼는 사람은 생각을 잘해야 한다. 안 그랬다간 '대하기 힘든 사람'으로 낙인찍혀 가격만 더럽게 비싼 불량품처럼 인생이라는 진열대에서 먼지만 가득 쌓일 테니 말이다.

맛 좋은 망고처럼 달콤한 우정도 바람을 쐬고 햇빛을 쬐는 과정이 필요하다. 내 인생에서 사계절 내내 무르익어가는 우정에 그저 감사할 따름이다.

친구의 저장 목록에서 사라지는 때는 언제인가?

미얀마 북부의 라시오 시 도심에는 같은 자리에서 30년간 개인 병원을 운영해온 60세 중견 의사가 있다. 라시오 지역에서 '사이 마욱 캄'이라는 이름의 파이이족(지금의 샨족) 의사에게 진찰을 안 받아본 사람이 없을 정도로 유명하다. 연세 지긋한 어르신이라면 누구나 기억하듯이 이 의사는 젊

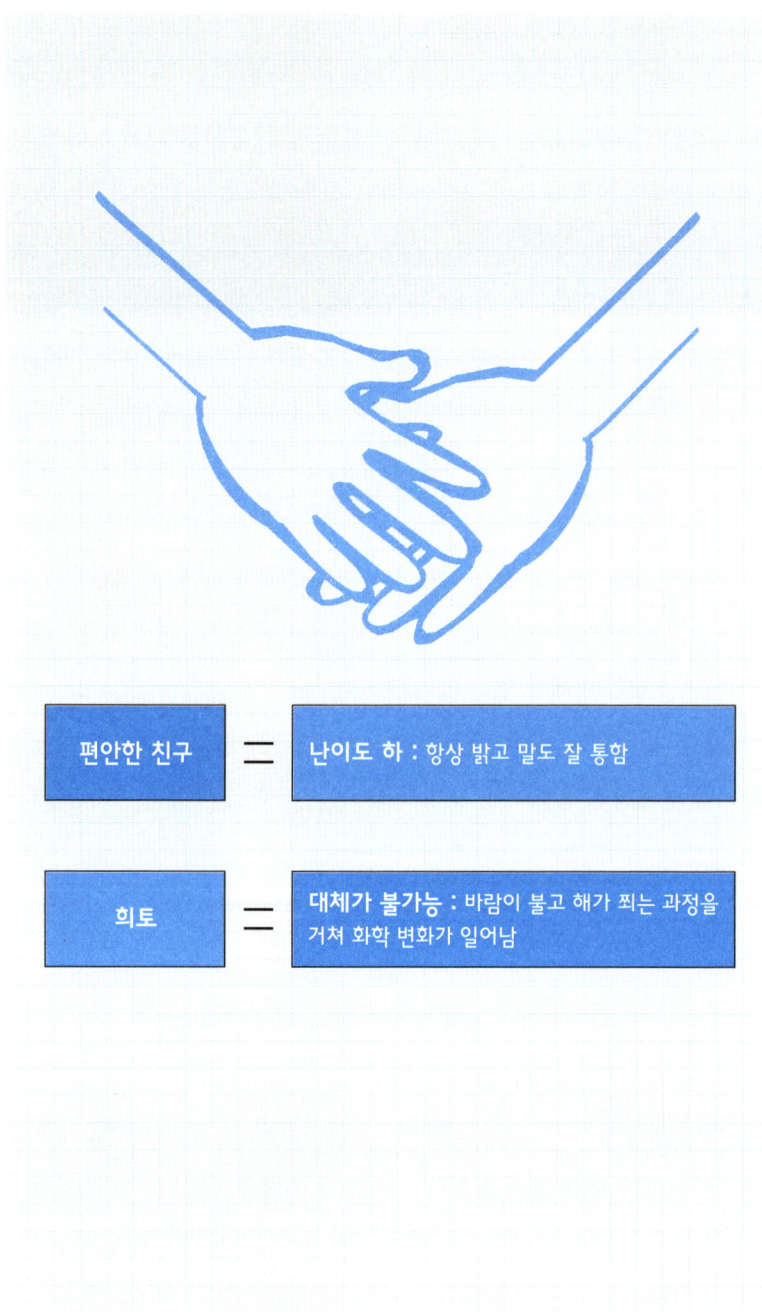

| 편안한 친구 | = | 난이도 하 : 항상 밝고 말도 잘 통함 |

| 희토 | = | 대체가 불가능 : 바람이 불고 해가 쬐는 과정을 거쳐 화학 변화가 일어남 |

었을 때 영문도 모른 채 감옥에 끌려가 옥살이를 하고 석방된 뒤에도 마음대로 행동할 수 없었으며 어디를 가든 경찰에게 보고해야 했다. 그 후로 의사는 세상일에는 관심도 두지 않았다. 매일 환자를 진찰하는 일 외에는 골프를 치러 다녔다. 라시오 주민은 의술이 뛰어난 이 의사를 좋아했고 매일 병원 앞은 장사진을 이뤘다. 아픈 곳이 없는데도 영양제를 맞으러 오는 어르신부터 독사에 물려 다리가 풍선처럼 부풀어 오른 나무꾼까지 그를 만나고 싶어 다들 안달이었다.

2010년 말 파이이족 명절 행사 때 군정부는 사이 마묵 캄에 대한 사람들의 지지가 하늘을 찌르는 것을 보고 라시오 시를 벗어나면 알아보는 사람이 하나 없는 그를 다짜고짜 선거에 출마시켰다. 그리고 그는 미얀마 최초의 '민선' 부통령으로 당선되었다. 정부는 배경도 없고 소수 민족 출신인 그를, 소수 민족을 관리할 적임자로 생각했던 것이다.

그런데 재밌는 일이 일어났다. 어려서부터 지금까지 존경해오던 의사가 아무 이유 없이 괴뢰 정권의 부통령이 된 그 순간부터 라시오 현지 주민의 마음이 완전히 돌아선 것이다.

이 일로 나는 내가 왜 항상 NGO 일선에서 일하고 싶어 했는지 스스로에게 설명할 수 있게 되었다.

"너 정도 인맥이면 사업해서 돈을 왕창 벌 수 있을 텐데, 아깝다 진짜!"

"정치학도 전공했고 외국 경험도 많이 쌓았는데 정계로 안 간다니 재능이 아깝다 아까워!"

언젠가 한번은 이탈리아에서 자전거를 타다 하수구 뚜껑에 껴서 바퀴가 휘었는데 타이완에 가져와서 접이식 자전거 수리 기사님께 맡겼다. 기사님은 내 친구에게 아쉬워하며 이렇게 말씀하셨다.

"그 친구는 여행 작가라는 타이틀로 TV 프로그램을 진행해도 좋겠구만,

무슨 NGO에 가서 일을 한다니 참, 얼마나 아까워 그래!"

나는 그저 허허 웃을 수밖에 없었다. 많은 사람은 자기 인생에서 한 번쯤은 정상으로 가는 길이 자신을 기다리고 있다고 여긴다. 치열하게 살면서 매일같이 좌절감을 맛보면서도 정상에 오를 그날만을 기다린다. 하지만 미얀마 북부 라시오라는 지역의 많은 시민은 이렇게 탄식하고 있을 것이다.

"그렇게 사람들한테 존경받던 우리 의사 선생님이 30년이나 운영해온 병원도 내팽개치고 무슨 부통령이란 걸 하러 가다니 아까워 죽겠어!"

사람들이 좋은 의사를 좋아하는 이유는 뛰어난 의술 때문이지 나라를 잘 다스려서가 아니다. 내가 NGO에서 훌륭한 친구를 많이 사귈 수 있었던 것도 순수하게 내가 그 친구들을 좋아해서이지 내가 대단한 사람이라서 그런 게 아니다. 내가 지금까지 계속 글을 쓸 수 있는 건 변함없이 내 글을 좋아해주는 독자가 있기 때문이지 내가 정말로 글을 잘 써서 그런 게 아니다. 현실을 바로 보지 못하는 것이야말로 안타까운 일이다.

투자에 열을 올리는 초등학교 동창 하나가 얼마 전 땅을 팔아 4,000만 타이완달러(약 14억 원)를 벌었다고 한다. 이 소식을 듣고 한 친구가 내게 물었다.

"부럽지 않아? 이럴 때 그 친구한테 돈 좀 빌리면 경비 부족으로 중단된 NGO 계획을 계속 진행할 수 있는데 왜 안 하는 거야?"

나는 그저 고개를 가로저었다.

"어려서부터 우리 친구였잖아. 좋은 놈이고, 분명 세계에 보탬이 되는 일을 하고 싶어 한다고 믿어 의심치 않아. 내가 그 친구 성격을 아는데 돈이 많을수록 더 불안해하고 더 가지려고 하는 타입이야. 4,000만 타이완달러가 없었을 때는 그만큼 돈이 생기면 다른 사람을 도와줄 수 있겠다 생각했겠지. 근데 지금은 4억 타이완달러만큼 벌지 못하면 세계를 도울 능력이 없다고 여길지 몰라. 가장 서글픈 건, 그 친구 아마 살면서 더 많은 돈이 생길수록 스스로 기부할 능력이 있다는 걸 믿지 못하게 되리라는 점이야."

이런 게 더 안타까워 할 일이다.

나는 산길 위 풍경을 마음껏 감상하기로 했다. 내가 좋아하는 길을 천천히 거닐다가 길이 없으면 다음에 오는 사람이 길을 볼 수 있을 정도로 발자국이 선명해질 때까지 몇 번을 왔다 갔다 하기도 할 것이다. 서둘러 가야 할 곳이 없기 때문에 날마다 함께 걸을 친구가 있다. 더 좋은 세상을 만들기 위해 누군가를 도울 수 있는 능력이란 객관적인 게 아니라 주관적인 것이다. 객관적으로 볼 때 경제적 여건이 남보다 못하지만 스스로 세계를 도울 수 있는 능력이 있다는 걸 추호도 의심해본 적 없는, 오랜 시간 훌륭하게 일해온 자원봉사자들을 나는 수없이 봐왔다. 오히려 경제적으로 넉넉한 사람일수록 이렇게 말하곤 했다.

"좀 더 능력이 생기면 도울게요!"

이런 말은 영원히 지키지 못할뿐더러 곁에서 들었을 때 낯 뜨거워지는 흰소리에 지나지 않는다.

사이 마묵 캄 의사의 병원 앞에 줄 서서 진료 순서를 기다리는 사람들은 매일 그가 세상을 바꿀 수 있는 기회와 같다. 하지만 사이 마묵 캄 부통령은 높은 벽에 둘러싸인 궁전에 홀로 앉아서 집무를 보고 매일 혼자 진수성찬을 즐기는 게 전부다. 이 두 가지 삶 가운데 어느 쪽이 더 안타까울까?

우정이 끝난 것인가, 모든 사람이 아일랜드인처럼 무슨 일이 있어도 내 주변에 있는 '썩은 사과'를 믿고 도와줘야 하는가, 라는 문제에 대해 사실 정해진 기준은 없다. 진정한 친구를 사귄다는 건 나이가 들수록 어려운 일이다. 하지만 성인이 되고 난 뒤 처한 상황을 바꾸는 건 생각보다 쉽다. 어려서부터 부모님은 친구를 사귈 때 신중하라고 하셨지만 어른이 돼서야

오랜 친구와 관계를 끊을 때 더 신중해야 한다는 걸 알게 된다. 오랜 친구
는 절판된 피규어처럼 하나가 부족하면 영원히 완전한 한 세트가 될 수 없
기 때문이다.

유치원 졸업 사진 한 장

이 사진은 내 유치원 졸업 사진이다.

우리 중에는 지금 회사 사장님이 된 친구도 있고 감옥에 들어간 친구
도 있다.

일찍 결혼해서 벌써 아이가 있는 친구도 있고 아직까지 한 번도 결혼한
적 없는 친구가 절반 정도 된다.

우리 중에는 지구 반 바퀴를 돌며 20년 동안 고향에 한 번도 안 간 친
구가 있는 반면 지금까지 태어난 곳을 한 번도 떠난 적 없는 친구도 있다.

우리 중 20여 명이 올해 가족 동반 동창회에 참석했다. 페이스북에서 연락하며 지내는 사람도 있고 행방이 묘연해 생사를 알 길 없는 친구도 있다.

사회에서 꽤나 성공한 정부 고관이 됐지만 마음고생을 많이 한 친구도 있다.

또 자신과 가족들 눈에 성공한 사람으로 인정받으면 다른 사람들이 어떻게 대하든 신경 쓰지 않는 친구도 있다.

다채로운 인생들이 눈앞에 펼쳐졌지만 사진을 찍는 당시의 우리는 알지 못했다. 그저 가슴 앞쪽의 손수건이 흐트러지지는 않았는가, 홍화를 안 꽂은 건 아닌가 하며 가슴 졸였을 뿐이다.

내 인생에서 너무나도 소중한 몇 사람이 이 사진 속에 이미 등장했다는 걸 그 당시 나는 알지 못했다.

10여 년 뒤 우리가 다닌 유치원 자리에 골프장 프런트가 들어서리라는 것을 예상한 사람은 아무도 없었다. 30년 뒤에도 여전히 사진 속 정중앙에 앉은 단정하고 우아한 가오 선생님과 어린 시절 꿈을 되새길 줄은 꿈에도 생각하지 못했던 것처럼 말이다. 지팡이를 짚고 비틀거리며 뉴욕에서 열린 일본 축제에 참석하신 선생님을 만났다. 내가 상상했던 것보다 훨씬 왜소해지셨지만 푸근한 미소는 여전하셨고 그 당시 가장 좋아하시던 흰색 나팔바지를 입고 계셨다. 나 역시두 여전히 선생님 제자인 모습 그대로였다.

그날 선생님과 나는 봉황나무 아래에 앉았다. 머리 위로 들리는 매미 울음소리가 한여름의 시작을 알렸다. 지금 이 세상에서 가장 걱정해야 되는 건 에너지 위기나 세계의 종말도 아니고 전쟁이나 전 세계 기후 변화도 아닌 바로 꿈꾸는 능력을 상실하는 것임을 우리에게 알려주는 이는 아무도 없었다.

세상에서 가장 위대한 꿈은 달에 착륙하는 우주인이나 엄청난 부를 자랑하는 기업가가 되는 것도 아니고 최초의 여성 대통령이 되거나 톱스타가 되는 것도 아닌 따뜻하고 용감한 사람이 되는 것이라는 사실을 그 당시 우리가 몰랐듯이 말이다.

졸업 사진을 보던 미래의 내가 "하늘에 있는 별을 보려고 발밑에 있는 장미꽃을 밟아선 안 돼!"라고 외쳐도 사진 속의 그 사람은 듣지 못했다.

꿈을 좇아 걸어간다면 자비와 용기라는 이름의 빛나는 졸업장을 손에 넣을 것이다. 가파르고 험난해 보이는 미래도 사실 대부분 평지처럼 순탄하고, 복잡해 보이는 인생길도 결국 같은 목표를 향해 있다. 그러니 젊은 그대여, 그 여정을 따라 경치를 즐기며 편안한 마음으로 전진하기를.

손을 흔들어 과거의 나와 인사한다.

"이따 보자!"

친구와 의견이 다르거나 다퉜을 때는 어떻게 해야 할까?

친구를 사귄다는 건 사실 말처럼 그렇게 쉽지가 않다. 어쩌다 의견 차가 생기면 이 친구랑 계속 친구로 지낼 수 있을까 하는 기술적인 난제에 부딪힌다.

제3자가 볼 때 우리는 가치관이 달라서 인생의 대원칙과 충돌하는 것일까 아니면 그저 방법과 생각이 다를 뿐일까?

만약 후자라면 문제가 그렇게 심각하지는 않다. 두 사람은 같은 강에서 나뉜 두 지류로 볼 수 있기 때문이다. 우리는 스스로를 대할 때도 자기모순이나 진퇴양난에 빠지곤 하는데 하물며 서로 다른 독립된 개체 사이라면 어떻겠는가? 또한 나와 다른 생각은 관념을 바꾸는 역할을 한다. 진정한 친구만이 자신의 생각을 있는 그대로 다 얘기하기 때문이다. 상대방이 화를 내리라는 걸 알면서도 개의치 않는다. 좀 더 거창하게 말하면 친구란 우리의 양심을 가름하는 시금석과 같은 존재이다.

친구를 사귀는 행위는 마케팅과 유사하며 우리 스스로가 곧 상품이 된다. 우리는 자신에게 딱 맞는 맞춤형 마케팅 방법을 가지고 있는가? 만약 우리가 일 처리도 깔끔하고 가진 '자원'도 풍부하다면 내게 노트를 빌려줬던 같은 반 친구처럼 우리한테 이득을 좀 보려는 사람들만 꼬이게 될 것이다. 학교에서는 둘도 없는 친구처럼 지내다 다른 반으로 갈리면 우정의 기초가 사라져 이름조차 기억나지 않게 되는 것이다. 사회에 나와서도 여전히 파티나 연회를 통해 친구를 사귀는 사람들이 있다. 하지만 이런 사귐을 통해서는 기껏해야 성대한 신제품 발표회에서 무료 샘플만 좀 챙길 수 있을 뿐 인생 경험을 나누며 강렬한 유대감을 얻을 수는 없다. 쌍방 모두 괜찮은 사람이라도 진정한 우정으로 발전하기 어렵다는 얘기다.

나는 스스로를 잘 팔리지 않는 상품에 비유하곤 한다. 낱개로 팔면 잘 안 팔려서 묶음으로 포장해서 팔 수밖에 없는 그런 상품 말이다. 이런 상품을 판매하려면 평범한 행사로는 부족하다. 참신하면서도 요란하지 않은 마케팅 전략을 통해 맞춤형 판촉 행사로 고객을 확보해야 한다. 요란하지 않고 점잖아야 하는 이유는 내가 부끄러움을 많이 타기 때문이다. 무대를 설치하고 앞에 나서서 광고하는 건 창의적이긴 해도 내 성격과는 상당한 거리가 있다. 그래서 색다른 마케팅을 생각해낼 수밖에 없다.

예를 들면 독서회를 가거나 자연 산책로 걷기에 등록한다. 혹은 진짜 좋아하는 일을 한다. 그러다 보면 좀 더 수월하게 잠재 고객을 만날 수 있을 것이다. 하지만 직판업체나 보험 설계사처럼 줄을 대거나 고객을 확보하기 위해 자원봉사 단체를 갈 수는 없는 노릇이다. 지나치게 상업화됐거나 의도가 불순한 사람은 절대 진정한 친구를 사귈 수 없다. 친구란 반딧불이 같아서 환경의 좋고 나쁨에 굉장히 민감하기 때문이다.

그렇다고 보험 설계사를 배척하는 건 결코 아니다. 오히려 나는 훌륭한 보험 설계사분들을 존경한다. 이분들은 새로운 상품이 나올 때마다 모든 사람한테 끈질기게 판매하는 것이 아니라 오랜 친구와 우정을 유지하듯이 오랜 고객을 부지런히 찾아다니며 괜찮은 보험 상품이 있을 때만 그 상품이 필요할 듯한 고객에게 추천하기 때문이다. 이런 마케팅은 고객의 반감을 일으키지 않는다. 나 역시도 판촉 사원처럼 행동할 때가 있다. 자연재해나 인재가 발생하면 어떻게든 돕고 싶은 마음이 간절하지만 내 능력만으로는 부족할 때 성금 모금에 앞장선다. 모금은 사실 전통적인 판매 활동과 크게 다르지 않다. 소비자는 제품을 신뢰해야 하고 판매자는 제대로 된 애프터서비스를 제공해야 한다. 사실 친구를 사귄다는 것도 스스로를 평생 품질 보증 제품으로 만들어 우리가 좋아하는 사람에게 판매하는 것이다. 오랫동안 유지해온 협력 관계처럼 우정도 소통을 위한 비용을 지불해야 한다. 두 사람 혹은 두 회사가 처음부터 죽이 잘 맞는 경우는 없다. 소통의 중요성을 무시하거나 이를 위한 노력을 게을리 한다면 우리가 아무리 시간과 정력을 쏟아도 그저 살얼음 같은 관계의 친구만 사귈 수밖에 없다.

우리는 상대방의 진심 어린 말을 받아들일 수 없을 때 친구에게 화를 낸다. 내가 생각하는 정답을 상대방이 말하지 않았을 때 그리고 우리가 필요로 하는 걸 알아채지 못했을 때 상대방이 '틀렸다'고 생각하며 화를 낸다.

친구를 사귄다는 건 나무 한 그루를 그리는 것과 같다. 나무의 전체 모습을 알아야 잎을 그릴 수 있다. 잎을 먼저 그리고 나무를 그린다면 완전체라는 느낌이 들지 않을 것이다. 어떤 스타일의 옷인지도 모르면서 어떻게 소매만 따로 재봉할 수 있겠는가? 친구를 사귀는 데에도 설계도가 필요하다. 시작할 때 분명히 잘 그리겠다고 해놓고 마지막에 가서 부랴부랴 대충 마무리 지어버리면 둘 사이의 격차가 크게 벌어진다. 물론 심적으로도 큰 충격을 받는다. 친구가 우리에게 실망감을 안기는 가장 큰 원인이 바로 여기에 있다.

만약 쌍방이 최선을 다해서 나무를 그렸지만 여전히 결과물이 썩 좋지 않고, 두 사람의 인생이 논리적으로 겹치는 부분도 없는 데다 협력할 수 있는 수준을 넘어섰다고밖에 할 수 없다고 해보자. 그렇다 해도 신뢰를 저버리거나 배신하지 않는다면 그래도 두 사람은 친구가 될 수 있다. 깊은 교우 관계가 불가능하겠지만 그래도 상관없다. 시간이 지나면 둘의 우정에서 부족했던 부분이 자연스럽게 메워질 것이다. 내 주위에 있는 오랜 친구들을 보면 지금 시점에서 가장 오래된 친구는 그해 가장 친한 친구가 아니라 가장 자주 연락했던 친구였다는 사실을 알게 될 것이다. 너무 친한 나머지 수업이 끝날 때마다 같이 화장실에 가던 친구도 연락이 뜸해지면 우정도 점차 멀어진다. '꾸준함은 모자람을 채운다'는 원리가 친구를 사귈 때도 적용된다. 평생 함께하고 싶은 친구가 둘 사이의 우정을 특별하게 생각하지 않는다 해도 실망할 필요 없다. 부지런히 먼저 연락하는 쪽이 되기로 결심한다면 충분히 오랜 시간 발효를 거친 것처럼 값싼 포도주도 좋은 술이 될 수 있을 것이다.

친구끼리는 아무리 사이가 좋아도 말이 안 통할 때가 있기 마련이다. 정말 중요한 일이라면 진정한 친구는 강력하게 진심을 담아 상대방의 마음을 돌릴 것이다. 그 힘은 전문성에 대한 자신감에서 비롯된다. 마치 한 편집자가 자신감이 결여된 작가에게 "한 번만 저를 믿어보세요. 해보겠다는 마음만 있으면 반드시 해낼 수 있어요!"라고 말하는 것처럼 말이다.

전문 편집자가 작가에게 자신의 자리를 내걸고 작가도 자신의 작가 인생을 걸어 쌍방이 똑같이 위험을 부담하며 모험을 하는 것이다. 기획 단계부터 책이 완성될 때까지 둘은 함께 간다. 일의 성패를 떠나 그 여정을 함께한다. 좋은 친구란 바로 이런 경우를 말한다.

한편 나쁜 친구는 작가의 원고에 문제가 있다고 여기며 갑자기 작가와 척을 지는 편집자와 같다. 편집자는 출판사 입장에서 남 얘기 하듯 무성의한 태도로 작가와 명확하게 선을 긋는다. 원래는 친구였지만 일순간 적으로 돌변한다. 작가 입장에서 이는 매우 불공정한 처사가 아닐 수 없다.

편집자와 작가가 운명 공동체이듯 두 친구 사이도 마찬가지다. 아주 잠시 잠깐이라도 적대적인 마음이 생기거나, 논리가 다르고 가치관이 달라도 상관없다. 어쩌다 일을 그르쳐도 상관없다. 살다 보면 나를 인정해주지 않는 사람과도 잘 지내는 법을 배워야 한다. 내 주변에도 매사에 지나칠 정도로 의심하는 사람이 많다. 하지만 그래도 상관없다. 덕분에 늘 경계심을 유지하며 친구란 내가 무슨 일을 해도 내 편이 되어주는 사람이 아니란 걸 기억할 수 있기 때문이다. 그렇기에 더욱 나 자신을 믿고 옳은 일을 하며 스스로를 증명해야 한다. 하지만 경마용 말과 기수의 경우처럼 편집자와 작가를 두고 이렇게 말하는 사람은 없을 것이다.

"이 책은 글이 아주 형편없어. 근데 편집자는 훌륭한 것 같아!"

친구 사이도 마찬가지다.

"이 사람은 엉망진창인데 주위 친구들은 다 끝내줘!"라고 말할 사람은 절대 없다.

친구와 운명 공동체가 된다는 건 일종의 결의와 같다. 이런 결심을 한 사람은 평생을 함께할 만큼 좋은 친구를 둘 자격이 있다.

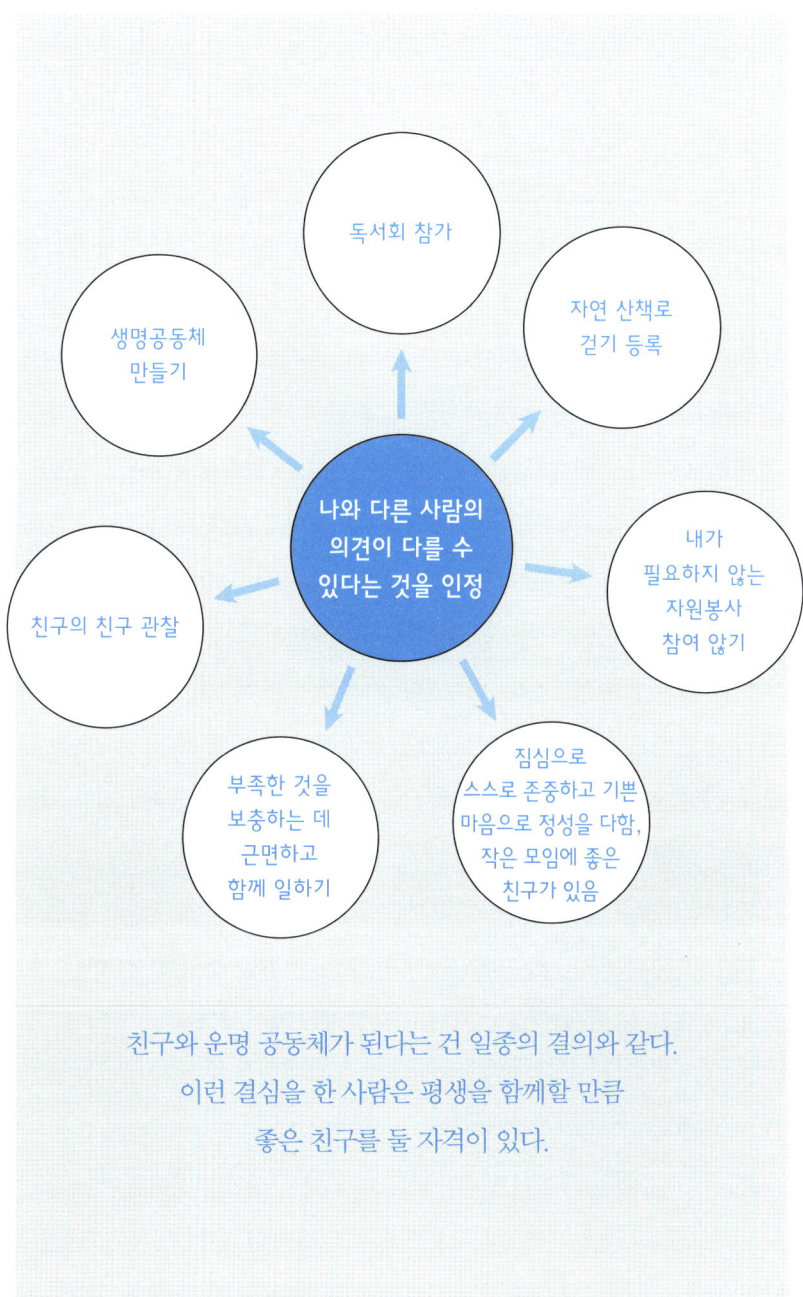

친구와 운명 공동체가 된다는 건 일종의 결의와 같다.
이런 결심을 한 사람은 평생을 함께할 만큼
좋은 친구를 둘 자격이 있다.

날마다 좋은 친구를 만나다

친구는 내 인생을 완전하게 만들어준다. 내겐 매일 다양한 친구들이 있어 하루하루가 특별해진다. 이 글을 쓸 무렵 나는 미얀마 북부 고원 지대에 있는 농장에서 일하고 있었다. 그날은 아침 5시도 안 돼서 일어났다. 어제부터 침실 뒤편에 있는 사당에서 큰 소리로 불경을 외는 소리가 쉬지 않고 들렸다. 억지로 잠을 청한 뒤 한밤중에 몇 번을 깼는데도 여전히 스님의 불경 외는 소리가 들렸다. 그 소리가 창밖에 내리는 빗소리와 어우러져 판타지처럼 느껴졌다. 그래 일어나자. 오늘은 할 일이 많았다. 대나무를 가득 채워 넣은 보온병에 뜨거운 물을 부어 블랙커피를 타고 조간신문을 좀 보다가 통이 넓은 파이이족 바지를 입고 거리 모퉁이에 있는 국수집으로 갔다.

아침 식사를 하러 간 게 아니었다. 가게에서는 국수를 삶을 물을 끓이며 장사 준비가 한창이었다. 사장님은 멀리서 오는 나를 보고 맞이하러 나왔다. 사장님은 두 달가량 병치레를 해서 그런지 많이 핼쑥해졌지만 기력은 좋아 보였다.

사장님 이름은 리구이허李貴和였지만 다들 라오류老六, 여섯째라고 불렀다. 사장님 집 형제자매가 총 아홉인데 대부분 음식점을 운영했다. 첫째는 같은 길 반대편 끝 쪽에 식당을 차렸고 다섯째는 타이베이에 있는 타이타워 빌딩 뒤편에 학창 시절부터 우리가 자주 들락거리던 우윈巫雲이라는 식당을 운영했다.

화교인 라오류는 파이이족 아내와 함께 의사의 제안을 받아들여 가족 방문 비자로 타이완에 가서 2차 심도관 수술을 받았다. 1차 수술은 만달레이에서 받았는데 의사가 나중에 독일로 이민을 갔다. 그 후로 매번 나이도 지

굿한 이 의사는 독일에서 양곤으로 가족을 보러 올 때마다 라오류에게 양곤에 가서 검사받으라고 알려주었다. 2차 수술이 필요하다는 결과가 나왔지만 미얀마의 의술은 영 미덥지 못했다.

외국에 한 번도 나간 적 없는 라오류가 타이완에서 진료를 받으려면 우선 미얀마 여권을 손에 넣을 방도를 생각해야 했다. 그런 다음 태국에 있는 타이완 사무실에서 면접을 보고 통과해야 타이완에 갈 수 있었다. 중간에 또 복잡한 절차가 있지만 라오류가 알 턱이 없었다. 앞서 타이완에 사는 형이 미얀마로 와서 수속을 도와주기로 되어 있었지만 결국 무산되었다. 라오류는 방콕에 가면 직원이 전부 미얀마 사람인 게스트하우스에서 묵을 수 있도록 친구가 소개해줄 거라고 말했다. 하지만 방콕 공항 문을 나서면 현대화된 도시를 생전 처음 보는 나이든 부부가 사기 당하지 않으리라는 보장이 없었고 비자 면접도 남아 있었다. 만에 하나 미얀마에 있는 집을 떠난 뒤에 필요한 문서 하나를 빠트렸다는 걸 알게 되면 도저히 수습할 방법이 없는데 그땐 어떻게 해야 할까?

나는 나랑 같이 가서 방콕에 있는 내 집에서 묵고 타이완 사무실에 가서 면접도 보고 여차하면 타이완에 같이 넘어가서 타이완에 산다던 가족에게 직접 라오류를 맡길 수 있게 해달라, 그래야 내 마음이 놓이겠다며 라오류에게 몇 번이고 권했다. 그동안 완곡하게 거절만 하던 라오류가 오늘 드디어 내 뜻을 받아들여줘서 정말 기뻤다.

"기왕에 할 수 있는 일이면 해야지 왜 안 해요?"라고 말하며 나는 라오류의 딸을 위해 모아둔 일본 정기 간행물을 그녀에게 건넸다. 외동딸인 그녀는 대학에서 일본어를 전공하는데 평소에는 가게 일을 보는 것 외에도 과외를 하러 다녔다. 어찌됐든 새로운 정보를 구할 수 없던 그녀에게 이런 잡지나 신문이 일어에 대한 흥미를 잃지 않는 데 도움이 되기를 바랐다. 라오류의 여동생은 일본 사람과 결혼을 했는데 설이나 명절 때면 어린 조카를 데리고 가족을 만나기 위해 미얀마로 왔다. 나도 언젠가 새해에 그 일본 어린이를 본 적이 있었다. 일어 빼고는 중국어나 미얀마어를 할 줄 몰랐는데 한 달이 지나자 미얀마어를 조금 하게 되었다.

라오류는 기어코 국수 한 그릇 먹고 가라며 나를 붙잡았다. 그는 내가 먹는 메뉴가 뭔지 기억하고 있었다. 소고기비빔면을 다 먹자 아니나 다를까 라오류가 한사코 돈을 받지 않겠다고 사양해서 그냥 집으로 돌아왔다.

6시 정각에 방으로 돌아와 나갈 채비를 하는데 누군가 밖에서 노크를 했다. 농장에 가기로 약속한 운전기사인 줄 알았는데 알고 보니 라오류였다. 그는 두 손으로 받쳐 들고 있던 검고 큼직한 뭔가를 쭈뼛쭈뼛하며 내게 건넸다.

"올해 봄에 딴 찻잎인데 나도 타이완 가서 손님 배웅할 때 이거 가져가려고!"

내가 사양하다 결국 받아들었더니 라오류는 그제야 매우 흡족해하며 돌아갔다. 봄에 딴 찻잎은 내가 타이베이에 갈 때까지 잘 뒀다가 타이베이에 도착하면 타이위안루에서 예쁜 유리병을 사다가, 농장에도 왔었고 라오류의 환대도 받았던 자원봉사자 친구들에게 나눠줘서 라오류의 따뜻한 마음을 조금이나마 느낄 수 있도록 할 생각이다.

차가 농장 지배인이 사는 마을에 도착했다. 낡은 트럭 뒤에는 농장에서 근무할 준비를 마친 농민들이 거의 빈틈이 없을 정도로 앉아 있었다. 다들 손에 깨끗이 비운 도시락 통을 들고 있었다. 나는 모두에게 인사를 건넨 뒤 집에 들어가서 지배인과 함께 밖으로 나왔다. 오늘따라 지배인의 기분이 좋아 보였다. 6년 동안 농장을 운영해오며 이 마을에 땅을 사고 집을 지었다. 집 짓는 데 들어간 돈은 러시아에서 유학하고 갓 돌아온 아들과 전속

명령을 받고 고향에 돌아온 의사 딸이 함께 마련했다. 이로써 온 집안 식구가 한자리에 모이게 됐으니 일흔이 넘은 어르신으로선 신이 날 수밖에 없었던 것이다.

마을에서 농장으로 돌아오는 길에 우리 손으로 만든 도로와 다리를 꽤 많이 지나야 했다.

"오늘은 정말이지 운수 좋은 날이야. 비도 안 오고!"

우기에는 소나기가 양도 많고 세차게 내려 단숨에 도로를 휩쓸어버리는 통에 우리가 매년 도로를 한두 차례 다시 부설해야 했다. 그래서인지 운이 좋다고 하는 그의 말이 이해가 됐고 그 말은 분명 과장이 아니었다. 큰비가 내리면 트랙터조차 산에 오를 수 없기 때문이다!

모두가 일을 시작하기 전에 먼저 퍼먼 농부학교 토론 수업을 해야 했기 때문에 이른 아침부터 서둘러 준비했다. 오늘 주제는 제2 구역의 소규모 동물 농장이었다. 예전에 닭을 길렀을 때 뱀, 그중에서도 특히 코브라가 많이 꼬였고 닭이 새싹을 상당수 훼손했기 때문이다. 그래서 우리는 오리와 거위가 농작물을 경작하는 데 어떤 장단점이 있는지 논의하며 어떻게든 식량 자급률 100퍼센트라는 목표를 달성하길 바랐다.

현재 우리가 사용하는 모든 비료가 대나무 숯으로 만든다는 걸 알고 무척 기뻤다. 흙을 덮거나 제련하고 남은 레몬그라스로 잡초를 덮어 제초제를 대신하는 방안에 대해서도 논의했다. 하지만 우기에 흰개미들의 집이 되지는 않을지, 건기에 산불이 일어나지는 않을지 예측할 수 없었다. 그래서 일단 채소밭 일부에 소규모로 실험을 진행해서 한 달 후 경과를 지켜보고 다시 논의하기로 했다.

그리고 나는 만달레이로 건너가 4시 45분 비행기를 타고 양곤으로 갔다. 길을 따라가면서 도로 상황을 살폈다. 자전거 자원봉사단이 몇 개월 뒤에 방문한다면 그전에 미리 잘 준비해둬야 했기 때문이다. 자오메이嶠眉에 외국인이 합법적으로 묵을 수 있는 장소가 없을 때 첫날 자전거로 72킬로미터를 달리면 우리는 디보第波에 도착하고 이튿날 조금만 더 고생하면 그길로 메이먀오美渺에 닿을 수 있을지도 모른다.

운전기사는 도중에 잠시 멈춰 서서 타이어 압력을 높였다. 산을 내려가야 했기 때문이다. 산에 오르기 전에도 기사는 같은 곳에 정차한 뒤 타이어 압력을 조금 낮췄다. 기다리는 동안 나는 정수리에 커다란 대바구니를 이고 가는 파뤄帕落족 여인에게 소금과 고춧가루가 살짝 뿌려진 길게 자른 청망고를 샀다. 물건을 팔러 하루 종일 돌아다니느라 고생한다는 생각을 하니 매번 그걸 파는 사람을 볼 때마다 안 살 수가 없었다.

버마로드를 따라 내려가다가 저절로 흐뭇한 미소가 지어지는 장면을 목격했다. 흰색 자전거를 타고 젊은 두 스님이 산비탈 오르막길을 오르고 있었는데 스님들이 입은 붉은 가사袈裟가 우기라서 연둣빛을 띤 숲과 서로 어우러져 굉장히 아름다웠다. 차를 타고 가다가 아직 어려서 차를 피할 줄 모르는 어린 물소를 만나면 피해줘야 했다. 홍토길 옆에는 그저께 밤에 내린 호우로 진흙탕이 여러 개 생겼는데 똘똘한 물소는 이미 그 속에 들어가 신나게 뒹굴고 있었다. 곳간에서 몰래 옥수수를 훔쳐 달아나 만찬을 즐긴 미니돼지가 길 한가운데로 불시에 출몰하기도 했다. 분홍색 여성용 자전거를 탄 젊은 군인 두 명이 자전거 앞에 달린 바구니에 소총을 쪽파처럼 아무렇게나 비스듬히 세워두고 담소를 나누는 모습에 나와 기사님은 서로 마주 보고 웃었다.

사실 운전기사님은 얼마 전 양곤에서 한쪽 눈에 인공 수정체를 삽입하는 큰 수술을 받았다. 병원에서 회복하는 동안 그 먼 대도시에 친척이나 친구

　　　　　　　　　　　　　나에게 주는 10가지 선물

가 없었던 기사님을 위해 일면식도 없던 나를 도와 이 기사님에게 몇 차례 전화를 걸어주던 여행사 직원 아가씨가 의리 있게 매일같이 병문안을 와주었다. 뿐만 아니라 입원비가 비쌌기 때문에 수술이 끝나고 기사님이 근처 무료 사원에서 지낼 수 있도록 해주었다. 집에 가도 좋다는 의사의 말을 듣고 그때부터 여행사 직원을 대신해 내가 기사님을 돌봤다. 나는 미얀마 고향집까지 오는 내내 곁에서 기사님을 간호하며 드실 약도 챙기고 안약도 넣어드리며 무사히 가족의 품에 인계했다.

이국땅 미얀마에서의 하루가 이렇게 가늘고 길게 이어져왔다. 사소한 것 하나하나에도 저마다의 이야기가 있다. 이곳은 내 집이고 여기엔 내가 관심을 두는 또 다른 사람들이 있다. 그들 역시도 내게 관심을 기울인다. 친구는 나의 하루를 더 따뜻하게 만들어주며 세상 어느 곳에 있더라도 더 열심히 살 수 있게 하는 이유가 된다. 내 삶에 나를 진심으로 대하는 친구들이 있다는 건, 하루하루 세계 정상에 서 있는 것처럼 두렵고 위태롭다가도 어깨가 으쓱해지는 이유다.

CHAPTER

4

부족한 부분을
보완하다

우리는 문화와 시간의 경계를 뛰어넘는다.
장밋빛 미래를 꿈꾸기도 하고
과거의 아름다운 모습을 어떻게 하면 자유롭고 진지하게
미래의 청사진에 투영할 수 있는지를 배우기도 한다.

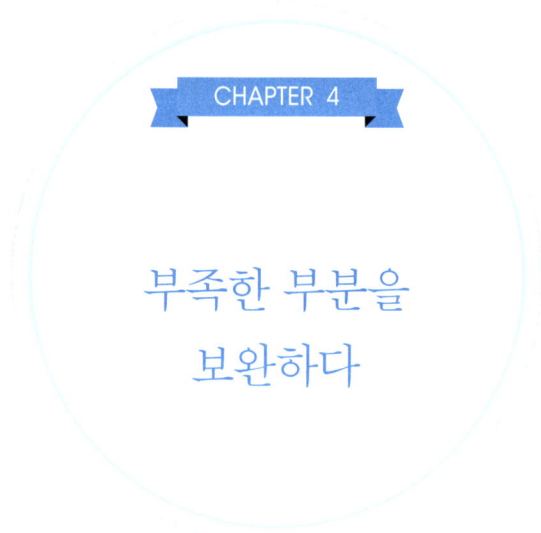

부족한 부분을
보완하다

우리는 문화와 시간의 경계를 뛰어넘는다.
장밋빛 미래를 꿈꾸기도 하고
과거의 아름다운 모습을 어떻게 하면 자유롭고 진지하게
미래의 청사진에 투영할 수 있는지를 배우기도 한다.

늙어서 TV 리모컨만 끼고 살 것인가?

하루 종일 TV 앞에 앉아 리모컨을 들고 이 채널 저 채널 돌려보는 일명 '채널 서핑'을 하며 노후를 보내길 꿈꾸는 젊은이는 아마 없을 것이다. 채널 서핑이란 말이 뭔가 생동감 있게 느껴질지 모르지만 사실 낭만적인 구석이 전혀 없다. 그런데 왜 우리 중 그리도 많은 사람이 노후에 늦은 밤까지 TV 앞에 앉아서 꾸벅꾸벅 조는 삶을 살도록 자신을 내버려둘까?

한 가지 결정적인 이유가 있다. 이런 사람은 인생에서 TV보다 더 멋스럽고 더 재미있고 더 좋아할 만한 가치가 있는 대상이 없기 때문이다.

오페라가 지루하다는 사람들이 있다. 우리가 이탈리아어를 몰라서가 아니다. 이 세상에서 오페라를 듣는 수많은 사람도 이탈리아어를 모른다. 문제는 우리가 감상하는 법을 모른다는 것이다. 중국어로 불러도 별반 다를게 없다. 상하이에서 뮤지컬《맘마미아!》를 공연할 때 박스오피스 매출이 시원찮은 이유를 언어에서 찾았다. 그래서 심기일전해서 중국어 버전으로 다시 선보였다. 친근감을 높이기 위해 대화에 상하이 본토 사투리를 집어넣기도 했다. 생활 미학의 진짜 문제는 언어가 아니라 뮤지컬 티켓 한 장 가격이면 청경채 100근(60킬로그램)을 산다며 가격을 비교하던 습관에 있었던 것이다.

클래식을 들으면 잠이 온다는 것도 마찬가지다. 연주 경험이 없고 각 악기들이 내는 소리에 익숙하지 않기 때문에 기교의 차이라든지 악기 조합으로 복잡하고 절묘해진 음악 구조를 알지 못해서 하는 소리다. 노골적으로 말하면 자기가 뭘 듣고 있는지 전혀 모르는 이런 사람들은 차라리 트럭 엔진 소리나 듣는 편이 낫다.

가끔 남들에게 보이기 위해 미술관이나 박물관에 가서 유명 작가의 작품을 관람하는 사람들이 있다. 이리저리 둘러봐도 이해할 수 있는 건 벌거벗은 여인 조소품 하나뿐인데 인정하기는 좀 겸연쩍다.

"우리, 포스터에 야자수 한 그루나 나뭇가지 두 개 있는 영화 같은 거 이제 좀 안 보면 안 돼?" 극장 앞에서 포스터에 있는 예술영화상을 가리키며 남자가 여자 친구를 어르고 달래는 모습을 내가 한두 번 본 게 아니다.

이 얘기까지 듣고 타이완 전통 인형극인 부다이시布袋戱를 들고 나오는 사람이 분명 있을 것이다. 삼태자三太子도 충분히 재미있는데 꼭 외국인이 만든 예술 작품을 감상해야만 품위 있는 거냐고 묻는다면 대답은 물론 '노'다. 하지만 가슴에 손을 얹고 한번 물어보자. 이런 공연의 깊이가 과연 우리 삶에 얼마나 큰 감동을 줄까? 부다이시 음악을 들을 때마다 성지순례를 하는 듯한 기분이 들고 빽빽한 음표에 둘러싸여 미학의 전당으로 들어가는 느낌이 드는가? 서양에도 인형극이 있다. 하지만 자녀의 생일파티나 마을 잔치 때 공연할 뿐 정교한 미학을 대신하지는 않는다.

미와 도덕은 날 때부터 지니는 본능이 아니라 후천적으로 형성되는 것이다. 아름다움을 감상할 줄 아는 능력을 지닌 사람은 자신의 인생에 대한 기준도 높아서 아름다운 삶에 필요한 특징을 더 많이 보유한 사람이 될 것이다.

젊었을 때는 온몸의 세포 하나하나가 예민하게 반응할 정도로 감수성이 풍부하다. 이 시기에 예술의 아름다움을 익히지 않고 나이 들어서 처음부터 배우려고 하면 규칙이나 기술을 조금 배우는 데 그칠 것이다. 주식 동향을 살피는 태도로 예술에 투자하는 사람이 적지 않다. 이성은 작품의 진위 여부를 판단하고 경매 가격대를 예측하는 데 도움이 될지는 몰라도 우리가 아름다움에 감동하도록 만들지는 못할 것이다.

예술 앞에서 우리가 스스로를 보잘것없는 존재처럼 느끼고 감동을 받으며 눈물을 흘리는 건 어쩌면 CD 한 장, 라이브 공연 1회 혹은 잡지에 실린 그림 한 장 때문일지도 모른다. 이렇게 사는 인생은 빛과 소리 자극에만 반응하는 동물의 삶과 큰 차이가 있고 품격이 다르다. 삶의 어느 단계, 어느 나이대에 왔더라도 날마다 경이로운 화면과 아름다운 소리가 가득하다. 특별한 사건에서 자극적인 뭔가를 찾지 않아도 가슴 깊이 '사는 게 참 좋다'고 느낀다.

직접적인 시청각 자극이야말로 인생에서 가장 지루한 것이다. "지루해!"라는 말을 입에 달고 사는 사람은 아름다움을 감상할 수 있는 능력, 나아가 생활 미학에 대한 기본적인 소양이 부족하다는 사실을 스스로 드러내는 것과 같다. 굉장히 부끄러운 일이다.

명심하자. 스무 살이 돼서도 클래식, 오페라, 예술작품을 감상할 줄 모르는 사람은 마흔 살이 돼서 들을 줄도, 볼 줄도 모르는 '예술 문외한'이 된다. 더 나이 들어서는 혼자서 TV 보고, 싫다는 사람 붙잡고 얘기를 하거나, 기껏해야 마작이나 하며 인생을 보낼 것이다. 슬프지만 그게 현실이다.

예술과 더불어 인생 즐기기

예술적 소양은 타고난다고 생각하는 사람이 많지만 나는 예술을 감상하고 기예를 익히면서 서서히 예술적 소양이 길러진다고 생각한다. 이는 누구에게나 적용된다.

하지만 예술을 음미하고 감상할 줄 알게 되면 먹는 즐거움이 뭔지 알 듯 인생을 즐길 수 있다.

다양한 음식을 맛보고 다양한 운동을 시도해보듯이, 되도록이면 개방적인 태도로 다양한 예술 형식을 접해보고 다채로운 예술 행사에 참석하는 것은 예술적 소양을 기르는 데 중요한 수단이다. 음악, 춤, 미술은 예술적 소양을 키우는 대표적인 예술 형태다. 이 세 가지 중 음악은 가장 단순하고 직접적인 형태로서 귀로 소리를 들을 수 있다면 음악적 잠재력을 갖고 태어나는 거나 마찬가지다. 그런 의미에서 정도의 차이만 있을 뿐 사람은 누구나 음악을 감상하는 습관과 능력이 있다고 하겠다.

심지어 모든 일에 무관심으로 대하는 대화	20세	온몸의 세포가 예민하게 반응하는 감수성
끝내 책도 보지 않고 음악도 듣지 않음	30세	CD 1장, 라이브 공연 1회
단지 성공과 명예만 추구하는 습관	40세	매일 정말 살아 있는 감각
TV 보거나 마작하기	50세	아름다운 생명의 특성을 사랑할 준비가 되어가는 인간
TV 리모콘만 끼고 사는 인생	60세	다시는 무관한 삶으로 되돌아갈 수 없는 인생

양쪽을 비교해보라. 어느 쪽을 선택할 것인가?

나에게 주는 10가지 선물

음악은 뛰어난 심미 능력을 기를 수 있을 뿐 아니라 이미지적 사고 능력 향상에도 도움이 된다. 실제로 음악 교육은 지능 개발과 밀접한 관련성이 있다. 내 지인 중에 음악적 환경에서 자란 사람은 커서 음악과 관련된 일을 하는지 여부를 떠나 하나같이 어리석지도 않고 남에게 미움을 사지도 않았다. 아이가 본능적으로 음악의 특징을 민감하게 느끼고 이해하며 리듬과 멜로디의 변화에 따라 자유롭게 상상의 나래를 펼칠 수 있기 때문이다. 갓 난아기가 모체를 떠난 후 면역력이 점차 사라지듯이 이 같은 본능은 개발 하지 않으면 부지불식간에 사라진다.

예술적 소양은 수학, 자연, 국어처럼 구체적으로 배우는 지식이 아니다. 그렇기 때문에 검정고시를 통과한다고 해서 악기를 저절로 연주할 수 있 는 게 아니다. 늘 좋은 음악적 환경에 있으면서 시나브로 몸에 스며들도록 해야 한다. 집에서 배경 음악을 틀어 놓는 게 가장 좋은 방법이라는 학자도 있다. 이를 통해 음악적 감수성을 풍부하게 해주는 것이다. 모든 사람을 작 은 섬이라고 했을 때 배경 음악은 파도가 되어 물보라를 일으켜 가볍게 귓 가를 때린다. 인생에서 날카롭게 모난 부분이 자신도 모르게 둥글둥글해진 다. 어른들의 세계에서는 아름다운 생각을 산산조각 내 날카로운 유리 조 각을 남길 때가 있다. 그럴 때 음악의 파도가 천천히 조각을 다듬는다. 그러 다 보면 언젠가 추악하고 위험했던 유리 조각이 아름답고 반들반들한 보석 으로 변해 있음을 발견하게 될 것이다.

유아 교육은 일반적으로 먼저 '소리'를 이용해 '주의 깊게 듣는 법'을 배 운다. 주변 소리가 다르다는 걸 느껴본다. 이어서 '음악'을 중심으로 공부하 며 음악에 대한 흥미를 불러일으킨다. 소리와 색깔을 이용한 공감각적 학 습으로 발전시킨다. 성인도 이런 순서에 따라 아름다움을 감상할 수 있는 능력을 의식적으로 훈련할 수 있다.

타이완에는 심미 교육을 강조하는 민간 유아 교육 기관이 있다. 이곳은 미학부터 시작해서 자연생태, 생활 미어美語, 창작 상상, 수학 논리에 이르는 학습 방안을 표방한다. 우선 다양한 감정과 표현을 익혀 상호 이해, 감사, 정직, 공유, 존중 등 능력을 기른다. 이어서 시각, 청각, 촉각, 리듬을 통해 생활 속 미학을 체험한다. 예를 들면 신체와 미학을 연계한 주제를 가지고 '생활 미학' 수업을 통해 아이들은 자신의 신체 각 부위를 이해하며 자신의 몸을 사랑하는 법, 자신의 몸을 감상하는 법, 자신의 몸을 편안하게 만드는 법을 비롯해 자신의 몸을 이용하는 법을 배운다. 이 수업의 연장선상으로 '자연 생태' 수업에서는 다양한 동물이 사지를 이용해 달리는 능력을 관찰한다. '생활 미어' 수업에서는 유아와 함께 신체 운동의 미어 표현 방식을 배운다. '창의회본創意繪本, 자유롭게 그림 그리기'이라는 수업은 주변 친구가 곤란한 상황에 처했을 때 유아가 관심을 기울이게 하는 시간이다. 이런 커리큘럼만 봐도 알 수 있듯이, 아름다움을 감상하는 능력을 배운다는 것은 공작새의 깃털로 평범한 자신을 꾸미는 '문화 미용'이 아니라 나의 잠재력을 드러내고 나 자신을 사랑하며 자연친화적인 사람이 되도록 만들어주는 것이다.

이것이 바로 미적 감각이다.

감상 말고도 예술 창작을 할 수 있다면 이보다 더 좋을 순 없다. 창작은 일종의 자기 치유의 과정이기 때문이다. 창작을 하다 보면 사고가 유연해지고 나를 이해하게 되며 자신의 문제를 스스로 해결할 수 있다. 그런 이유로 '예술 치료'라는 단어에 주목하는 사람이 많아지는 것이다. 최근 일부 과학 기술 회사에서는 그동안 과학적 소양을 위주로 길러진 직원들의 미적 감각을 향상시키기 위해서 많은 돈을 투자했다. 미학에 대한 민감도를 높여 어릴 때 미처 기르지 못한 미적 감각을 '보완'하기 위한 목적으로 미학 관련

강좌나 클래식 감상 자리를 자주 마련하고 회사 내에 미술관을 설립해 전시회를 열었다. 타이완의 엔지니어와 디자이너의 미적 감각이 떨어져서 제품 디자인(특히 세부적인 부분)의 완전성에 영향을 주기 때문이다. 예술 작품을 감상하면 직접적으로 스트레스를 줄이는 효과도 있다.

타이완 콴타 컴퓨터Quanta Computer의 린바이리 회장은 이렇게 말했다.

"물건이 아름답지 않으면 성능이 아무리 뛰어나도 저는 안 살 겁니다!"

예술과 과학은 모두 창조력을 바탕으로 한다. 제품 디자인이 예쁘고 안 예쁘고는 사용자의 태도에 영향을 끼친다. 타이완 시골에서는 쉽게 볼 수 있는, 볼품없지만 실용적인 철제 판잣집이 만약 남프랑스의 프로방스나 알프스 산맥에 떡하니 등장한다면 아름다운 경관과 심한 부조화를 이룰 것이다. 타이완 논밭에는 타이완 모바일Taiwan Mobile 기지국이 상당히 많다. 그런데 평균 소득이 타이완보다 훨씬 적은 멕시코에서는 세네 배의 가격을 더 들여서라도 진짜라고 해도 믿을 만큼 똑같이 생긴 야자수로 기지국을 둔갑시키길 원했다. 게다가 진짜 야자수 몇 그루를 그 기지국 주위에 심어서 행인이 진짜와 가짜를 구분하지 못하게 만들었다. 실용적이고 경제적이기만 하면 타이완인을 비롯한 화교들은 볼품없어도 상관없다고 여긴다. "예쁜 게 밥 먹여주는 것도 아니잖아!" 하는 식이다. 하지만 뜻밖에도 우리는 자신의 미적 김긱을 떨어뜨린 가해자 겸 피해자였던 깃이다.

더군다나 일과 중 가장 큰 즐거움이 먹는 거라면 우리에 갇혀 사는 돼지와 별반 다를 게 없다!

얼마 전부터 장기적인 안목을 가진 기업은 직원들이 부족한 미적 감각을 키울 수 있도록 예술을 가까이에서 접하고 익숙해질 수 있는 환경을 조성하기 위해 심혈을 기울이고 있다. 다소 늦은 감은 있지만 아직 희망이 있을 때 미적 감각을 향상시키기 위해 노력해보자.

당신의 인생은 짝퉁인가?

방콕에 있는 미국 크리스피크림 도넛 1호점은 개장한 뒤 몇 개월 동안 끊이지 않고 몰려드는 손님들로 장사진을 이뤘다. 그러면서 가게 앞 인도에는 출처가 불분명한, 진짜 크리스피크림 도넛인지 아닌지 알 수 없는 도넛 노점상이 자연스럽게 생겨났다. 처음 몇 주간은 한 사람만 반쯤 텅 빈 종이 상자를 들고 팔았다. 안에는 썩 맛있어 보이지 않는 오리지널 도넛 두세 개만 담겨 있었는데 짐작컨대 가게 앞에서 몇 시간 동안 줄 서서 1인당 한 박스만 구매할 수 있는 도넛을 사다가 길에서 가격을 좀 비싸게 받고 파는 듯했다. 그런데 시간이 좀 지나면서 지금은 규모가 상당한 노점상이 등장했다. 도로 건너편에 분점을 내고 다양한 맛의 도넛을 산처럼 높이 쌓아 놓고 팔았는데 박스는 진짜라고 쳐도 안에 담긴 내용물은 크리스피크림이 아니리라는 의심을 지울 수 없었다. 나라면 가서 사 먹지 않겠지만 만약 하나 사서 먹는다고 해도 크게 탈이 날 것 같지는 않았다. 맛은 좀 떨어질 수 있지만 배 속에 들어간 음식은 분명 도넛이니까 말이다.

나는 맛있는 음식과 맛없는 음식의 차이를 크게 못 느낀다. 이게 진짜다, 가짜다 하는 판단도 없다. 그런데 '원조집'을 찾아 먼 길 마다않고 가는 사람들이 생각 외로 꽤 많다. 타이양빙_{타이완의 대표적인 빵}, 크루아상, 버블티 같은 음식은 특히 더하다. 심지어 장어파스타, 처우더우푸_{발효 두부}도 예외가 아니다. 청경채 볶음은 한 술 더 떠서, 어느 나무 밑에 있는 게 아니면 안 된다고 지정해줄 정도다. 이런 실사구시 정신을 후스_{胡適} 선생이 보고 있다면 틀림없이 저 하늘에서도 기뻐하실 것이다!

상식적으로 짝퉁 음식을 일부러 찾아가 먹고 싶은 사람은 없을 것이다.

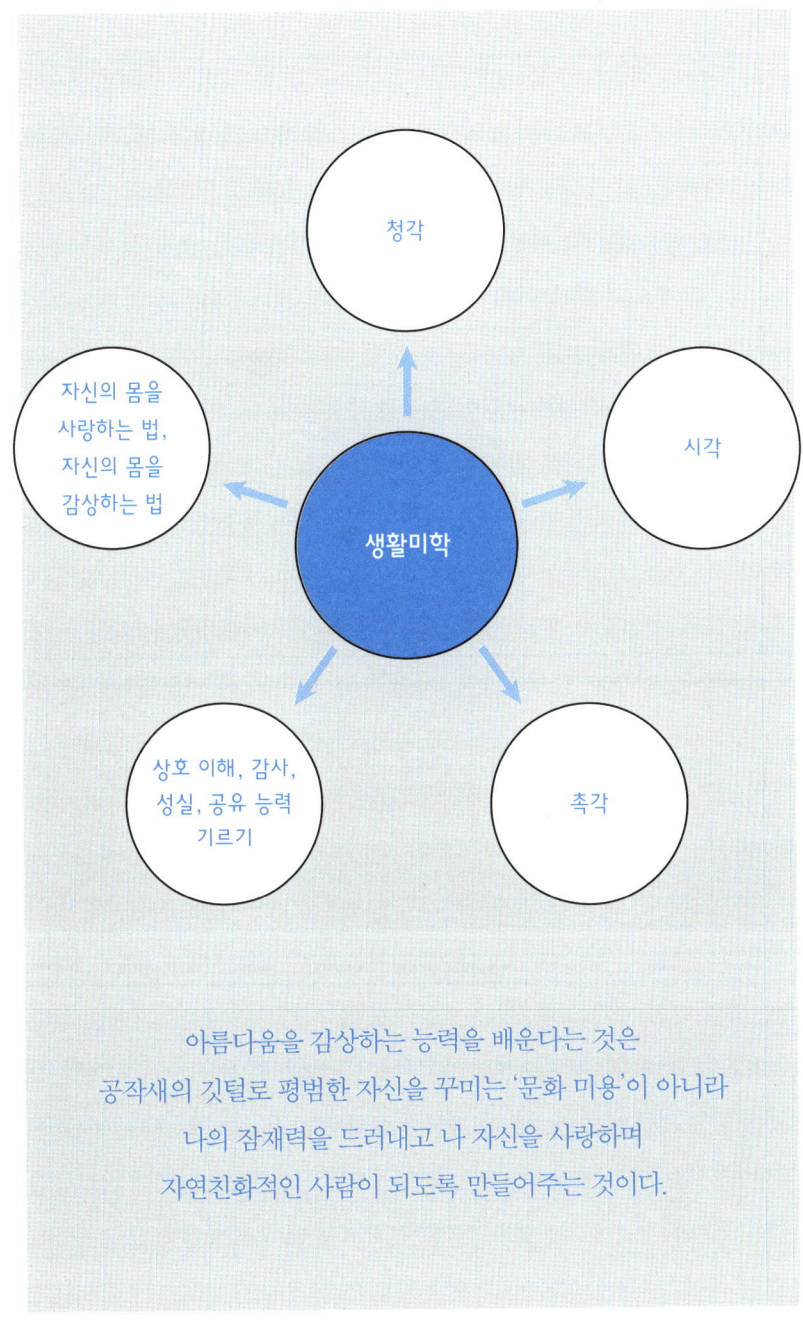

아름다움을 감상하는 능력을 배운다는 것은
공작새의 깃털로 평범한 자신을 꾸미는 '문화 미용'이 아니라
나의 잠재력을 드러내고 나 자신을 사랑하며
자연친화적인 사람이 되도록 만들어주는 것이다.

그런 사람이 있다는 얘기를 들어본 적도 없다. 어느 누가 위조 약, 가짜 칼슘제, 가짜 비타민 알약을 사 먹으러 먼 곳까지 찾아가겠는가. 한껏 기지개를 켜면서 "오늘은 왠지 짝퉁 펄파우더 한 스푼을 먹고 싶은데!", "아! 오늘 따라 골판지를 넣어 만든 만두가 너무 먹고 싶다! 거기다 짝퉁 콜라를 곁들이면 금상첨화겠는걸!"이라고 말하는 사람도 아마 없을 것이다. 희한하게도 먹는 건 무조건 진짜여야 하는 데다 제일 신선하고 좋은 것만 고집하는 사람들이 물건을 살 때는 눈 하나 깜짝 안 하고 짝퉁을 쓴다. 이런 점은 나로선 정말 이해하기 힘든 부분이다.

이런 사람들은 의외로 쉽게 짝퉁 물건을 사서 쓴다. 불법 복제한 소프트웨어와 불법 다운로드한 음악도 마찬가지다. 양심의 가책은 있겠지만 일단 디지털 신호로 전환된 건 진짜든 가짜든 사용하는 데 큰 차이가 없기 때문에 그럴 수 있다 치자. 그런데 만약 나한테 매일 10분씩 늦는 짝퉁 시계, 오래 두면 쉰내가 나는 짝퉁 명품 가방, 가짜 세탁 세제, 아무렇게 쓰면 바로 망가지는 짝퉁 아이폰을 쓰라고 하거나 큼직하게 루이비통 로고가 그려진 가짜 티셔츠를 입고 거리를 활보하라면 그것만큼은 정말 해낼 자신이 없다!

다시 원래 하던 얘기로 돌아와서, 짝퉁 명품을 파는 사람이 경제적인 이익을 얻는다는 건 알겠다. 그런데 그걸 사는 사람에게는 대체 무슨 이득이 있는지 이해할 수가 없다. 짝퉁 명품 가방을 사는 사람은 그 가방을 산다고 자신이 값비싼 구찌가 된다고 생각하지는 않을 것이다. 오히려 어딜 가든 손에 든 가방처럼 스스로가 자세히 살펴보지 않고는 못 배기는 위조품처럼 느껴질 것이다. 또 화장으로 감춘 맨 얼굴을 들킬까, 가방과 머릿속엔 온통 쓸모없는 쓰레기로 꽉 들어차 있다는 걸 남이 알아챌까 노심초사한다. 더 나아가 "내 인생은 이 짝퉁이랑 다를 게 없어!"라고 스스로를 일깨우며 자존감은 더 낮아진다.

굳이 이렇게 스스로에게 가혹할 필요가 있을까?

짝퉁을 만들 필요가 전혀 없는 물건도 많다. 특히 레스토랑 식탁에 놓인 조화나 가짜 분재가 그렇다. 식당 정원에 있는 가짜 야자수를 볼 때면 나는 얼굴에 경련이 일어나고 도저히 마음속에서 지우려 해도 지워지지가 않는다. 이런 건 보통 진짜가 가짜보다 더 저렴하지 않나? 불행히도 강연하러 간 학교 강단 위에 세심하게 디자인한 플라스틱 조화가 놓인 경우가 많다. 마이크를 앞에 두고 섰는데 조화가 나를 뚫어지게 보고 있으면 나는 정신을 차릴 수가 없다. 앞말 뒷말이 잘 연결되지도 않고 강연하고 내려와서 내가 무슨 말을 했는지 모르는 지경에 이른다. 보기 불편한 물건이 앞에 있으니 신경이 쓰이지 않겠는가!

방콕에는 내가 좋아하는 아마시Amaci라는 이탈리안 레스토랑이 하나 있다. 음식 가짓수는 보통이지만 내가 거듭 그 식당을 찾는 이유는 매일 모든 테이블 위에서 신선한 생화 한 송이를 만날 수 있기 때문이다. 청록색의 파초 잎으로 말아 올려진 주먹만 한 크기의 연보라색 달리아가 연한 빛의 네모난 유리컵에 꽂혀 있으면 어떤 음식이 나와도 맛있게 느껴졌다.

호텔에서 묵을 때 욕실 세면대 위의 자그마한 화분에 생화 한 송이(한 송이면 충분하다)가 꽂혀 있으면 밤새도록 기분이 즐겁다. 설사 불길한 흰색 국화꽃 한 송이(실제로 겪은 일이다)라고 할지라도 벽 구석에 놓인 플라스틱 안투리움보다는 백배 낫다!

"하지만 생화는 시들어서……." 이렇게 변명하는 걸 내가 한두 번 들은 게 아니다.

그 시든다는 게 바로 핵심 아닐까? 진짜 꽃은 진짜 생명이다. 그러니 피었다가 지고, 마르고 하는 것이다. 생명체가 겪는 이런 과정이 얼마나 아름다운가. 가짜 물건이 무슨 수로 이를 대신할 수 있겠는가? 아이를 키울 엄두가 안 난다는 사람이 저 멀리 타이완에서 판다 인형을 태국 5성급 리조트까지 가져와서 매일 껴안고 아침을 먹는다. 애완동물 키우기가 겁난다는 사람이 테디베어를 안고 방콕에 있는 5성급 스파에서 점잖게 안마를 받는다(두 경우 모두 실제 있었던 일이다). 이런 게 진짜 서글픈 것 아닌가! 나는 내가 좋아하는 짧은 시 한 편으로 항상 스스로를 일깨운다.

The risk of love is loss, and the price of loss is grief

— But the pain of grief

Is only a shadow

When compared with the pain

Of never risking love

사랑의 위험은 상실, 상실의 위험은 슬픔

하지만 슬픔이 주는 고통은

사랑을 위해 위험을 무릅써본 적 없어

느끼는 고통에 비하면

그저 환상일 뿐

물론 가짜라고 해서 다 나쁜 건 아니다. 멕시코에서 원래는 볼품없던 기지국을 야자수처럼 꾸며놓은 걸 보고 절로 미소가 난 적이 있다. 이런 가짜 나무 한 그루를 만드는 데 드는 비용은 약 100만 타이완달러로 일반 철탑 설치 비용의 세네 배에 해당하는 가격이다. 하지만 멕시코 통신사는 전혀 실용적이지 않은 이런 일에 기꺼이 투자하고 심지어 가짜 야자수 주변에 진짜 야자수를 심기까지 한다. 멕시코 통신 재벌 카를로스 슬림이 이토록 성공을 거두고 세계 최고 부자로 등극할 수 있었던 건 결코 소비자의 고혈을 짜내서 이룬 게 아니라는 소리다.

영국의 한 과학자는 이산화탄소를 전문적으로 흡수하는 가짜 나무를 발명했다. 향후 10년에서 20년 사이에 이산화탄소 농도가 특히 높은 지역에 10만 그루를 심을 예정이다. 여과 방식으로 다량의 이산화탄소를 흡수해서 포집한 이산화탄소를 모아 북해 폐유정의 원유가 있던 빈 공간에 저장함으로써 기후 변화에 대한 영향력을 낮출 수 있으리라 기대하고 있다. 머지않아 대량생산하게 될 인조 나무는 컨테이너만 한 크기이지만 흡수할 수 있는 이산화탄소 양은 진짜 나무의 몇천 배에 달한다.

지구 온난화를 막을 수 있는 방법은 두 가지다. 일부 과학자들은 햇빛이 지구에 도달하기 전에 먼저 다른 곳으로 반사시키는 방법을 찾아야 한다고 주장한다. 가장 간단한 방법은 지붕에 햇빛을 반사할 수 있는 특수 페인트를 칠하는 것이다. 또 다른 일부 과학자들은 이산화탄소를 효과적으로 흡수, 저장하는 방법을 생각해야 한다고 주장한다. 이 두 부류가 함께 생각해 낸 이산화탄소를 줄이는 방안이 무려 수백 가지나 된다. 어떤 방법이 가장 효과적인가에 대해 과학자들도 의견이 분분하지만 방법이 뭐든 반드시 에너지 소모가 적어야 한다는 데는 모두 동의한다. 에너지를 다량 소모해서 에너지를 절약한다는 건 옥수수로 친환경 에너지를 만들겠다는 것처럼 앞뒤가 맞지 않다. 이런 헛수고를 해서 도대체 무엇을 얻겠다는 건지 모르겠다! 최근에는 심지어 재미있는 4차원 에너지 절약 아이디어가 등장했는데 건물 외벽에 투명한 상자를 설치하면 그 안에 있는 조류가 광합성을 해서 이산화탄소를 흡수하고 그 힘으로 건물을 운영할 수 있다는 것이다.

죄송한데 직업병이 도져서 얘기가 또 삼천포로 빠져버렸다!

볼품없는 기지국을 미화하기 위한 목적이든 이산화탄소를 흡수하기 위한 것이든 다 좋다. 이런 가짜 물건들은 대자연이 하지 못하는 기능을 대신하기 위함이다. 그런데 시골 아주머니가 TV 위에 리본으로 만든 촌스러운 (앞에 가짜 물방울이 달린 그런) 장미꽃 화분을 두기 좋아하는 이유도 설마 집 안 먼지를 흡수하기 위한 주부 생활의 지혜에서 비롯된 것일까?

진짜와 가짜 논쟁은 결국 내가 NGO 선배와 나눈 대화로 귀결된다. 당시 나는 일부 후원자들 때문에 고민이 많았다. 그 사람들의 동기가 진심인지 아니면 그저 보여주기 위한 용인지 알 수 없었기 때문이다. 선배는 내 얘기를 듣더니 웃으며 말했다.

"자선에 무슨 진짜가 있고 가짜가 있어. 만약에 너한테 무슨 방법이 있어서 그 사람들이 평생 보여주기 위한 용이라도 후원을 포기하지 않도록 만든다면 그거 역시 진짜 아니겠어?"

실제로 오랫동안 가짜 행세를 하면 진짜가 되는 경우도 있다.

마지막으로 좋은 뜻에서 자그마한 제안을 하나 하자면 유전자 변형 옥수수조차 먹기를 꺼리는 사람이라면 부디 자신을 함부로 대하지 말기 바란다. 플라스틱 스킨답서스가 창턱을 휘감은 카페를 돈까지 들여가며 찾아가지 말란 얘기다! 물속에 아무렇게나 꽂아도 살아나는 스킨답서스조차 기르는 게 귀찮은 사장이 그럴듯한 커피 한 잔 만드는 데 과연 공을 들이겠는가?

블랙커피에는 레몬 한 방울이 빠질 수 없지

내가 일하는 미얀마 산간 지역 근처의 숙박할 수 있는 도심 속 사합원에 얼마 전 '이질리Easily'라는 조그만 카페가 하나 생겼다. 평소대로 야외 앞마

당의 앉은뱅이 의자에 자리를 잡고 블랙커피 한 잔을 주문했다.

미얀마에서 믹스커피가 아닌 커피를 마실 수 있다는 건 무더위에 지친 삶에서 느끼는 소소한 행복과도 같다. 미얀마에서 생산하는 로부스타^{Robusta} 커피는 원래 커피 질이 나쁜 데다 물로 비율을 맞추기도 힘들어서 값싼 식물성 커피 크림과 백설탕을 섞어 마실 수밖에 없다. 전국 각지의 길거리 커피숍에서는 장작을 태워 누런색을 띠는 미지근한 물을 한 솥 끓여서 커피를 탄다. 미뢰에서 맛을 느끼기 전에 단숨에 들이켜는 게 좋다. 안 그랬다간 쓴맛에 놀라 다시 목구멍으로 넘기기가 힘들어진다. 그런 다음 끈끈한 옥수수 크림이 혀에 붙지 않도록 옛날식 행주를 필터로 써서 알루미늄 보온병 안에 담아둔 무료 차 한 잔을 크게 한 모금 마신다. 그래서 이질리처럼 몇 안 되는 커피숍에서만 신선한 커피로 만든 블랙커피를 제공할 수 있다. 물론 저렴한 로부스타 맛이 남아 있긴 하지만 매일 블랙커피를 마셔야 하는 나를 만족시키기엔 충분했다.

2분 후 주인이 주방에서 나와 미안한 얼굴로 말했다.

"오늘은 블랙커피가 없어요."

"네?"

놀라는 내 반응이 좀 과하기는 했다. 하지만 하루를 꼬박 기다렸는데 빈손으로 가야 한다니 받아들이기가 쉽지 않았다. 이 지역에서 블랙커피를 마실 수 있는 곳은 여기밖에 없었기 때문이다.

"그럼 우유 들어간 커피는 마실 수 있죠?"

이 커피숍의 우유는 상당히 유명하다. 커피나 차를 안 마시는 손님도 위에 얇은 우유 층이 덮인 진한 생우유 한 잔을 마시려고 일부러 이곳을 찾아오는 경우가 많았다. 현재 미얀마의 낙농업은 과거 타이완의 초기 낙농업 수준밖에 안 된다. 전문적인 훈련도 못 받고 저온 저장 설비가 없는 농촌에서 오리지널 우유는 사치품이었다. 그래서 커피에 우유를 조금 넣어 마시는 걸 결코 나쁘다고 할 수 없었다. 나는 그저 블랙커피가 너무 마시고 싶었을 뿐이다.

우리가 이렇게 서로 조용히 대치하는 동안 뜰에서 메뚜기를 부리로 쪼아 먹는 수탉의 발소리와 미풍이 불어 대나무 잎이 바스락거리는 소리만 들려왔다.

같이 간 미얀마 현지 친구는 나보다 확실히 두뇌 회전이 빨랐다. 친구가 주인에게 물었다.

"밀크커피는 믹스커피를 쓰시죠?"

"아뇨."

주인이 고개를 저었다.

"그럼 생원두를 쓴다는 거네요."

"맞아요."

"그럼 우유를 안 넣어 주실 수 있죠?"

"네."

"우유 넣은 커피는 있는데 블랙커피는 왜 없다는 거예요?"

"우린 오늘 블랙커피를 팔 수가 없기 때문이에요."

"어째서요?"

이번에는 친구가 화를 냈다.

"어쩔 수 없어요. 오늘은 레몬이 다 떨어졌거든요."

이 말을 듣고 우리는 서로 쳐다보며 깔깔대고 웃었다. 그제야 미얀마에서는 블랙커피를 탈 때 많은 사람이 청레몬즙 한 방울을 넣고 그 위에 설탕을 몇 스푼씩 넣는다는 게 생각났다. 그런 연유로 미얀마 생활에서 느끼는 달콤 쌉싸름한 매력처럼 커피가 쌉쌀하면서도 새콤달콤해지는 것이다.

"그럼 밀크커피 두 잔 주세요. 우유는 넣지 말고요. 그럼 됐죠?"

친구가 말했다. 주인은 그제야 만족한 듯 고개를 끄덕이며 주방으로 돌아간 뒤 내가 하루 종일 고대하던 블랙커피 두 잔을 내왔다.

다음번에 미얀마로 올 땐 스타벅스 이탈리안 로스트 '비아VIA' 인스턴트 커피를 몇 팩 더 챙겨 와서 직접 타 마셔야 할까? 하지만 진짜 그렇게 하면 매일 아침저녁 한 잔씩 마시는 블랙커피 맛은 좋을지 몰라도 뭔가 빠진 듯한 느낌이 들 것이다.

생활의 정취, 이것은 나 스스로 곰곰이 생각해봐야 할 문제다.

내가 생각하는 멋진 남자

최근 남성잡지 《지큐GQ》의 에디터가 특집호를 위해 어떨 때 남자가 멋있는지 내게 몇 가지 질문을 했다. 이런 종류의 문제를 거의 생각해본 적 없던 나는 머리를 긁적이며 언제라도 알츠하이머병이 생길 수 있는 뇌의 깊숙한 곳에서 답을 찾을 수밖에 없었다. 내가 답변을 해놓고도 결과가 꽤 재미있다는 생각이 들어 이 책에 답을 공개하기로 한다.

Q1 │ 우리가 생각하는 멋진 남자는 꼭 성공한 사람이거나 억만장자와 부호 명단에 이름을 올린 사람이 아닐 수도 있다. 멋진 남자는 하는 행동과 태도가 멋있는 사람이다. 당신이 생각하는 멋진 남자는 어떤 모습이어야 하는지, 혹은 구체적으로 어떤 조건을 갖춰야 하는지 정의를 내려본다면?

멋진 남자는 어느 곳에 있어도 기뻐하고 즐거워한다. 버킷햇을 쓰고 낚싯대를 들거나 빳빳하게 다려진 양복을 입고 레이저 포인터를 손에 쥔 모습, 메시캡을 쓰고 야구장 VIP 관람석에서 함성을 지르는 모습, 앞치마를 두르고 자기 집 주방에서 전날 밤 먹고 남은 프렌치프라이로 프리타타를 만드는 모습 등 모두 이 일들을 하기 위해 태어난 사람처럼 여유 있고 자연스러워 보인다. 직함과 권력으로 설명하는 직장에서만 빛나는 게 아니다.

진짜 멋진 남자는 행동거지가 시원시원하고 편안한 분위기를 풍기기 때문에 사람들은 어디서나 그의 존재감을 느낄 수 있다. 그에게 호기심이 생긴 사람들은 그의 전공을 알아보고 마지막에 비로소 그의 직함을 알게 된다. 파티 석상에서도 남녀 모두에게 흥미로운 사람이 될 수 있다. 격식에 맞는 옷차림에 샴페인을 손에 들고 있어도 자기 집에서 잠옷을 입고 핫초코 한 잔을 들고 있는 듯 편안한 사람, 이처럼 다가가고 싶게 만드는 남자가 인생의 깊이가 느껴지는 멋진 남자다.

Q 2 당신이 했던 일 중 가장 멋진 일은 무엇인가? 몇 가지 예를 들어본다면?

지금까지 살면서 내가 내린 가장 멋진 결정은 남과 비교하지 않고 나 자신에게 최선을 다하기로 한 것이다.

예를 들면 미국 과학기술회사에서 높은 임금을 받던 고위관리직을 관두고 항상 동경해오던 국제 NGO 단체에 들어간 일이다. NGO에서 10년 동안 일하며 번 돈이 10년 전의 3분의 1에도 못 미치지만 성품, 세계관, 도덕관이 일류에 속하는 사람들과 함께 일하고 배울 수 있는 지금의 내가 다른 사람들보다 세 배 더 행복하다고 생각한다. 그리고 줄어든 3분의 2 수입은 즐겁게 살기 위해 지불한 대가라고 생각하게 되었다. 스스로 인생의 즐거움과 행복을 샀노라고 자신 있게 말할 수 있는 사람이 얼마나 될까?

이 밖에도 나는 매년 최소 10주의 시간을 들여 세계 각지를 항해한다. 항해의 시간은 여행자가 자신의 인생에 줄 수 있는 최고의 상이라는 생각이 든다. 그렇기 때문에 매일 스스로를 인생복권에 당첨된 행운아로 여길 수 있는 것이다. 물론 나는 완벽한 사람이 아니다. 어쩌면 다른 사람들 눈에는 불필요하게 바쁘고 힘든 삶을 사는 것처럼 보일 수도 있다. 하지만 남과 비교할 필요가 없었기 때문에 나는 오히려 뼈저리게 배울 수 있었다. 경쟁에서 벗어나 있는 사람이 진정한 승리자라는 사실을!

Q 3 │ 만약 '멋스러워지기'를 주제로 《지큐》 남성 독자에게 수업을 개설한다면 어떤 제목을 달 것인가? 혹은 제안하고 싶은 수업이 있는지? 가장 듣고 싶은 수업은 무엇인가?

만약 화교를 대상으로 한다면 가장 필요한 수업은 아마 '국제 사교장에서 유유자적하는 법'일 것이다.

아시아의 전문적인 모임이나 사교장에서는 평소 품위 있고 자신감 넘치는 모습을 보여주다가, 재밌는 말이나 음담패설도 할 수 없고 옆에서 시중드는 아가씨나 노래방 기계, 심지어 앉을 자리나 뷔페 음식도 없는 국제 무대에서는 꿔다 놓은 보릿자루처럼 겉도는 남자가 많다. 나는 모든 남자들이 다양한 각도에서 이 문제를 이해할 필요가 있다고 생각한다. 예를 들면 장소에 걸맞은 옷차림, 분위기를 파악해서 재치 있게 치고 빠지는 센스, 적절한 어휘 선택, 제스처 활용, 아시아인 특유의 진지하고 딱딱한 인상 보완, 절묘한 화제 운용, 적절한 언어 사용, 상대방과 동등하게 눈높이 맞추기 등이 있다. 국제 무대에서 자신감 있는 행동거지와 적합한 말투를 보여주는 화교를 더 자주 볼 수 있게 된다면 나는 이것을 영광으로 여길 것이다.

내가 가장 듣고 싶은 수업은 아마 '맥가이버 입문'이지 않을까 싶다! 자동차 엔진 수리부터 수도 · 전기 배관 공사, 벽돌 쌓기, 집짓기, 사냥, 시멘트 혼합, 농사, 비계 매기, 주물, 채광, 정유, 방목에 이르기까지 모든 작업을 배워서 웬만큼은 할 수 있게 만들어주는 수업 말이다. 이 세상을 살아가는 다른 남자들의 생활 방식에 대해 더 깊이 이해하면 나 같은 중산층 남자들이 좀 더 폭넓은 세계관을 구축하는 데 틀림없이 도움이 된다.

Q 4 | 마지막으로, 당신이 생각하는 멋진 남자 다섯 명을 꼽으라면?

① 무하마드 유누스Muhammad Yunus

가난한 사람을 위한 은행을 세운 공로를 인정받아 노벨평화상을 수상했다. 방글라데시에서 태어난 무하마드 유누스 박사는 1976년부터 가난한 사람들에게 소액 대출을 해주기 시작했다. 1983년 방글라데시는 국회 표결로 가난한 사람을 위한 은행으로 불리는 '그라민 은행' 설립을 허가했다. 이로써 사회 밑바닥 계층에서부터 경제 · 사회 발전을 위한 노력이 시작되었다. 그라민 은행은 많은 인구가 빈곤에서 벗어날 수 있는 방법을 찾아야 평화가 지속될 수 있으며 사회 하층민이 먼저 경제력을 갖춰야 민주와 민권 보장으로 발전할 수 있다는 걸 증명했다.

② 안도 모모후쿠

'인스턴트 라면의 아버지'라고 불리는 일본계 타이완인 안도 모모후쿠는 제2차 세계대전 이후 일본에 먹을거리가 너무 부족하다고 여겨 자기 집 뒷마당에 10제곱미터 규모의 작은 연구실을 마련했다. 그리고 오래된 제

면기 한 대, 직경 1미터인 프라이팬, 18킬로그램 밀가루 한 포대와 식용유를 들여와 뜨거운 물만 부으면 바로 먹을 수 있는 인스턴트 라면을 개발하기 시작했다. 그 결과 세계 최초 인스턴트 라면 개발에 성공하며 식량 부족으로 목숨을 잃을 뻔했던 수많은 사람을 구했다. 인스턴트 라면은 반세기가 지난 지금도 여전히 아시아 전역에서 인종, 문화, 종교를 초월한 공통 먹거리로 사랑받고 있다.

③, ④ 워런 버핏과 빌 게이츠

'투자의 귀재'인 워런 버핏과 마이크로소프트 창업자인 빌 게이츠는 함께 '기부 서약The Giving Pledge' 서명 운동을 시작했다. 이를 통해 미국 억만장자 수백 명에게 살아 있는 동안 또는 죽은 뒤에 많은 재산을 자선사업에 기부하고 공개적으로 자신의 재산 기부 의사를 밝히는 서한을 발표하게끔 격려하기 위함이다. 심지어 두 사람은 직접 연설에 나서 미국《포브스》가 선정한 미국의 억만장자 400인 명단에 오른 사람 중 40명에게 재산의 절반 이상을 기부하겠다는 약속을 받아냈다. 세상을 바꿀 수 있을 정도로 많은 재산이 부자를 위대한 사람으로 만들 수는 없다. 그런데 세상을 바꾸는 힘으로 재산을 사용하는 건 웬만큼 배포가 큰 남자가 아니고서는 할 수 없는 일이다.

⑤ 타일러 브륄레Tyler Brûlé

캐나다에서 태어난 타일러는 영국 BBC 기자 출신이다. 그런 그가 1996년 디자인 종합 전문지《월페이퍼Wallpaper》를 창간했다. 현대 디자인 업계에서 상당한 영향력이 있는 잡지로서 전 세계의 라이프스타일을 소개한다. 2006년에는 비즈니스와 국제 정치, 디자인을 다루며 전 세계 리더에게 사랑받는 잡지《모노클MONOCLE》을 창간했다. 이 잡지는 전 세계 60개국에서 15만 부 정도를 발행하는데 발행 부수가 많은 편은 아니지만 보급 범위가 넓은 데다 독자층이 집중되어 있고 독자 수준이 높다. 일본 외교부 사무실, 런던 미술관에서도 《모노클》을 만나볼 수 있다. 아름답고 독창적인 사물에 대한 타일러 브륄레의 열정이 녹아든 기사 외에도 정치·경제 평론, 주요 정계 인사와 대통령 특별 인터뷰에 상당한 분량을 할애하고 있다. 인문학적 마음가짐으로 세상을 대한다니, 타이완 정부에서 관광 이미지 콘셉트를 타일러의 디자인 팀에 의뢰한 이유를 알 것 같다.

배부르게 먹기 그리고 로마인 할머니의 슬로푸드 식당

이렇게 말하면 많은 사람이 화를 낼지도 모르지만 로마는 내게 이탈리아를 여행할 때 거쳐 가는 터미널 중 하나에 불과하다. 관광객으로 넘쳐나는 또 하나의 대도시에서는 굳이 더 오래 머물고 싶은 생각이 들지 않는다. 그래서 대부분 기차역 옆에 있는 숙소에서 이틀 동안 푹 자고 그다음 날 떠나곤 했다.

물론 로마에도 떠날 때 무척이나 아쉬워지는 곳이 있다. 로마에서 보내는 저녁이면 나는 대개 조용한 주택가에 위치한, 간판도 없는 할머니의 주방에 가서 출근 도장을 찍는다.

이 식당은 할머니가 평생을 바쳐 일한 곳이다. 작은 테이블 열 개도 채 들어가지 않을 정도로 거실이 비좁고 메뉴판도 없지만 늘 북적이는 손님들로 빈자리가 없는 걸 보면 그런 걸 신경 쓰는 사람이 없는 모양이다. 어쨌든 20유로만 내면 나머지는 할머니께 맡기면 된다.

할머니는 매일 아침 재래시장에 가서 좋은 재료가 있으면 사온다. 홈메이드 이탈리아 소시지를 곁들인 수제 빵, 수프 한 그릇, 메인 요리 하나(보통 양고기나 소고기 찜), 그날 반죽해서 만든 파스타, 디저트 순서로 메뉴가 구성된다. 이렇다 할 화려한 장식도 없고 식기도 집에서 쓰는 것처럼 소박하다. 코스별로 나오는 요리 양이 많지도 않다. 요리 하나가 완성되면 다 같이 요리를 먹는다. 우리가 음식을 먹는 동안 할머니는 다음 요리를 만들기 시작한다. 그래서 요리 하나를 다 먹으면 그다음 요리를 기다리는 시간이 상당히 길어질 때가 있다. 그런데도 로마 현지 손님들은 얘기도 하고 와인도 마시면서 기꺼이 시간을 보내는데 세 시간이 지나도 극장에서 공연 하나를 관람한 것처럼 다들 표정이 흡족해 보였다.

식당에서 겪은 이런 경험은 도시에서 온 내게 신기하게 다가올 수밖에 없었다. 그동안 나는 지나치게 많은 음식, 도를 넘은 허례허식, 너무 많은 조미료가 들어간 저녁 식사에 익숙해져 있었다. 그래서인지 할머니 식당을 만나 슬로푸드에 대해 막 배우기 시작할 때까지 어딘가 좀 부족하다는 생각을 했었다. 고래고래 소리를 지르는 이 로마 할머니에게 어떤 마력이 있는지 로마에 머무르면서 저녁 시간만 되면 수많은 선택지가 있는데도 나는 결국 할머니 주방을 찾게 된다. 그 소박한 상차림을 맛보려고 30분을 기꺼이 기다린다.

이탈리아의 슬로푸드가 가랑비에 옷 젖듯이 내 마음속에 변화를 일으킨 것이다.

얼마 전 친구가 나를 데리고 타이베이에 있는 최고급 해산물 샤브샤브 뷔페에 간 적이 있다. 손님들이 하나같이 빠른 속도로 오만 가지 재료를 한데 섞어서 산처럼 쌓았다가 텅 빈 접시로 둔갑시키는 모습에 놀라 그만 눈이 휘둥그레졌다. 또 식당에는 혼자 온 손님을 위한 구역이 따로 마련되어 있었는데 그 모습이 퍽 인상적이었다. 모든 좌석이 벽을 마주 보고 있는데 작은 TV 브라운관이 벽 속에 설치돼 있었다. 이용 시간은 입장 후부터 두 시간으로 제한되어 있어서 손님들은 되도록 빨리, 말도 없이 집중해서 음식을 섭취했다. 사람들 얼굴엔 저마다 브라운관에서 나오는 빛이 반사되어 남보라색을 띠었고 자꾸 손가락으로 TV 리모컨을 만지작거렸다. SF 영화에서나 볼 법한 장면처럼 느껴져 순간 로마의 할머니 주방이 그리워졌다.

같은 20유로 가격이라면 어느 쪽이 비교적 덜 아깝다는 생각이 들까? 제대로 식사했다고 말할 수 있는 건 과연 어느 쪽일까?

이탈리아 음식을 좋아하는 사람들은 대부분 조리법이나 요리의 맛 그 자체에 초점을 두지만 할머니 주방을 오래 들락날락거리다 보니 내가 정말 좋아하는 건 음식을 대하는 이탈리아인의 태도라는 걸 점차 깨닫게 되었다. 이탈리아인은 꼭 이탈리아 요리를 먹을 때만 그런 태도를 보이는 게 아니다. 세계 어느 곳, 어느 시장을 가도 '이탈리아 어머니'가 그들과 함께 주방에 들어간다. 이탈리아 어머니는 식탁에서 배터지게 먹고 마시지 말고 '먹는 행위'를 아름다운 삶을 위한 수업의 하나로 여기라고 가르쳐주신다.

깊이 잠든 작은 섬, 그곳에서만 느낄 수 있는 생활의 아름다움

세계 여러 곳을 돌아다녀 보니 이 지구상에서 슬로라이프와 걸맞은 나라는 깊이 잠들어 있는 카리브 해의 작은 섬나라, 터크스케이커스Turks and Caicos 제도밖에 없다는 걸 알게 되었다.

카리브 해의 작은 섬들은 모두 그랜드터크Grand Turk 섬과 상당히 유사했다. 코번 타운Cockburn Town은 1766년부터 터크스케이커스의 수도로 불렸지만 아차 하는 순간 그냥 지나쳐버릴 수 있다. 중앙 정부 사무실이 우체국처럼 생긴 데다 입구에 삼엄한 경비는커녕 위풍당당한 수탉 두 마리만 병아리들을 데리고 아무렇지도 않게 먹이를 찾아 어슬렁어슬렁 돌아다니기 때문이다. 케이맨 제도나 바하마 제도 같은 지역은 미국식 생활 방식을 추구한다. 대형 백화점, 슈퍼마켓 체인 업체는 조세 피난처라는 타이틀로 부자들을 끌어들이고, 젊은이들은 차창을 내린 채 선글라스를 끼고 튜닝한 중저음 스피커에서 흘러나오는 시끄러운 레게 음악을 들으며 거리를 지나간다. 이와 상반되게 그랜드터크는 차분하고 조용하며 100년 전 카리브 해의 정취를 보존하고 있어 슬로라이프를 즐기기에 최적의 장소다.

300여 년 전부터 그랜드터크는 천일염의 주요 생산지였다. 그래서인지 버뮤다 제염회사가 이곳에 거점을 두었고, 영국식 식민 건축 양식도 이곳에서 시작되었다. 염전은 이미 황폐해졌지만 형태는 여전히 온전하게 남아서 야생 물새들의 주요 서식지가 되었다. 사람이나 차가 드나들려면 염전 중앙 부분의 좁은 밭두렁을 지나가야 한다. 원래는 천일염을 운반하던 소, 말, 나귀 등 가축들이 지나다녔지만 지금은 경제적인 기능을 상실했다. 하지만 길가에서 가축들이 지나다닌 흔적을 여전히 볼 수 있다. 고개 숙여 풀을 뜯는 젖소 곁을 백로가 지키고 서 있는 모습은 그랜드터크에서 볼 수 있는 평화로운 일상 풍경이다.

나도 모르는 사이에 반나절이란 시간 동안 약 2.4 킬로미터 길을 걸어다녔다. 폭이 약 393미터인 섬에서 사파이어처럼 눈부신 광채를 뿜어내는 바다를 따라 걸어가다 보니 프랑스의 코트다쥐르조차 이곳에 무릎을 꿇어야 할 만큼 아름다운 풍경이 펼쳐졌다. 어느 곳에서든 물속으로 뛰어들면 수영, 스노클링, 잠수, 낚시, 항해 등 뭐든지 할 수 있었다. 물속에 수없이 많은 해마, 무리를 지은 야생 돌고래, 수천 수백 마리에 달하는 대왕 홍어까지 볼 수 있기 때문에 누구 하나 실망하고 돌아가는 사람이 없다. 조금 더 욕심이 난다면 바다에서 5분 정도 떨어진 곳으로 나가보자. 거기엔 수심이 7,000피트나 되는 해구가 있는데 고래, 상어, 바다거북이 출몰한다. 그랜드 터크가 전 세계에서 잠수하기 좋은 곳 상위 10위권에 항상 이름을 올리는 것도 어찌 보면 당연하다.

수도의 중심 거리는 솔직히 말해서 해변에 있는 작은 오솔길에 불과하다. 하지만 상업 활동의 흔적은 거의 찾아볼 수 없어 이곳 현지인이 어떻게 생필품을 조달하는지 궁금해졌다. 가끔 가다 서적이나 신문, 다양한 잡화를 파는 정자는 눈에 띄었다. 가게 주인은 항상 의자를 문 앞에 가져다놓고 앉아 꾸벅꾸벅 졸고 있었는데 누군가 지나가면 그제야 일어나서 행인과 점잖게 인사를 나누고는 또다시 잠에 빠져들었다. 몇 안 되는 은행은 화초가 무성한 개인 별장처럼 생긴 데다 벽에 있는 작은 간판도 덩굴에 뒤덮이기 일쑤였다. 길에는 바쁜 사람이 하나도 없었고, 아무런 목적 없이 한가하게 자전거를 타고 돌아다니는 소년 한두 명이 보일 뿐이었다. 고요한 흙길에서 느릿느릿 주위를 걸었다. 이 섬에서 자란 젊은이가 하루라도 빨리 휘황찬란한 대도시 뉴욕으로 떠나 경험을 쌓고 싶어 할지, 아니면 자신의 처지에 만족하며 슬로라이프를 즐길 수 있는 이곳 지상낙원에 남길 원하는지는 알 수 없다. 하지만 이 세상에서 이처럼 여유로운 생활 방식을 간직한 곳은 여기밖에 없다는 것만은 분명하다.

일부러 터크스케이커스 제도를 찾아오는 외지인은 가끔 정박하는 크루즈 여행객을 제외하면 긴 세월 동안 이곳을 제2의 고향으로 여기며 찾아오는 부자들이 대다수다. 비밀 클럽 회원처럼 매일 뉴욕과 런던에서 각각 비행기가 한 대씩 그랜드터크에 도착한다. 하지만 길을 가다 이런 관광객을 본 적은 거의 없다. 공항에 닿자마자 그들은 곧장 자기가 좋아하는 조용한 그곳으로 가는 것 같았다. 카리브 해의 작은 나라인 터크스케이커스 제도가 언제까지 이렇게 잠잠할 수 있을지 모르겠다. 어쩌면 얼마 못 가서 이곳도 금융 산업으로 들끓는 제2의 케이맨 제도가 될지도 모른다. 그게 아니면 하루 24시간 기중기가 컨테이너를 끊임없이 운반하는 바하마 제도의 항만처럼 될 수도 있다. 이것은 터크스와 케이커스 국민이 자신을 위해 내려야 할 중요한 결정이다. 한두 세기 전 영국 식민지 시절의 무역 회사 간판이 여전히 창고 벽에 떡 하니 걸려 있지만 정작 현재 회사의 간판은 없는 음료 회사처럼 그래도 현재로서는 그랜드터크가 변화에 서두르지 않아서 다행이다. 과거와 현재는 이처럼 자연스럽게 하나로 이어지지만 미래는 어떻게 될 지 알 수가 없다. 터크스와 케이커스가 영원히 외부 사람들에게 알려지지 않았으면 하는 게 나의 개인적인 바람이다. 어쨌든 과거에는 천일염, 지금은 아름다운 경치를 제외하면 아무것도 나지 않는 이 열대 섬을 빼앗으려고 혹은 바꾸려고 이곳에 갈 만큼 할 일 없는 사람이 있을지 의문이다.

천국의 또 다른 얼굴

얼마 전 나는 타이완의 위안즈元智 대학에 가서 학교 측이 주최한 '꿈 실현 프로젝트'라는 행사에 참석했다. 학교 측은 학생들이 팀을 이뤄 경기에 참가하도록 격려하고, 우승 팀은 실제로 꿈을 실현할 수 있는 실질적인 지원을 받는다. 이집트의 빈민촌에 간다는 사람도 있었고 몰디브에 간다는 사람도 있었다.

현장에 있던 대학생들은 피라미드 앞에서 찍은 단체사진을 보기 전까지 카이로 외곽의 빈민촌에 간 팀을 동정하며 이해할 수 없다는 반응을 보였다. 반면 '다이버들의 천국' 몰디브에 가서 지구 온난화와 해수면 상승에 관한 다큐멘터리를 촬영할 수 있었던 다른 팀에게는 부러움 가득한 시선을 보냈다.

가보고 싶은 해외 여행지에 대해 직장인들과 얘기를 나눠보면 1순위는 거의 다 몰디브다. 인도 서남부의 이 손바닥만 한 작은 나라에 도대체 어떤 매력이 있기에 수많은 사람이 꿈에 그리는 휴양지가 되었을까?

2010년 말 아시아 뉴스 네트워크에서 색다른 몰디브 특집 기사를 제작했다. 지상 낙원으로 불리는 이 꿈의 휴양지에서 잘 알려지지 않은 또 다른 면을 다룬 것이다. 1,200개의 작은 섬으로 이루어진 몰디브는 2020년까지 이산화탄소 실질 배출량이 제로(0)인 탄소중립 국가를 만들겠다고 선언했다. 다시 말해 2020년까지 풍력에너지나 태양에너지에서 에너지원을 모두 조달한다는 것이다. 전 세계의 신임을 얻기 위해 당시 모하메드 나시드 대통령이 언론 앞에서 직접 대통령궁 지붕에 태양열 판을 설치하는 걸 도왔다. 이보다 앞서 나시드 대통령은 잠수복을 입고 수신호로 바다 속에서 각료 회의를 열었다. 이 퍼포먼스를 통해 해수면보다 딱 한 사람 키 높이만큼 올라와 있는 몰디브가 머지않아 해수면 아래로 잠기게 될 거라며 유엔 기후변화회의에서 지구 온난화 문제를 집중적으로 다뤄달라고 호소했다.

대통령의 이 같은 홍보는 전 세계 언론으로부터 큰 호응을 얻었다. 나시드 대통령은 미국, 중국, 인도가 각국의 경제 발전을 추진하는 과정에서 환경 문제를 등한시한다면 몰디브의 수몰을 앞당길 거라고 재차 강조했다. 그런데 막상 몰디브에 가보면 전혀 생경한 그림이 펼쳐진다.

　　　　　　　　　　　　　　　　　　　　　　　나에게 주는 10가지 선물

몰디브를 오가는 유일한 교통수단은 비행기이고 섬에서 섬으로 가려면 모터보트를 타야 한다. 둘 다 연료가 많이 드는 교통수단이다. 몰디브 수도 말레는 면적이 고작 2제곱킬로미터밖에 안 되지만(끊임없이 간척사업을 해서 현재 약 2제곱킬로미터가 되었다) 모든 사람이 높은 수입관세에도 아랑곳하지 않고 자동차나 오토바이를 사서 안 그래도 이미 좁아터진 도로를 꽉 막고 서 있다. 이 나라에서 에너지 절약과 이산화탄소 저감은 기술상의 어려움 때문에 실천하지 못하는 게 아니다. 현지인의 의식이 따라주지 않아서다. 차가 있다는 건 신분과 지위를 나타내는 징표다. 자전거를 타는 사람은 방글라데시에서 온 가난한 농민 출신 노동자뿐이다. 말레 섬 전체를 둘러봐도 쓰레기통을 찾을 수가 없다. 길에는 아무렇게나 던져놓은 각종 쓰레기로 가득하고 사람들은 수시로 수입 생수를 사서 마신다. 몰디브인의 의식은 탄소 중립화라는 개념과 상당한 거리가 있고 이 비전을 현실화할 인재는 턱없이 부족하다. 태양열 판을 설치하고 풍력발전소를 세우는 것만으로는 힘들다. 오수를 처리할 중앙 처리 시스템이 하나도 없고 매일 10톤에 달하는 해산물 쓰레기가 그대로 바다에 배출된다. 휴양 리조트 약 200여 곳에서 나오는 쓰레기는 불과 몇 곳을 제외하면 전부 회수하지 않고 바로 1992년 아름다운 산호초를 간척해서 만든, 현지인에게 '쓰레기 섬'으로 통하는 틸라푸쉬 섬으로 보내 소각한다. 관광객과 현지인은 매일 쓰레기 330톤을 만들어낸다. 쓰레기 섬에 가까이 다가가면 하루 24시간 매캐한 연기와 쓰레기를 태워서 나는 악취를 경험하게 된다. 섬과 섬 사이를 오가는 배의 동력을 전기로 바꾸는 건 기술적으로 물론 가능한 일이다. 하지만 섬과 섬 사이를 연결해주는 사람이 없으면 몰디브가 세계인에게 심어준 최고급 휴양지라는 이미지처럼 모든 성과는 그저 얄팍하고 오래 지속될 수 없는 것에 불과하다.

인구 40만 명이 196개의 작은 섬에 흩어져 산다. 지역 사회의 목소리는 종종 돈 있는 사람들에 의해 묵살된다. 재벌은 끊임없이 많은 리조트를 건설한다. 관광객을 끌어들이기 위해 담수가 부족한 섬에다 거대한 수영장을 만들고 모래를 운반해서 산호초를 메운 다음 아름다운 인공 해수욕장을 만든다. 공사와 인공 해수욕장으로 수많은 산호초가 파괴되는 건 전혀 신경 쓰지 않는다. 40년 전 몰디브 공용어인 디베히Dhivehi어 사전에 '환경 문제'라는 단어가 없었던 열대 지상 낙원에서 관광 산업과 어업이 조화롭던 인간과 자연의 공생 관계를 돌연 바꿔놓았다. 현대 문명에서 잃어버린 사실을 몰디브가 인정하게 만들려면 큰 용기가 필요하다.

현재 몰디브에서 민간 업체 세 곳이 외주 업체로 선정돼 각기 다른 장소에 풍력발전소를 건설하기 시작했다. 쓰레기를 태울 때 발생하는 열에너지를 전기로 바꿀 수 있는지 연구 중인 기업도 있다. 하지만 무엇보다 몰디브인 스스로 사고방식을 근본적으로 바꾸고 현재 생활방식을 되돌아보는 게 가장 중요하다. 1972년 몰디브 최초의 리조트가 문을 연 이래 매년 50만 명의 관광객에게 의존하며 살아오다 보니 몰디브만의 가치관을 잃어버린 건 아닌지 생각해볼 필요가 있다.

가장 사람들의 눈살을 찌푸리게 만든 사건을 꼽자면 얼마 전에 세계 최대의 동영상 사이트 유튜브에서 일어난 파문을 빼놓을 수 없다. 빌루 리프 비치&스파 리조트Vilu Reef Beach&Spa Resort의 한 요식부 책임자가 디베히어로 스위스 부부 한 쌍의 결혼식 주례사를 했다. 그런데 처음부터 끝까지 만면에 웃음을 띤 채 지상 낙원에 심취해 있던 이들 부부는 15분 내내 들었던 주례사가 자신들을 모욕하는 말이었단 사실을 전혀 알지 못했다.

"당신들은 돼지입니다. 당신들이 결혼해서 낳은 아이는 돼지처럼 멍청한 놈일 겁니다. ……당신들의 결혼은 무효입니다. 당신들은 합법적인 결혼을 하기에 부적합한 사람들이기 때문입니다. 당신 두 사람은 각자 다른 사람이랑 바람이 나서 서로 배우자를 욕보일 겁니다.……"

한 리조트 직원이 유튜브에 올린 녹화 영상이 일파만파로 퍼지면서 대통령이 직접 스위스 정부와 당사자 부부에게 전화를 걸어 사과해야 하는 지경까지 이르렀다. 더불어 부부에게 향후 대통령의 귀빈으로 몰디브에 재차 방문해줄 것을 요청했다. 하지만 당신이 당사자라면 또 가고 싶겠는가?

몰디브는 자연이라는 아름다운 하드웨어를 갖고 있다. 하지만 현지인이 환경을 소중하게 생각하지도, 사람을 존중하지도 않듯이 아름다운 소프트웨어와 도덕적인 애플리케이션이 결여돼 있다면 수많은 관광객은 차라리 다른 곳을 휴양지로 선택하리라 장담한다. 어쨌든 이 세상에는 너무 아름다워서 무슨 일이 있어도 꼭 가야 하는 곳이란 없기 때문이다. 2010년 몰디브를 방문한 관광객 50만 명 가운데 중국 관광객 수가 15.3퍼센트를 차지해 1년 전보다 무려 137퍼센트 증가했고 한국 관광객까지 더해져 경기 침체 이후 줄어든 구미 관광객 자리를 대신했다. 하지만 몰디브 관광국 공무원은 그들이 관광객 유치를 위해 가장 공을 들이는 대상이 중국 손님은 아니라고 강조했다.

"중국 관광객은 호기심에 한 번 오고 말지만 햇빛이나 해수욕장을 좋아하는 유럽 손님은 다음에 또 방문합니다."

운 좋게 대학교 후원으로 몰디브에 간 타이완 대학생들은 정보통신 대학원 박사 과정 학생들이었다. 다큐멘터리를 촬영한 장소는 관광객의 발길이 거의 닿지 않는 수도 말레였다. 꿈 실현 프로젝트를 신청할 때 이 친구들은 계획서에 꿈에 도전하게 된 동기, 꿈 실현 방식, 사회자원 통합 방향과 방법에 대해 작성해야 했다. 하지만 몰디브 역시 이 문제들에 대해 답해야 한다. 꿈을 실현하는 과정에서 본래 이름 없는 섬나라 몰디브가 얻은 건 무엇이고 잃은 건 또 무엇인지, 그리고 과연 그럴 만한 가치가 있는지를 잘 생각해봐야 한다. 그래야 천국이다.

〈위대한 야생〉을 보고 자란 사내아이

항해는 내가 가장 좋아하는 여행 방식이다.

내가 항해를 좋아하는 이유는 대자연과 가까워지는 방법이기 때문이다. 비행기처럼 커다란 금속상자에 갇힌 것도 아니요, 자동차나 기차처럼 철도나 도로가 있고 없고에 제약을 받지도 않는다. 망망대해를 항해하다 보면 자연계, 생물계의 일원으로서 인간이 얼마나 연약하고 보잘것없는 존재인지 깨닫게 된다. 그리고 나는 다시 어린 시절로 돌아가 주말 오후마다 흑백 TV를 켜고 BBC 다큐멘터리 〈위대한 야생〉이 보고 싶어 안달이 난 사내아이가 된다.

10년 전 내가 탄 배가 카리브 해 케이맨 제도에 정박한 적이 있다. 당시 나는 스노클링 마스크를 들고 물속으로 뛰어들었다. 바다 밑에 가라앉은 폐선박이 있었는데 긴 시간이 흐른 지금은 수많은 해저 동물의 보금자리가 되었다. 나는 수백 종에 달하는 물고기와 함께 가라앉은 배 안에서 즐겁게 헤엄쳤다. 바다 중앙 쪽으로 몇백 미터 이동하니 빨간 부표 두 개가 보였는데 부표 사이에 수심 700피트까지 뚝 떨어지는 해구가 있었다. 나는 이 해구에서 우연찮게 야생 바다거북을 목격했다. 그 바다거북은 즐겁고 신기한 듯이 바다 밑에서 거의 내 가슴에 닿을 정도의 높이까지 솟아올라 나와 함께 헤엄쳤는데, 신기했던 그날 하루를 영원히 잊지 못할 것이다. 10년 후 나는 다시 배를 타고 같은 항구에서 내렸다. 오랜 시간이 지나 케이맨 제도 해안에는 고급 별장이 많이 들어섰다. 맑고 투명한 바닷속, 산호초 사이로 가라앉아 있던 녹슨 그 배를 내가 알아채지 못했다면 그때와 같은 곳이라는 걸 믿지 못했을 것이다. 실낱같은 희망을 안고 나는 다시금 몸을 날려 해구를 향해 헤엄쳐갔다. 뜻밖에도 같은 지점에서 야생 바다거북 한 마리가 700피트 깊이 바닷속에서 나를 향해 헤엄쳐왔다. 어쩌면 당시 내가 본 그 바다거북일지도 모른다.

이를 계기로 대자연의 자기 조정 능력에 대한 나의 믿음이 더 확고해졌다.

케이맨 제도의 같은 장소에서 두 번이나 야생 바다거북을 만났던 10년이란 시간 동안 나는 미얀마 산간 지역 농장에서 퍼머컬처 설계 개념을 근거로 미얀마 최초의 대형 유기 농장을 만드는 데 일조했다. 과거 양귀비를 주로 재배하던 소수 민족 출신 소작인이 합법적인 경제 작물을 계대배양(배양 세포를 배양 용기에서 꺼내 그 일부나 전부를 새로운 배양 용기에 옮겨 다시 배양하는 조작, 즉 계대를 되풀이하여 반복하는 배양법의 하나. – 옮긴이)해서 식량 자급률 100퍼센트를 달성하도록 도왔다. 10년간 줄곧 '사람을 생각한다, 지구를 보살핀다, 공정하게 나눈다'는 퍼먼의 세 가지 원칙을 철저히 지켜왔다. 그중 공정한 분배는 대부분의 도시에서처럼 인류가 모든 자연 자원을 무자비하게 빼앗고 독점하는 게 아니라 교만한 인류가 생태계의 모든 육식 동물, 초식 동물, 지상 및 지하에 사는 곤충, 다년생 초본 및 목본 식물과 자원을 공정하게 나눠 갖는 법을 배울 수 있길 바라는 것이다.

〈위대한 야생〉 시리즈를 보며 깨달음을 얻은 지 꽤 긴 시간이 흘러 영국 BBC에서는 또 한 번 2년여의 시간을 들여 〈야생의 운명Nature's Great Events〉을 촬영했다. 2009년 2월 BBC HD채널에서 프로그램이 방영될 때 나는 과학 기술의 발전이 가져온 시각적 효과에 놀라움을 금치 못했다. 촬영 감독은 불가사의한 렌즈 각도를 통해 우리가 머리로만 이해하고 증거를 직접 눈으로 보지 못했던 자연 현상을 비롯해 태양의 힘이 어떻게 사계절을 바꾸고 조석과 계절을 만드는지, 또 이로 인해 정기적으로 야생 동물들이 지구 표면에 빚어내는 장관들을 카메라에 담아냈다. 나는 보츠와나 공화국의 오카방고 강의 삼각주가 범람하는 걸 처음 목격했던 그때를 영원히 잊지 못할 것이다. 당시 나는 미약한 생명체가 보여준 강인함에 존경심을 느꼈다. 말라버린 대지는 한바탕 큰 비가 내린 뒤 순식간에 되살아났고, 불과 몇 시간 안에 황폐했던 들판은 푸른 초원으로 변했으며 셀 수 없이 많은 곤충은 수많은 들꽃 사이를 종횡무진했다. 불과 며칠 새에 모든 생명체가 새 생명을 얻었다. 해마, 코끼리, 악어, 영양, 참새, 원숭이는 저마다 바삐 새끼들을 돌보며 1년에 한 번 대자연이 베푸는 성대한 만찬을 즐겼다. 그런 상황을 지켜보며 깊은 감동을 받았는데 사실은 감동보다 겸손해지는 마음이 더 컸던 것 같다.

나와 함께 미얀마 산간 지역에서 지내던 농부는 전기가 없는 시골에서 살았기 때문에 어렸을 때 〈위대한 야생〉을 보지 못했다. 바다를 본 적도 없어서 내가 야생 바다거북과 만나 감동받은 이유는 더더욱 이해하지 못했다. 하지만 〈야생의 운명〉이란 영상을 통해 우리가 그저 머리로만 알던 많은 일이 일단 시각적으로 증명되면 눈으로 본 감동이 곧 행동으로 이어지는 힘이 되리라고 믿는다. 대대로 태양의 변화에 따라 일하고 휴식을 취하던 농부들도, 더 이상 먹고사는 것 때문에 굽실거리며 자자손손 양귀비라는 바다에 수몰되는 소작인이 아니라 나와 마찬가지로 대자연이라는 셰프가 차려내는 성대한 만찬을 함께 나누며 든든한 조력자의 역할을 할 수 있을 것이다.

마치야, 아름다운 인생은 길러지는 것이다

나는 교토의 마치야町家, 일본의 전통 건축 양식에 남다른 애정이 있다.

'마치야'는 소위 '직주일체형職住一體型'의 민가로, 일터이면서 동시에 가정집이다. 한자로 '점옥店屋'이라고 쓰는 사람도 있다. 집과 가게가 결합된 형태는 아시아 곳곳에서 볼 수 있지만 교토에 있는 게 가장 아름답고 정교해서 특별히 '교마치야京町家'라고 부른다.

마치야는 헤이안 시대 중기부터 발전하기 시작해 에도 시대 중기에 이르러 오늘날 우리가 교토에서 보는 그 형태로 자리 잡았다. 단층집 '히라야平家'에서부터 3층짜리 '산카이다테三階建'까지 없는 게 없다. 뭐니 뭐니 해도 가장 대표적인 건 역시 위아래 복층 건물인 '쓰시니카이厨子二階'다. 외관은 '베니가라고시紅殻格子', '무시코마도蟲籠窓', 개나 고양이가 자유롭게 드나들 수 있는 '이누야라이犬矢來'로 되어 있는데 하나같이 눈에 띄는 형태지만 서로 튀지 않고 조화를 이룬다. 장사하는 사람들은 가게가 필요하기 때문에 길가 쪽 상가 전면은 폭이 넓지 않다(에도 시대 초기에는 가게 문 너비를 기준으로 세금을 부과해서 상가 전면이 좁을수록 세금을 적게 냈다고 이유를 설명하는 사람도 있다). ㄱ 대신 안으로 깊숙하게 들어가 있는데 그래서인지 사람들은 집이 장어의 침실처럼 생겼다고 말하기도 했다. 많은 가게 입구에는 당대부터 전해 내려오는 기와로 만든 종규상鍾馗像이 지금도 여전히 남아 있다.

'베니가라고시'는 방부·방충을 위해 특수 도료를 칠한 나무창을 말하는데 저 멀리 인도 남부의 뱅갈루루에서 그해에 공수해 온다. 시간이 지나면서 베니가라고시 특유의 암홍색이 방문객에게 교토 하면 떠올리는 이미지가 되었다. 이 암홍색의 창살은 평평한 것도 있고 튀어나온 것도 있는데 형태에 따라 '오야코고시親子格子', '고모치고시子持格子', '렌지코시連子格子', '기리코고시切子格子', '이타코고시板子格子', '사사메코시細目格子', '메이타코시目板格子'로 세분화할 수 있다. 가게별로 직업에 따라 창살이 또 세분된다. 예를 들면 쌀을 파는 '고메야고시米屋格子', 술을 파는 '사카야고시酒屋格子', 국수를 파는 '후야고시麸屋格子', 염색을 하는 '소메야고시染屋格子', 땔감을 파는 '스미야고시炭屋格子', 실을 파는 '이토야고시絲屋格子', '식칼을 파는 사카이야고시堺屋格子', 아예 가정집으로 개조해서 장사를 하지 않는 '시모타야고시仕舞屋格子' 등이 있다. 거리를 한 바퀴 걸으면 어느 집에서 예전에 무엇을 팔았는지 한눈에 알 수 있어서 그 재미에 시간 가는 줄 모르고 구경하게 된다.

현재 교토 시 정부에서 정식으로 정의내린 마치야는 '1950년 이전에 목조 건축 구조로 지은 전통가옥'이다. 교토 시내에서는 가미교上京구, 나카교中京구, 시모교下京구, 히가시야마東山구 네 지역을 모두 합해서 약 2만 8,000채가 마치야로 인정받았고 시내 외곽에 아직 인정받지 못한 건물까지 합치면 5만 채 정도가 있는 것으로 추정된다.

이렇게 많은 개인 목조 주택을 유지하기란 매우 어렵다. 특히 기성세대가 점차 쇠락한 뒤로 외지에 가서 일하다 보면 젊은 신세대들은 가업을 잇기 위해 다시 돌아오지 않는 경우가 허다했다. 가게를 이어받는다고 해서 화재 위험이 큰 낡은 목조집을 꼭 좋아하는 것도 아니었다. 설사 좋아한다 해도 지난 10년간 계속된 경기 침체 여파로 보수하고 유지할 여력이 없는 경우가 대부분이었다. 그러다 보니 원래는 예술 걸작에 가까웠으나 점차 황폐해지는 오래된 집들이 늘어났다. 손질하지 않은 거목이 목조 가옥의 기초를 뒤집어서 화재, 지진을 겪고 난 뒤에도 오랜 시간 동안 수리하지 않는 경우도 있었다. 매년 교토에서 이런 식으로 사라지는 집이 1,000채 정도 되는 것으로 예상된다.

이렇게 감상에 젖어 있을 즈음 일본에서 반평생을 지내온 미국인 알렉스 커를 소개받아서 정말 기뻤다. 마치야가 사라져가는 걸 차마 볼 수 없었던 그는 투자자를 찾아 오래된 주택을 인수했다. 그리고 그 주택을 세련된 홈스테이 민박집으로 개조해서 손님들에게 하루 단위로 독립된 집 한 채를 빌려주었다. 홈페이지 교토마치야닷컴(kyoto-machiya.com)도 개설해서 관심 있는 손님들이 직접 홈페이지를 통해 마음에 드는 집을 예약할 수 있었다. 불과 몇 년 만에 각기 다른 특색을 지닌 마치야 10채를 성공적으로 통합했다. 하룻밤에 2만 7,000엔으로 두 사람이 묵을 수 있는 가장 저렴한 '이시후도노초石不動之町'부터 하루에 15만 엔으로 최대 10명이 묵을 수 있는 '스지야초筋屋町'까지 두루 갖췄다. 손님들은 자기 시간에 맞춰 짧게는 반나절이나 하루, 길게는 이틀에서 사흘까지 숙박 기간을 선택할 수 있다. 노게키能劇부터 쇼도書道, 교겐狂言, 부도武道, 사도茶道, 산젠參禪, 가도花道, 도게陶藝, 규도弓道, 니혼부요日本舞踊, 사이시테키신지祭祀的神事, 아이키도合氣道에 이르기까지 장기적인 전통문화 커리큘럼도 다양하게 준비되어 있다. 숙박비가 싸진 않지만 투숙객이 꽤 많아 성업 중이며 꼭 돈 있는 사람만 예약할 수 있는 것도 아니다. 시작은 철거될 운명에 처한 오래된 건물을 보호하기 위해서였다. 하지만 한 개인의 이런 노력이 상업적인 시스템을 통해 고풍스러운 교토의 정취에 매료돼 세계 각지에서 온 외국인들을 스러져가는 지역 사회로 이끌었고 새로운 활력을 불어넣었다. 정부와 NGO가 못 한 일을 한 사람이 해낸 것이다.

교토는 그 자체만으로도 강력한 문화적 영향력이 있어서 성공할 수밖에 없다고 말하는 사람이 있을지도 모른다. 나는 중국의 오래된 주택도 충분히 개발할 가치가 있다고 생각한다. 원저우 시의 부동산 투기꾼도 필요 없고 홈인Home Inn, 시트립Ctrip, 168처럼 호텔 프랜차이즈 기업에 맡길 필요도 없다. 옛것을 소중히 여기는 마음과 전통을 지키며 가게를 운영하겠다는 교토인과 같은 열의만 있다면 반드시 중국의 마치야로 만들 수 있을 것이다. 얼마 전 샤먼을 다녀온 한 친구가 선박 형태의 오래된 별장 겸 홍차 카페인 모닝콜Morning call에 대해 입에 침이 마르도록 칭찬을 했다. 50년 전 집주인은 경사진 지역적 특성을 살려서 선형船形으로 집을 지었다. 정원부터 발코니, 지붕까지 전부 갑판에 있는 것처럼 꾸몄다. 그러고 나서 50년 후 이 꿈의 배는 다시 출항했고 새로운 주인이 꿈꾸던 생활 방식을 실현하는 무대가 되었다. 오래된 별장 1층에는 홍차 카페가 있는데 미래적인 분위기를 강하게 풍겼다. 타이완의 미식가 예이란葉怡蘭의 음식 잡화점 페코에PEKOE, 유럽과 현지에서 온 골동품 가게, 옛날식으로 재탄생한 주전부리도 있었다. 그중에서도 가장 가슴 떨리게 하는 건 옆 뜰에 위치한 작은 목공 방이었다. 2층에는 워크숍WORK SHOP, 와이스타WHY STAR 등 창의적인 디자이너들의 작업실을 비롯해 문화계에서 알려진 지 오래된 리퍼블리시 플랜re+PUBLISH PLAN이 자리했다. 3층에서는 미래에 대한 기대를 엿볼 수 있었다. '1000커휴'라는 이름의 프로젝트가 진행 중이었는데, 여기가 이제 방이 두 개뿐인 호텔로 바뀐다고 한다.

이 외에도 구랑위鼓浪嶼에 있는 '46HOWTEL 부티크 라이프스타일 호텔'(46howtel.com)은 알렉스 커의 교마치야와 가장 비슷하게 될 가능성이 있다. 이 소형 호텔에는 방이 17개밖에 없는데 면적, 경치, 시설에 따라 각기 다른 네댓 가지 스타일로 방을 꾸며놓았다. 각 스타일마다 방이 또 다르다. 작은 차이가 가져오는 소소한 재미가 바로 이 호텔 디자인에서 특히 심혈을 기울인 부분이다. 큰 마당, 거목, 저택은 46HOWTEL에 들어올 때 받는 첫인상이다. 46HOWTEL은 1903년에 설립된 구랑위 전등 회사의 영업부가 있던 곳에 자리하고 있는데 현지에서는 상당히 유명한 공공 건축물

중 하나다. 100여 년이 흘러 리모델링을 거쳐 지금의 46HOWTEL이 되었다. 호텔 입구에는 벽을 뚫고 나온 용수나무가 있는데 잎이 무성해서 방금 전까지 번화가 룽터우루龍頭路에 있다 와서 정신이 없는 사람도 이 나무를 보는 순간 마음이 고요해진다. 3층짜리 회색 건물 벽면과 온백색의 커튼은 대담하면서도 차분해 보인다. 대문을 들어가면 보이는 현관식 복도는 소란스러운 정원 바깥쪽과 고요하고 우아한 정원 안쪽을 연결하는 관문 역할을 한다. 마치 시끄러운 걸 완전히 내려놓아야만 정식으로 호텔 정원에 들어올 수 있게 하는 것처럼 말이다. 교마치야와 비교했을 때 가격대는 하룻밤에 300~1,000위안 정도로 훨씬 저렴한 편이다.

교토의 마치야와 샤먼의 구랑위에서 볼 수 있듯이 시대가 발전하면서 우리는 문화와 시간의 경계를 뛰어넘는다. 장밋빛 미래를 꿈꾸기도 하고 과거의 아름다운 모습을 어떻게 하면 자유롭고 진지하게 미래의 청사진에 투영할 수 있는지를 배우기도 한다. 또한 자연계의 생물 다양성만 추구할 게 아니라 건축과 생활 속 미적 감각 역시 다양해질 필요가 있으며, 옳고 그름을 따질 필요는 없다는 걸 깨닫는다. 옛것과 새로운 것이 각자 갖고 있는 아름다움을 충분히 보여줄 수 있다면 미래의 생활 공간에서도 적절하게 활용될 여지가 분명히 있을 것이다.

Q&A에서
배우다

어느 특별한 사람의 인생을 슬라이스로 잘라 현미경으로 들여다보면
활력이 넘치는 세포들이 보이는데,
이를 통해 인생의 많은 교훈을 얻을 수 있다.

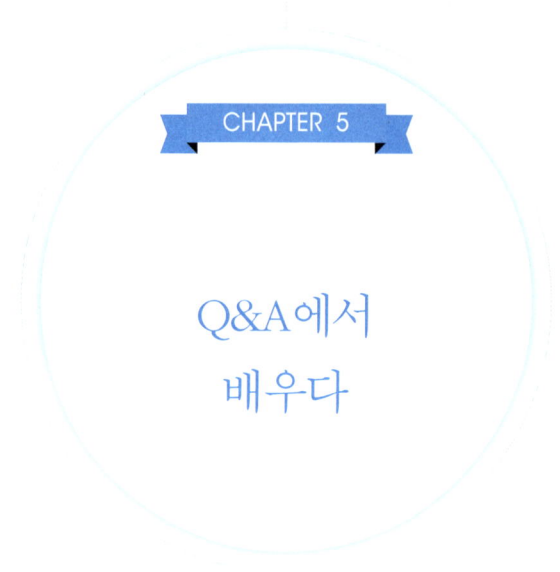

CHAPTER 5

Q&A에서
배우다

어느 특별한 사람의 인생을 슬라이스로 잘라 현미경으로 들여다보면
활력이 넘치는 세포들이 보이는데,
이를 통해 인생의 많은 교훈을 얻을 수 있다.

시험에 안 나오니까 공부하지 말라는 건 무슨 논리?

타이완 남자로서 종종 부끄러워 고개를 못 들 때가 있다. 대부분의 타이완 남자들은 학교 문을 나서면 거의 책을 읽지 않기 때문이다.

물론 몇몇 사람이 책을 안 읽는다고 모두가 그렇다는 식의 일반화를 해서는 안 될 것이다. 하지만 억지로 양서 한 권을 사서 침대 머리맡에 두고는 1년 내내 10여 쪽도 읽지 않는 사람이 남녀 불문하고 꽤 많은 건 사실이다.

가장 견디기 힘든 부류는 주식 투자 필승 가이드, 자동차 도감, 수영복 차림의 미녀 화보집, 온라인 마케팅 고수 되는 법 등도 책이라며 '나도 책 읽어' 하고 박박 우겨대는 사람들이다. '정보는 지식과 다르다'는 논리를 갖다대며 독서의 즐거움을 모르는 사람들은 정말 이해할 수가 없다.

나는 타이베이 시 쉬저우루徐州路에 있는 '미아우벨루스 카페MEOWVELOUS CAFE'에서 식사하는 걸 좋아한다. 이곳에서 일하는 요리사들이 전부 생각이 제대로 박혀 있고 이상과 상업 수완 사이에서 균형점을 찾을 수 있는 젊은이들이라는 점 때문인데, 그 외에도 다른 중요한 이유가 있다. 바로 책장에 항상 어류 도감 몇 권이 꽂혀 있기 때문이다. 그날 갓 잡은 생선이 들어오면 식당 종업원부터 요리사까지 그 물고기의 모든 특성과 추천 요리법에 대해 자세히 읽는다. 그래서 손님들은 '오늘 생선이 참 신선하다'라는 것 외에도 풍부한 지식을 쌓으며, 먹는 즐거움과 함께 '새로운 지식'을 얻는 즐거움까지 맛볼 수 있다. 나는 도감을 들춰 보며 비교하면서 음식을 먹곤 했다.

몇 년 전 룽잉타이龍應臺 작가는 청궁成功 대학교 의과 대학 졸업식 축사에서 "제도적 차원에서의 배움이 끝난 것이지 스스로 하는 공부는 이제부터 시작"이라며 졸업은 배움의 끝이 아니라고 강조했다. 실제로 나는 시험을 볼 필요가 없어진 다음부터 공부에 재미를 느끼기 시작했고 지금도 공부가 재미있다. 학기 중에 타이완에 가게 되면 일요일마다 타이완 대학교에 가시 후배들과 독서회 모임을 가졌다. 세상에 대한 호기심과 배움을 향한 열정이 어느새 나의 '제2의 본능'이 되어버렸기 때문이다.

신문에서 본 한 설문 조사에서는 타이완인 중 80퍼센트가 독서를 중요하게 생각하지만 책을 읽지 않는 타이완인이 450만 명에 달하는 것으로 나타났다. 평균 주당 독서 시간은 2.72시간으로, 매일 평균 23분 정도만 시간을 할애해서 책을 읽는다고 한다. 또 같은 기사에서는 젊은이들이 우상으로 여기는 TSMC 회장 장중머우張忠謀가 하루에 5시간씩 책을 읽는다고 언급됐다. '5시간'과 '23분'은 어쩌면 평범한 사람과 기업가의 차이인지도 모른다. 이 숫자는 최소 3년도 더 됐을 때 나온 수치라 아마 지금 젊은이들은 시험 볼 필요도 없고 실용적이지도 않은 책을 읽는 데 23분도 채 쓰지 않을 게 뻔하다.

가을 개강 후 처음 맞는 주말에 나는 미국 보스턴 웰즐리 대학Wellesley College 교수인 친구 엘킨스와 같이 밥을 먹었다. 올해 신입생 수준이 어떤지 물었더니 20여 년간 이 명문 여자대학에서 학생들을 가르쳐온 교수 친구가 탄식하며 말했다.

"요즘 애들, 어찌나 아는 게 없던지 깜짝 놀랐다니까!"

이제 막 대학에 입학한 청년들은 대체로 철들고부터 쭉 인터넷을 쓰면서 살아왔기 때문에 이치대로라면 다른 어떤 세대보다 더 많이 알아야 되는 게 당연했다. 그런데 현실은 웰즐리 대학을 다닌 다른 어떤 시대의 학생보다 아는 게 적었다.

"내 말 오해하면 안 되는 게, 애들이 호기심도 많고 배움에 대한 열정도 남달라. 단지 어려서부터 책 한 권을 처음부터 끝까지 다 안 읽어본 것뿐이야. 그래서 다양한 주제에 대해 한두 마디 정도는 얘기할 수 있어도 그 이상은 모르는 거지."

엘킨스가 말했다.

"그래서 학생들이 이번 학기에 읽을 책이 여섯 권이라는 걸 알고 상당히 곤혹스러운 표정을 지었나 봐."

한두 마디라니, 딱 트위터나 페이스북에 올리는 짤막한 글 정도의 길이다.

"어렸을 때부터 책을 읽어봐서 알지만, 모든 페이지를 같은 시간을 들여서 읽을 필요는 없잖아. 천천히 곱씹어볼 만한 부분도 있고 빠르게 한번 쓱

훑고 지나가도 되는 부분도 있으니까. 근데 요즘 같은 인터넷 세대에서 자란 신입생은 책 읽는 속도를 어떻게 조절해야 하는지 잘 모르는 거 같아."

타이완 출판계의 거물인 하오밍이郝明義는《월독자越讀者》에서 '읽기'가 주는 즐거움과 기회를 누리기 위해서 '인터넷'과 '책'을 어떻게 활용해야 하는지 모르는 사람들을 가리켜 '제3의 문맹'이라고 불렀다. 그는 글을 알고 인터넷을 할 줄 안다고 해서 혹은 대학교에서 공부를 했다고 해서 책을 안 읽어도 된다는 생각은 버려야 한다고 우리에게 일깨워준다. 교양 있는 사람일수록 자신이 읽고 있는 게 지혜의 결정체인지 쓸데없는 것인지 더 신경을 써야 하기 때문이다. 그런데 우리는 휴대폰으로 인터넷을 하는 데 익숙해졌다. 그리고 페이스북 친구가 회사 사무실이 있는 층 화장실 변기에 팀장의 것으로 추정되는 대변의 흔적이 있다고 불평하는 글을 보는 것과, 몬산토(미국의 다국적 생화학 제조업체)의 유전자 변형 종자가 전 세계 농업의 미래를 바꿀지 이해하는 데 같은 시간과 정력을 쏟는다. 중요한 정보와 그렇지 않은 정보가 한데 뒤섞여 있기 때문에 이렇게 가다가는 실용적이지도 않고 시험 볼 필요도 없는 이삼백 쪽 두께의 양서 한 권을 다시 손에 들고 처음부터 끝까지 완독하는 일마저 어렵고 힘들어질 판이다.

내가 학창 시절부터 백팩을 메고 여러 곳을 여행할 수 있었던 원동력은 세상에 대한 왕성한 호기심이었다. 책을 읽는 것에도 나는 똑같이 호기심이 넘친다. 유용한 책만 읽는 건 좋아하는 곳만 여행하는 것과 같다. 세상은 점점 좁아지고 있다. 책 읽는 데 드는 비용은 여행하는 데 드는 비용보다 훨씬 저렴하다. 그렇기 때문에 욕심을 부려 지식의 폭을 무한대로 넓혀도 되고 유용하거나 쓸데없어 보이는 것까지 다양한 지식을 얻어도 무방하다.

여행하면서 내게 가장 큰 기쁨과 깨달음을 준 지역이 원래는 내가 여행가고 싶지 않았던 곳이라는 걸 알게 된 것처럼, 책 읽기 여행에서도 재미는 있지만 쓸데는 없는 지식이 읽고 나서 다른 것을 이해하는 데 도움을 준다는 걸 알게 되었다. 그러한 지식은 전혀 다른 각도에서 전공을 바라보게 하고, 나를 전문 분야라는 구속에서 해방시켜줬을 뿐 아니라, 잊고 있었던 지식을 되살려냄으로써 사고의 폭을 넓혀주었다.

화가가 1년간 그림을 그리지 않고, 피아니스트가 1년간 피아노를 치지 않으며, 타이거우즈가 1년간 골프를 치지 않는다면 수년을 연습해야 겨우 예전 수준으로 회복할 수 있다. 1년간 책을 읽지 않는 사람은 제3의 문맹이 되는 길로 내달리는 것이다. 몇 년을 들일 필요도 없이 그길로 완전히 읽기 능력을 상실하고 하루 종일 TV 앞에 앉아서 리모컨을 들고 채널만 돌려대는 쓸모없는 늙은이로 전락하고 말 것이다.

빈민촌이 가르쳐준 도시 읽는 법

나를 꽤 오랫동안 봐온 친구들은 내가 2년에 한 번씩 브라질 리우데자네이루의 카니발에 참가한다는 걸 안다. 브라질로 여행 가본 적이 없는 사람은 믿기 힘들 수도 있다. 2010년 말 브라질 정부는 '리오 톱 투어: 색다른 관점으로 보는 리우데자네이루Rio Top Tour: Rio de Janeiro in a Different Perspective' 라는 대외 관광 홍보 활동을 하면서 각국 관광객에게 다음번에 리우데자네이루를 방문할 때는 카니발 말고도 빈민촌(파벨라) 1일 투어도 기억해달라고 요청했다.

5,000여 명이 살고 있는 산타마르타는 리우데자네이루에서 최초로 정식 관광 명소가 된 빈민촌이다. 과거에는 마약과 범죄 때문에 많은 사람이 기

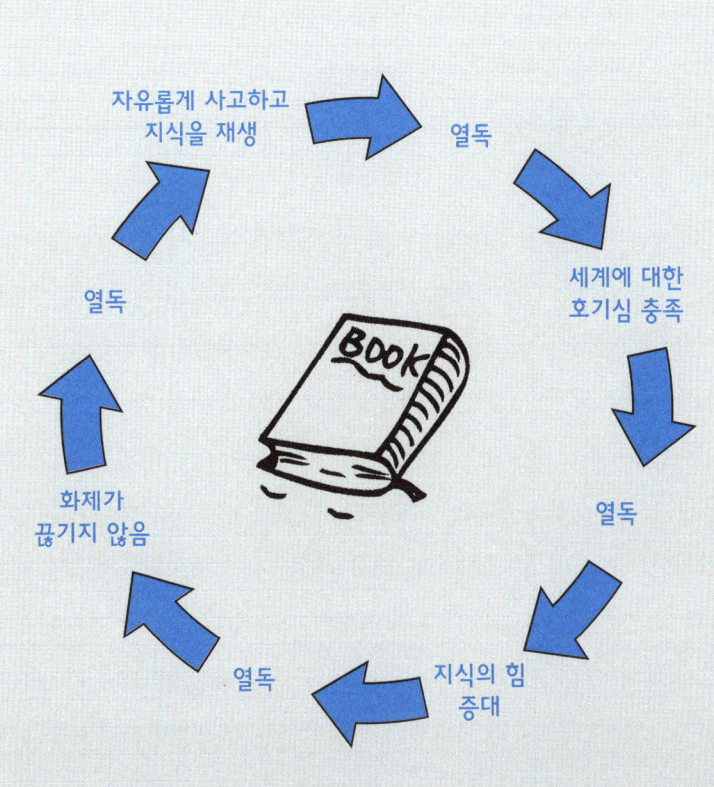

자유롭게 사고하고
지식을 재생

열독

세계에 대한
호기심 충족

열독

지식의 힘
증대

열독

화제가
끊기지 않음

열독

그러한 지식은 전혀 다른 각도에서 전공을 바라보게 하고,
나를 전문 분야라는 구속에서 해방시켜줬을 뿐 아니라,
잊고 있었던 지식을 되살려냄으로써 사고의 폭을 넓혀주었다.

피하던 곳이었지만 지금은 민속 음악과 예술의 발원지로 여겨진다. 빈민촌의 여행 가이드는 그 지역 빈민촌 출신의 현지인이다. 외국 관광객의 편의를 위해서 영어 간판을 세웠고, 마이클 잭슨이 뮤직비디오를 찍은 곳이 어디인지, 심바 학교는 어디에 있고 예술가의 공방은 어디인지, 심지어 현지 젊은 남녀가 연애할 때 가장 아름다운 야경을 보러 가는 곳이 어디인지 관광객이 알 수 있게끔 상세하게 설명해놓았다. 만약 이 홍보 활동이 성공한다면 브라질의 다른 빈민촌에서도 벤치마킹할 가능성이 있다.

정부가 빈민촌을 관광지화한 것을 두고 찬반이 엇갈렸다. 상당수 언론에서는 관광이 아니라 '엽기'라고 평가했다. 심지어 푸어리즘Poorism이라고 혹평하는 사람도 있었다. 많은 사람이 모르고 있지만 사실 정부가 정식으로 빈민촌을 관광지로 홍보하기 전에 민간 여행사에서 이미 암암리에 '파벨라 투어'라는 여행 상품을 판매한 지 적어도 15년은 된다. 관광객은 철제 난간을 설치한 지프차나 허머hummer를 타고 리우데자네이루 최대 빈민촌 골목 골목을 도는데 그야말로 도시 밀림 여행이 따로 없다. 빈민촌 여행은 빈민촌 그 자체와 마찬가지로 못 본 척 눈감아준다고 자연스럽게 사라지는 게 아니다. 그럴 바엔 차라리 브라질의 카니발처럼 각 빈민촌마다 매년 삼바 학교를 한 곳씩 퍼레이드 경연에 참가시키는 건 어떨까? 빈민촌 출신의 남녀가 단 며칠만이라도 무대의 중심에 서서 사람들의 주목을 받고 자신의 목소리를 낼 수 있도록 하는 게 굉장히 중요하다. 빈민촌의 젊은이들에게 1년에 한 번 도전해볼 만한 목표가 생기면 자연히 갱단이나 마약에 빠져 쉽게 피폐해지지 않는다. 2년마다 한 번씩 돈을 내고 직접 카니발에 참여하는 건 사람들에게 빈민촌의 존재를 알리기 위한 나의 작은 실천인 셈이다.

브라질을 따라서 인도 뭄바이의 빈민촌 다라비도 비슷한 프로그램을 선보였는데 점점 더 많은 사람들의 호응을 얻고 있다. 냉정하게 말해서 한 번도 빈민촌의 실태를 경험해보지 못한 중산층이 직접 빈민촌을 한 바퀴 돌아보게 만든다면 그 결과가 꼭 나쁘지만은 않을 것이다. 수많은 브라질인이나 인도인에게는 평생 자기 나라의 절대다수 극빈층의 삶을 한 번도 접해볼 기회가 없었다. 처음에는 충격적이고 적나라하게 느껴질지도 모른다. 하지만 각 분야에서 일하는 상인, 컴퓨터 프로그래머, 토목 기사 들은 이런 경험을 통해 앞으로 비즈니스 설계 시 빈민촌의 소비 형태를 고려할 수도 있으니 나쁜 일이 아닐지도 모른다. 예를 들면 아프리카 케냐의 나이로비 상인은 빈민촌의 구매력이 낮은 소비자들을 위해 용량이 매우 작은 상품을 만들었다. 세탁 세제부터 조미료까지 전부 한 사람이 딱 한 번 사용할수 있을 정도의 양이다. 가격은 싸지만 모든 사람이 사서 쓸 수 있는 건 아니었다. 결과적으로 대기업은 부유층 고객을 대상으로 제품을 설계한 탓에 판매 부진으로 파산 위기를 맞았지만 오로지 빈민촌의 소비 형태에 맞게 생산한 업체는 실로 엄청난 이익을 거뒀다. 빈민촌에 가서 직접 눈으로 보지 않았다면 어떻게 잊힌 그곳 소비자의 수요를 고려해 비즈니스 기회를 얻을 수 있었겠는가?

내가 NGO에서 일하기로 마음먹은 것도 대학교 재학 시절 배낭여행을 가서 본 수많은 거지 때문이었다. 그들에게 뭘 줘도 문제였고 안 줘도 문제였다. 주면 얼마큼 줘야하는지, 안 줄 경우 어떻게 양심을 마주해야 하는지 몰랐다. 그래서 '거지를 만나면 어떻게 해야 하는가?'라는 질문에 대한 답을 찾기 위해 여정을 떠났고 이후 NGO 단체를 통해서 자신의 생활 형편을 바꾸고 싶어 하는 취약 계층을 돕기로 결심했다. 이 답을 얻고 그 뒤로 거지를 만났을 때 나는 더 이상 내적 갈등을 겪거나 허둥지둥 대지 않았다. 태국 방콕에서 지낼 때 집 옆에 바로 빈민촌이 있었다. 후에 두 차례에 걸친 화마로 빈민촌이 불타 없어지기 전까지 나는 몇몇 친구와 함께 빈민촌의 아이들이 방과 후 안전하고 좋은 환경에서 시간을 보낼 수 있도록 빈민촌에 도서관을 설립하는 일을 도왔다.

다른 시선으로 보는 법을 배우다

일본의 이시이 고타 기자는 일본 국내 대학에서 〈리얼한 세계 빈곤학 수업〉을 꾸준히 강의해오고 있다. 그 수업도 그가 대학교 1학년 때 품은 '아무도 가지 않은 나라로 여행 가자!'라는 단순한 호기심에서 시작됐다. 아무 이유 없이 파키스탄으로 간 기자는 버스를 타고 아프가니스탄으로 향하는 길에 비참한 현지 상황을 목격했다. 장장 20여 년간 이어진 내전으로 전 세계에서 버림받은 난민들의 천막이 사막에 가득했고 거지들은 도로에 넘쳐났다. 사람들의 머리는 헝클어져 있었고 얼굴은 꼬질꼬질했다. 손발과 두 눈을 잃었고 상처에서 피가 멈추지 않는데도 거지들은 끊임없이 호소했다.

"한 푼만 주세요."

빈곤의 참상을 처음 목격했던 이시이 기자는 큰 충격을 받았다. '그들은 왜 구걸하는가? 왜 그들은 불편한 몸을 드러내면서까지 거리에서 생활하는가?' 이런 질문에 답하기 위해 이시이 고타는 기자가 되었다. 대학교 때 이미 수십여 개 국가를 돌며 현지인과 생활하면서 취재를 했다. 25세 때 아시아 각지를 돌며 장애인과 거지를 취재해서 쓴 《구걸하는 부처乞討的佛陀》는 일본에 엄청난 반향을 일으켰다. 그 이후로 이시이 기자는 해외 빈곤 지역을 주로 취재하며 책을 저술하거나 잡지에 칼럼을 연재하고 NHK 방송국에서 보도 프로그램을 제작했다. 노숙자의 성생활을 밀착취재하기도 하고 장애인의 수입에 주목하거나 매춘부 가정을 취재할 때도 있었다. 그곳엔 과거 일본에서 한 번도 보도된 적 없었던 중요한 현실이 많이 있었다. 이 일들이 있고 나서 빈곤에 대한 사람들의 인상과 세계관은 180도 바뀌었다.

뉴스를 취재하는 이시이 고타, NGO에서 일하는 나, 고통받는 사람들의 삶 속으로 걸어 들어간 여행자가 직접 겪은 이러한 경험은 빈민촌 여행이 단지 가난한 사람들을 소비하는 것으로만 볼 수 없다는 것을 증명한다. 과거에 사람들은 빈곤 문제를 그저 '비참한' 쪽으로만 생각했다. 하지만 만약 다양한 각도에서 사물을 바라보고 과거에 누구도 전하지 않았던 세상의 현실을 있는 그대로 받아들일 수 있다면 빈민촌 여행을 꼭 나쁘게만 볼 일은 아니다.

아예 처음부터 한몫 단단히 챙기려고 빈민촌 1일 여행 상품을 만든 여행사를 나도 만난 적이 있다. 그런데 이 여행사들도 지역 사회와 깊게 소통하면서 프로그램을 좀 더 신경 써서 준비하기 시작했다. 관광지를 구경하는 것 말고도 마실 수 있는 깨끗한 물을 제공하거나 현장에서 음식을 만들어 빈민에게 나눠 주는 자원봉사 활동도 관광 코스에 포함됐다. 빈민촌에 사는 사람들도 간단한 훈련을 받고 현지에서 필요한 것을 조달하는 법을 배웠다. 병뚜껑, 알루미늄 캔, 비닐봉지, 심지어 나뭇잎까지 돈이 들지 않는 폐기물을 사용해 기념품을 만들어 관광객에게 파는 소자본 창업가들이 생겨났다. 수입의 일부를 빈민촌에 지역 센터를 세우거나 운영하는 비용으로 기부하는 여행사도 있었다.

브라질 연방 정부가 독려하는 빈민촌 여행이든 이시이 고타 기자의 '빈곤학' 교재든 다 괜찮은 방안이긴 해도 정식 발전 계획을 대신할 수는 없다. 그러나 빈민촌 여행이 제대로 추진되고 관광객이 사람 대 사람으로 동등한 위치에서 빈민을 존중하며 친절한 관찰자로서의 역할을 충실히 해낸다면 빈민촌 여행도 발전에 큰 보탬이 될 것이다. 만약 빈민촌에 사는 가이드가 관광객을 장갑차의 방탄유리 뒤에 숨어서 죽어라 카메라 셔터만 눌러대다 떠나게 만들지 않고 관광객을 자기 집에 데리고 가서 가족, 이웃 들과 자연스럽게 만나고 어울리게 할 수 있다면 어떨까? 어쩌면 평생 외부 세계를 접할 기회가 없는 빈민촌 구성원에게는 좀 더 입체적으로 세계를 이해할 수 있는 기회가 될 테고, 아이들에게는 더 큰 꿈을 꾸고 미래에 더 훌륭한 사람이 되겠다고 결심하는 계기가 될 수 있다.

그래도 이해할 수 없다면 노점상과 5성급 호텔을 예로 들어보겠다! TV에 자주 등장하는 유명 셰프 애드리안 볼드윈Adrian Baldwin은 여행 잡지《버짓 트래블Budget Travel》과의 특별인터뷰에서 "노점상은 도시 전체를 먹여 살리는 효자 노릇을 하기 때문에 음식이 늘 신선하고 깨끗하다. 아마 5성급 호텔 뷔페를 먹고 배탈이 날 확률이 더 높을 것이다!Streetstalls are in business of feeding their neighbors. You're far more likely to be poisoned by a big hotel chain buffet"라고 말했다.

이 말은 이시이 고타 기자가 말한 것과 비슷하다.

"……빈민촌은 절대로 무서운 곳이 아니라는 걸 강조하고 싶어요. 빈민촌 주민의 90퍼센트는 정당한 일을 하고 정의감도 넘치며 떳떳하고 정직하게 살아갑니다. 우리처럼 운동도 하고 공부도 하면서요."

우리는 카이로에서 피라미드만 볼 게 아니라 '죽은 자들의 도시(네크로폴리스)'에 가서 아직 식지도 않은 시신에서 벗겨낸 옷과 손목시계를 파는 모습도 봐야 한다. 방콕의 휘황찬란한 황궁만 볼 게 아니라 화재가 난 빈민촌에서 매달 50바트를 내고 빌려오는 스프링 매트리스와 선풍기를 서로 차지하겠다고 매달리는 주민의 모습도 봐야 한다. 할리우드 영화뿐만 아니라 쓰레기 산에서 짐승 같은 삶을 살아가던 '카타도르(쓰레기 더미에서 재활용 쓰레기를 주워 생계를 유지하는 사람들 - 옮긴이)'의 삶이 캐나다로 이민 간 브라질 출신

예술가 빅 무니즈Vik Muniz의 설치예술 프로젝트에 참여하면서 크게 변화하는 모습을 그린 다큐멘터리 영화 〈웨이스트 랜드Waste Land〉도 봐야 한다. 방글라데시에서 자연재해와 인재가 끊이지 않는다는 뉴스를 보는 것 말고도 여자 거지 두 명이 1964년부터 다른 거지들을 독려해 1인당 각자 구걸해 온 쌀을 한 줌씩 모아서 다 같이 어려움에 처했을 때 구제금으로 사용하자고 했던 것이 지금의 전국 최대 규모의 NGO단체 TMSSThengamara Mahila Sabuj Sangha의 시초가 되었다는 걸 잊지 말아야 한다.

절대 빈곤의 참상을 마주하는 것은 충격 요법을 통한 교육이라고 할 수 있다. 보는 사람을 불편하게 만들지만 사람을 존중하는 태도로 빈곤을 대할 수 있게 만들어주는 멋진 계기가 된다. 우리가 알고 있던 세상도 이로 인해 보다 진실하고 입체적으로 변할 것이다. 나는 이런 지식여행을 가리켜 독서의 연장이라고 부른다.

Q&A에서 배우다

읽기는 책에만 국한되는 것이 아니다. 지식과 정보를 구분하는 건 종이나 컴퓨터라는 전달 매체도 아니고 서적이나 잡지라는 형식도 아닌, 바로 내용의 깊이다. 깊이 있는 독서의 좋은 점 중의 하나는 다른 사람 인생의 심오한 부분을 배울 수 있다는 것이다. 유명 인사들의 두꺼운 자서전 한 권을 차분한 마음으로 읽지 못하는 나를 발견할 때가 있다. 그런데 국내외 잡지에서 내가 흥미롭게 여기는 사람들의 Q&A 코너를 볼 때 기자의 질문이 훌륭하면 나도 읽기의 감동을 절절하게 느낄 수 있다. 마치 어느 특별한 사람의 인생을 슬라이스로 잘라 현미경으로 들여다보면 활력이 넘치는 세포들이 보이는데, 이를 통해 인생의 많은 교훈을 얻을 수 있듯이 말이다.

몇 년 전 첼리스트 요요마馬友友가《지큐》의 Q&A 코너에서 감동적인 '실크로드 프로젝트Not-For-Profit Silk Road Project'에 대해 얘기했던 기억이 난다. 또《버짓 트래블》에서 내가 한 번도 들어본 적 없는 컴퓨터학과 교수 마이클 슈나이더G. Michael Schneider가 교사인 아내와 어떻게 여름방학을 이용해 단기로 일할 수 있었는지 인터뷰한 기사를 봤다. 부부는 네팔, 몽고, 케냐, 짐바브웨, 터키처럼 생각지도 못한 곳에 가서 돈 한 푼 들이지 않고 굉장히 재미있는 일을 했다. 특히나 흥미로웠던 것은 부탄 왕국에 초빙돼 골프장을 설계하는 전문가 한 사람과 함께 부탄 최초의 18홀 골프장을 설계한 이야기였다.

나도 가끔은 잡지의 Q&A에서 답하는 역할을 맡을 때가 있다. 나는 질문도 훌륭하고 대답도 성실하게 잘한 Q&A 기사를 읽었을 때 느꼈던 읽기의 재미를 기억한다. 나 스스로도 인생에서 가장 재미있는 요소를 일문일답에 녹여낼 수 있기를 바란다.

아름다운 신세계를 발견하다

1986년 프랑스의 한 탐험가가 필리핀 중부 서민도로Occidental Mindoro 주 서해안의 판단Pandan 섬을 '발견'한 이후로 이곳은 다이버의 천국이 되었다. 지금도 여전히 섬에서는 프랑스 요리를 제공한다. 지도에서 판단 섬의 위치를 보면 이 섬은 필리핀 수도 마닐라와 굉장히 가깝다. 더군다나 필리핀의 인구가 그렇게나 많은데, 어떻게 현대에 와서 마치 14세기 탐험가가 신

대륙을 발견한 것처럼 유럽 탐험가가 완전히 새로운 섬을 '발견'했다고 주장할 수 있는가? 여기서 말하는 '발견'은 이름도 모르는 이 프랑스 탐험가 본인이나 동양에 대해 무지로 가득 찬 서방 세계 입장에서 표현한 단어임이 분명하다.

나는 이 이야기로 늘 스스로를 일깨운다. 여행에 대한 열정만으로는 완전히 새로운 세계를 발견할 수 없다. 세계는 항상 그 자리에 있는데 나 혼자만 모르고 있을 뿐이다. 하지만 여행을 통해서 나는 완전히 새로운 나 자신을 '발견'할 수 있다. 나는 내가 배운 것과 알고 있는 것들을 내려놓고 백지 상태로 나가 세상이 그림을 그리는 도화지가 된다. 나는 지구와 지구 상의 생명체를 다시 배우기 위해 온몸으로 부딪쳐야 하는 것이다.

여행이 세상을 알게 해주었다면 NGO 일은 대중의 눈에 비치는 엘리트 지식인의 모습에서 벗어나 자연을 벗 삼아 농사일을 하며 살고 싶다는 내 마음의 소리에 귀 기울이게 해주었다. 나는 어려서부터 꿈이 농부였다. 하지만 교육을 중시하는 타이완에서 태어난 나는 어쩔 수 없이 자신의 인생에 의욕이 없는 지식인의 길을 가게 되었다. 모든 사람이 전문가와 영향력 있는 사람이 되고 싶어 하는 요즘 같은 시대에 나는 오래된 농업을 통해 사람이 기술보다 월등히 뛰어나다는 걸 가슴 깊이 깨달았다.

어떻게 하면 농사일의 '농' 자도 모르는 도시인이 언어와 문화가 전혀 다른 농민들을 농업으로 감동시킬 수 있을까? 심리학에서 말하는 경청의 기술을 어떻게 하면 대자연의 소리에 귀 기울이는 데 적용하고, 알고 있는 지식을 활용해 땅이 힘을 발휘하도록 도울 수 있을까? 일단 조금이라도 성과를 낸 다음에는 또 어떻게 '볼런투어리즘'으로 관심도 없던 사람들을 감동시키지? 모두 학교에서 내게 가르쳐주지 않은 일들이었다. 더 심각한 사실은, 내가 배운 것들은 이미 구식이었고 오히려 내가 제대로 앞을 보지 못하도록 가로막고 있다는 걸 알게 된 것이다. 그래서 나는 내 인생을 걸고 탐험의 여정을 배우기 시작했다. 내가 알고 있는 지식과 낡은 습관을 버리고 내가 좋아하는 사람에 가까운 사람이 되는 것을 목표로 삼았다. 더 이상 다른 사람과 경쟁하거나 비교하지 않고 인생의 원점으로 되돌아갔다. 그리고 나는 해외에서 NGO 일을 하면서 어렸을 때 농부가 되고 싶었던 꿈의 길로 다시 돌아갈 수 있었다.

자기반성을 통해 구세계에서 신세계를 찾아 나서는 건 많은 현대인이 공통으로 꿈꾸는 것이다. 영국의 유명한 '머니리스 맨moneyless man' 마크 보일Mark Boyle은 원래 경제학을 전공한 사업가였지만 2008년부터 돈을 쓰지 않기로 결심한 뒤 무려 18개월을 버텼다. 마크가《돈 한 푼 안 쓰고 1년 살기The Moneyless Man: A Year of Freeconomic Living》로 영국에서 벌어들인 수익도 그가 시작한 '프리코노미 커뮤니티'의 자선기금으로 사용될 예정이다. 이 자유 경제 지구는 사실 경제 이론 중에서 가장 단순한 수요와 공급의 원리를 적용한 것에 지나지 않는다. 이 원칙에 근거해서 모든 사람은 다른 사람의 '공급자'가 될 수 있다. 예를 들면 어떤 배낭객이 카우치서핑(couchsurfing.com)이란 사이트를 통해 우리가 사는 도시에서 하루 무료 숙박이 가능한 곳을 찾는다고 하면 그가 당신의 집 소파에서 지낼 수 있도록 해주는 것이다. 당신의 도움을 받았던 사람이 당신에게 직접적으로 보답하지 않을 수도 있다. 하지만 당신에게 도움이 필요할 때 당신을 도와주길 원하는 누군가를 찾을 수는 있다. 이 생태계는 기브 앤드 테이크에 기반해서 유기적으로 순환한다.

이는 내 주위의 점점 더 많은 친구들이 유기농장자원봉사회World Wide Opportunities on Organic Farms, WWOOF의 일원이 되는 이유이기도 하다. WWOOF에 가입한 세계 어느 회원 기구를 가도 모든 사람이 유기 농장에서 일주일간

20~30시간 일손을 도우며 무료 숙식을 할 수 있고, 원래는 돈을 지불해야 배울 수 있는 전문 기술까지 배울 수 있다. 이와 유사한 성공 모델은 이미 많다. 그리고 이 중 이론이 복잡한 모델은 하나도 없다. 어쨌든 이 세상에 대한 모든 답은 우리 눈앞에 펼쳐져 있다. 우리가 모범 답안을 내려놓고 '두려움'을 즐길 수만 있으면 완전히 새롭고 아름다운 세계를 발견하게 될 것이다.

경제학과를 졸업한 기업가였던 마크 보일은 현대인이 원래 돈을 쓰지 않고도 1년을 살 수 있다는 걸 '발견'했다. 그가 이런 사실을 발견했듯이 나 역시도 미얀마 농장에서 10년 가까이 지내는 동안 인생을 투자하며 두려움을 즐기는 법, 그리고 나 자신과의 Q&A는 끊임없는 또 하나의 배움과 읽기의 연장이라는 것을 발견했다!

인생에서
소유와 상실을
받아들이다

계속되는 여행을 통해 나는 여행을 떠나고 다시 돌아오는 길에서
그 길 위의 다른 여행자와 끊임없이 손 흔들어 인사하고
끊임없이 헤어진다.

인생에서
소유와 상실을
받아들이다

계속되는 여행을 통해 나는 여행을 떠나고 다시 돌아오는 길에서
그 길 위의 다른 여행자와 끊임없이 손 흔들어 인사하고
끊임없이 헤어진다.

내 기억 속 그 아름다웠던 오후

초등학교 1, 2학년 때 담임이셨던 천리뤼陳麗茹 선생님은 퇴직하신 뒤 암으로 오랫동안 투병하다 호스피스 병동에 입원하셨다.

천 선생님의 가족은 예전 제자들이 천 선생님에 대한 추억을 함께 나누길 바랐다. 선생님의 제자들이었던 우리는 소식을 접하고 세계 각지에서 천 선생님과의 추억을 적어 보내오거나 짧막한 녹음을 해서 정신이 아직 온전하실 때 선생님께 작별 인사를 했다.

선생님 소식을 들었을 때 나는 미국 보스턴에 있었다. 내게 이름 쓰는 법, 혼자서 신발 끈 매는 법을 가르쳐주셨던 선생님을 생각하니 가슴이 먹먹했다. 생이 얼마 남지 않은 분께 어떻게 작별 인사를 전해야 할까?

그러던 중 보스턴 집 문 앞에 있는 숲길을 걷고 있는데 참나무에서 열매가 계속 내 머리 위로 떨어졌다. 순간 나는 이거다 싶어 주머니에서 카메라를 꺼내 나뭇가지에 놓고 렌즈를 마주했다. 그리고 내가 여섯 살 때 글자쓰기와 산수를 가르쳐주셔서, 암으로 고생하시는 동안에도 내가 인생의 역경에 용감하게 맞설 수 있도록 가르쳐주셔서, 그리고 지금 이 순간에도 사랑하는 사람과 어떻게 마지막 인사를 해야 하는지 가르쳐주셔서 감사드린다고 말했다. 선생님께 전하는 감사의 말 외에도 나는 손 안에 있는 이 참나무 열매가 겉으로는 죽은 듯 보여도 땅에 심기만 하면 다시 만나듯이 우리도 금세 다시 만날 수 있으리라고 말했다. 마지막으로 초등학교 때 수업을 마치는 종소리가 울리면 조그마한 걸상에서 일어나 씩씩하게 외쳤던 것처럼 말했다.

"선생님, 안녕히 계세요. 친구들아, 안녕. 우리 내일 보자!"

말을 마치고 정신을 차려보니 숲에 있는 사람은 나 혼자뿐이었다. 나는 중얼중얼하며 카메라를 닫고 나만 들을 수 있는 작은 목소리로 말했다.

"천 선생님, 우리 다음 시간에 만나요."

내가 누군가의 죽음을 경험한 것은 이번이 처음은 아니었다. 물론 가장 마지막도 아닐 것이다.

현재 TV 극작가로 일하는 당시 우리 반 반장은 〈내 기억 속 그 아름다웠던 오후〉라는 제목의 글을 써서 천 선생님께 드렸다. 반장은 말했다.

천 선생님은 제게 공부를 가르쳐주신 선생님이지만 가장 많은 영향을 주신 선생님이시기도 합니다. 주음부호를 처음 배울 때가 기억나요. 선생님은 〈만다린 데일리 뉴스國語日報〉를 교재로 자주 쓰셨잖아요. 한 자한 자 발음을 가르쳐주셨죠. 대학교에서 '방송 훈련' 수업을 듣는데 어렸을 때 선생님을 따라서 《그림 보고 말하기看圖說話》를 읽던 모습이 머릿속에 자주 떠올랐어요. 졸업하고 라디오, TV 방송국에서 일할 때 뉴스를 보도하든 영화 내레이션을 더빙하든 사람들에게 적게나마 인정받았어요. 제가 타이완 토박이 출신으로 부모님과 전부 민난어閩語로 대화한다는 걸 아무도 믿지 못할 정도였으니까요. 그럴 때마다 선생님이 제게얼마나 중요한 존재였는지 알 수 있었어요!

한번은 선생님과 선생님의 동생분 결혼식에 대해서 얘기를 나누다 선생님이 '공가公暇'가 없으셨던 게 아니라 학습 진도에 영향을 주지 않으려고 '공가'를 스스로 반납하고 학교에 와서 저희를 가르치셨다는 걸 알게됐어요. 그제야 깨달았죠. 제가 얼마나 복 받은 학생이었는지를요.……

반장이 적은 공가에 대한 부분을 보고 나서야 나도 생각이 났다. 그날 오후 다과회 자리에 나도 있었는데 천 선생님은 동생이 신주新竹에서 결혼식을 한다고 말씀하셨다. 그 당시에는 고속 철도는 고사하고 급행열차도 없을 때였다. 그래서 가오슝 쥐잉左營에서 신주까지 왔다 갔다 하는 데 기차로만 꼬박 이틀이 걸렸다. 하나밖에 없는 남동생 결혼식에 참석하지 않는 건어떤 이유에서도 말이 안 되는 거였지만 아직 창창한 나이였던 천 선생님머릿속에는 교장선생님께서 하신 말씀이 떠올랐다.

"선생님이 조퇴하는 한 시간은 그냥 한 시간이 아니에요. 반에 학생이 50명이면 50시간이 되는 거라고요."

이 말 때문에 천 선생님은 눈물을 머금고 평생에 한 번뿐인 남동생의 결혼식을 포기하고 칠판에 한 획씩 적어 책을 읽고 글자 쓰는 법을 우리에게 가르쳐주셨다. 그때 우리 중 어느 누구도 학생들을 위한 선생님의 희생을 알지 못했다.

"요즘 젊은 선생들은 휴가를 복지로 생각해. 그래서 안 쉬면 손해라고 생각하는 거지. 그렇다고 내가 뭐라고 하긴 좀 그래. 어쨌든 지금은 그때랑 다르니까. 젊은 선생들은 나 같은 늙다리 선생을 고지식하고 성질이 괴팍하다고 생각할지도 몰라."

천 선생님은 특유의 느긋하고 부드러운 목소리로 말씀하셔서 우리는 선생님이 하신 말씀을 또렷하게 기억하고 있다.

이런 훌륭한 선생님을 둘 수 있었고 여섯 살부터 마흔 살이 될 때까지 어른이 되는 과정에서 선생님의 가르침을 줄곧 받을 수 있었던 나 같은 행운아가 또 어디 있을까!

나는 늘 사람과 사람 간의 정을 특히 중요하게 생각해서 감정에 치우친 사람이란 소릴 많이 들었다. 하지만 살면서 우리와 다퉜던 사람도 길게 혹은 짧게나마 자신의 인생을 우리의 인생과 맞바꾼 것이다. 나는 이렇게 누군가의 희생으로 얻은 소중한 기회를 낭비하고 진정성 없는 일을 하는 사람이 정말 이해가 안 된다. 내 눈에는 그저 소중한 인생을 무참히 짓밟는 걸로밖에 보이지 않는다.

시간은 계속 흘러간다. 그리고 계속되는 여행을 통해 나는 여행을 떠나고 다시 돌아오는 길에서 그 길 위의 다른 여행자와 끊임없이 손 흔들어 인사하고 끊임없이 헤어진다는 걸 배웠다.

직접 죽음을 마주해야 사랑을 시작할 수 있다

많은 부모들이 아이가 어렸을 때 아이의 마음에 죽음의 그림자가 드리워지지 않도록 무진 애를 쓴다. 나의 부모님은 직장 일이 바쁘다는 핑계로 아이를 어떻게 길러야 하는지 전혀 모르는 학부모라는 사실을 무마시키셨다. 그래서 내가 어릴 때부터 부모님은 산타클로스처럼 꾸미지 않으셨고 자연히 산타클로스에 대한 나의 환상이 깨질까 봐 걱정할 필요도 없었다. 애완동물이든 가족이든 누군가를 잃을 때면 나는 혼자서 죽음의 무게를 감당하고 출구를 찾아야 했다. 다른 아이들처럼 엄마가 "강아지 샤오바이가 집을 나갔어. 어디로 갔는지 몰라……"라든지 "마오 할아버지는 하늘나라에 가셨어. 거기는 정말 좋은 곳이야. 뭐든지 다 있고……" 이렇게 말해주는 걸 들을 수 없었다. 이 엄마들은 하늘나라가 좋다는 얘기를 들은 아이가 우리도 가자며 보채거나 강아지를 잃어버렸다는 얘기에 온 거리를 찾아 돌아다니자고 할 줄은 전혀 생각지도 못했을 것이다. 오히려 역효과만 난 것이다. 그래서 어떤 면에서는 부모님의 좀 부족했던 자녀 양육법에 감사드리는 부분도 있다. 안 그랬다면 삶에 대한 의심이 더 많아졌을지도 모르니까 말이다.

어렸을 때 밤중에 정말 아끼던 늙은 개의 시체를 안고 처음으로 소중한 것을 잃은 슬픔을 삭여야 했다. 그리고 좀 지나서 개의 시체를 어떻게 처리해야 하나 고민하기 시작했다. 그때 부모님은 어디 계셨냐고? 지금은 잘 생각나지 않는다. 어려서부터 나를 키워주신 외할머니가 돌아가셨을 때는 의외로 조용한 구급차에 앉아서 외할머니의 싸늘하게 식은 손을 잡은 채 영안실로 들어갔다. 절차에 따라 직접 염하는 걸 배우면서 이어지는 장례 절차는 어떻게 해야 하는지 생각했다. 그때 부모님은 또 어디 계셨냐고? 부모님도 어떻게 해야 할지 알 수 없는 문제를 만날 때마다 꽁꽁 숨어버리신 것 같다. 나는 스스로 죽음을 대하는 법을 배울 수밖에 없었다. 이게 과연 최선의 양육 방법이었는지 아니면 우리 부모님만의 독특한 교육 방법이었는지, 난 정말 어떻게 말해야 할지 모르겠다. 하지만 내가 자라온 과정을 돌아보니 가장 소중한 생명(사람이든 동물이든)을 잃었을 때 내가 그들의 마지막을 함께했었다는 걸 알게 되었다.

얼마나 오래 살고 싶은가?

가족 중에 최근 전립샘암 진단을 받은 친척 한 분이 계신다. 여든에 가까운 연세에도 굉장히 정정하셨고 매일 본인 손으로 일군 회사로 출근하던 분인데 수술 전 마음의 준비를 하고 병원에 가서 의사와 치료에 대해 의논하셨다.

뜻밖에 의사는 입을 열자마자 이렇게 물었다.

"얼마나 오래 살고 싶으세요?"

의사는 이 친척분께 이미 평균 수명보다 2년 더 오래 살았다는 걸 일깨워주었다. 드러내놓고 말한 건 아니지만 마치 '이 연세까지 행복하고 건강하셨으니 이번 생은 여한 없이 잘 사신 거예요!'라는 말처럼 들렸다. 일단 전립샘 제거 수술을 받으면 최소 2년 정도는 기저귀를 차야 하는데 그렇다고 꼭 회복된다는 보장도 없었다. 더군다나 심장병 가족력이 있는 사람은 수술 도중 별도의 위험이 발생할 수 있기 때문에 수술 치료가 건강을 회복할 수 있는 간단한 해결책이 결코 아니다.

환자가 어떻게 대답해야 할지 모르는 사이 의사는 또 아무렇지도 않게 말했다.

"유언장은 미리 써두셨나요?"

의사는 본인을 가리키며 덧붙였다.

"저처럼 올해 쉰이 좀 넘는 나이에도 이미 유언장을 써두는데 말이죠……."

이 친척분의 아내는 이렇게 말하는 의사가 너무 재수 없어서 그 즉시 병원을 바꾸기로 했다.

이 얘기를 듣고 자신이 얼마나 오래 살지 결정하려면 나이가 들수록 더 많은 용기가 필요하다는 생각이 들었다.

젊었을 때는 너무 오래 살면 재미없으리라고 생각한다. 젊어서는 인생에서 가장 빛나는 시기가 끝나간다는 생각에 슬픈 기분이 들지만 나이 들어서 힘들게 생명을 부지하는 것에 비하면 훨씬 낫다고 여기는 것이다.

그런데 일단 나이가 고령에 가까워질수록, 내 친척이 그랬듯이 자기도 모르게 평균 수명을 넘겨도 나이 들었다고 생각하지 않는 사람은 자신의 인생, 사업, 가정 등 모든 면에서 만족하는 사람이다. 그런 사람이 갑자기 의사에게 얼마나 오래 살고 싶으냐는 질문을 받으면 삶에 미련이 생기고 젊었을 때 말끝마다 '인생 폼 나게 살면 돼', '죽는 게 뭐 대수야'라던 당당함은 온데간데없어진다.

나는 만약 자신이 이런 상황에 처했다면 수술을 할지를 다양한 나이대의 주변 친구들에게 물어봤다. 내 예상은 이랬다. 예상 가능하고 제한적인 고통을 겪으며 약도 먹고 방사선을 촬영하면서 남은 2년을 편안하게 살다 가는 게 아니라, 남은 인생을 기저귀를 차고 누워 살 수도 있는 수술을 감행하겠다는 친구는 원래 신체 건강하고 자기 인생에 매우 만족하는 이들

뿐이라고 말이다. 그도 아니면 1, 2년 뒤 수술법이 획기적으로 발전한다면 그때 수술을 하겠지 하고 예상했다. 그런데 거의 모든 친구가 지금 당장 수술 하는 쪽을 선택했다.

살아남을 가능성을 선택하는 게 사람의 본능이며, 길한 것을 좇고 흉한 것을 피하는 것이 기본 이치다. 하지만 몇몇 의학 보도는 전립샘암 환자는 마지막에 암 때문이 아니라 다른 만성질환으로 죽고 심지어 돌연사하기도 한다고 일깨워준다. 따라서 이런 소수파 의사들만이 큰 위험을 감수하고 수술을 권하지 않는 것이다.

생각해보면 암 환자가 암에 걸렸다는 걸 알기 전에는 아무 증상이 없다가 일단 암 진단을 받고 입원 치료를 한 뒤에는 얼마 못 가 세상을 떠났다는 얘길 자주 들었다. 많은 의사가 이런 게 바로 두려운 심리 상태가 환자의 죽음을 앞당긴 대표적인 사례라고 지적했다. 암세포가 자라는 속도는 대개 느린 편이고 꼭 인체에 심각한 문제를 일으키지도 않는다. 외부 자극으로 암세포의 전이 속도가 빨라져 신체의 주요 조직과 기관을 공격하는 경우가 대부분이다. 만약 평온한 심리 상태로 적절한 치료를 받는다면 암세포가 자라는 속도를 늦춰 환자의 수명을 연장할 수 있다. 사람들이 생각하는 암세포는 무조건 두려운 존재다. 수술해야 해결할 수 있다. 하지만 수술이 적합하지 않은 환자도 있다. 그래서 무턱대고 수술한 결과 꽤 긴 기간 동안 암 환자의 사망률이 고공 행진을 했다.

암은 분명 무서운 병이다. 미국은 현재 매주 약 1만 1,000명이 암으로 목숨을 잃는다.

"이게 얼마나 무서운 거야!" 사람들이 손으로 얼굴을 가리며 이렇게 소리치는 걸 보면 암이 인류에게 얼마나 위협적인 질병인지 다시금 확인시켜주는 것 같다.

하지만 우리가 사는 이 세상에서는 매일 2만 5,000명이 먹을 게 없어 굶어 죽고 있다는 사실을 아는 사람은 많지 않다.

불행의 정도를 억지로 비교하는 건 물론 불공평하다. 하지만 피하기 어려운 질병인 암이 쉽게 피할 수 있는 기근보다 더 많은 관심을 받고 있다. '얼마나 오래 살고 싶은가'를 선택지로 삼을 수 있다는 게 나는 불행하다기보다는 오히려 인생에서 가장 큰 사치처럼 느껴진다.

사랑하지 않은 대가

나는 방콕 거리에서 한 아주머니가 대나무 꼬챙이로 너 한입 나 한입 하며 유기견과 구운 고기를 나눠 먹는 모습을 보고 마하트마 간디의 말이 생각났다.

"문명사회인지 아닌지 판단하려면 사람들이 어떻게 동물들을 대하는지 보면 알 수 있다."

나는 대체로 이 말에 동의하지만 가끔 화들짝 놀랄 때가 있다.

2, 3년 전 나는 신문에서 조그맣게 난 기사 하나를 읽었다. 멜버른 교외 지역 서남부에 위치한 타네이트Tarneit라는 곳에서 있었던 일이다. 앤서니라는 남자가 자신이 자식처럼 아끼는 개가 자고 있는데 깨웠다는 이유로 18년간 함께 살아온 아내 수전을 살해했다는 내용이었다.

42세인 앤서니는 매일 저녁 자신이 애지중지하는 강아지를 어린아이처럼 흔들어서 재웠다. 53세인 아내는 휴대폰 요금명세서 하나 때문에 한창 강아지 허블을 재우고 있던 남편에게 화가 나서 따졌는데 그 바람에 허블이 놀라 잠에서 깨고 말았다. 앤서니는 격분해서 강아지를 세탁실에 있는 강아지 침대 위에 두고 다시 방으로 돌아온 뒤 잠옷에서 벨트를 빼내 수전을 목 졸라 살해했다. 그러고는 아무 일도 없었다는 듯이 근처 워리비Werribee로 향한 뒤 자신이 포커를 하려고 자주 들르는 바인 플라자 터번Plaza Tavern에 갔다. 네 시간쯤 그곳에 있다가 매춘부와 시간을 보낸 뒤 집으로 돌아와 잠을 청했다. 이틀 후 수전의 시신에서 악취가 나기 시작하자 앤서니는 침대 시트로 시신을 싸서 줄과 비닐봉지로 꽁꽁 묶었다. 우선 강아지 허블을 애견 전용 펜션에 데려다놓고 집에 돌아와 자기 집 뒤뜰에 구멍을 파서 시신을 매장한 다음 그 위에 나무를 쭉 심었다.

이 사건은 아내보다 열한 살 어린 남편이 죽을죄를 지은 듯 들리지만 앤서니를 변호한 변호사는 피고가 이런 짓을 저지른 건 오랫동안 수전에게 정신적 학대를 받았기 때문이라고 주장했다. 18년간 앤서니가 무엇을 하든 수전은 늘 눈에 거슬려했고 걸핏하면 그를 '약해빠진 새끼'라고 불렀다. 앤서니의 옛 직장 동료도 수전이 앤서니가 퇴근하고 친구들과 어울리지 못하게 해서 많은 동료에게 조롱을 받았다고 증언했다.

이 부부는 친구가 없었고 이웃과 왕래한 적도 없었다. 밖으로 휴가를 간 적도 없고 심지어 식당에서 외식을 한 적도 없는, 그야말로 완전히 고립된 생활을 했다. 만약 누군가 문을 두드리거나 초인종을 누르면 수전은 집에 없는 것처럼 행동하고 문을 열어주면 안 된다는 규칙을 정했다. 그뿐만 아니라 앤서니가 두 가지 일을 하며 돈을 벌었지만 그가 번 돈은 모두 수전이 관리했고, 수전은 앤서니가 담배를 딱 12개비씩만 피우도록 매일 엄격하게 제한했다. 남편이 집 안의 특정 공간에는 들어가지 못하게 막았고 심지어 집 안에서 화장실을 사용하지 못하게 했다. 앤서니는 사무실이나 쇼핑몰 화장실을 이용할 수밖에 없었고 볼일이 끝나면 다시 집으로 왔다. 또 앤서니는 가족들에게 자기가 살고 있는 집 주소를 알려줄 수 없었다. 하지만 수전은 술에 취했을 때 시어머니의 집에 가서 난동을 부렸고 한밤중에 전화를 걸어 소란을 피웠다. 매일 출근 시간에도 몇 번이고 사무실에 전화해서 근무 상황을 점검하고 늘 앤서니에게 다른 여자가 생겼다고 의심했다. 상황이 이렇다 보니 앤서니는 퇴근 후에 집에 가는 게 두려웠고 자살하고 싶었던 적도 많았다. 부부는 각방을 썼는데 수전은 안방 침대에서 자고 앤서니는 아랫사랑에 있는 간이침대에서 잤다. 18년간 수전은 앤서니와 사진 한 장을 같이 찍으려고 하지 않았다!

앤서니는 그래도 수전을 떠날 엄두가 나지 않았다고 말했다. 수전이 친오빠와 자신의 전남편이 모두 경찰이라고 위협했기 때문이다. 앤서니는 만일 자신이 수전을 떠나면 그녀가 자기 가족들, 그중에서도 특히 나이든 노모에게 해코지를 할까 봐 두려워했다.

판사는 앤서니에게 18년형을 선고했다. 아이러니하게도 18년간 감옥살이 같았던 결혼생활과 꼭 같은 기간이었다.

나는 머릿속에 미얀마어로 결혼이라는 뜻의 '에잉다웅 짜ein htaung chya'라는 단어가 떠올랐다. 직역하면 '가정의 굴레에 빠지다'인데 이 사건과 딱 맞아떨어지지 않는가!

이 이야기를 듣고 개를 사랑하는 모든 사람, 가정 교육이 엄격한 걸 자랑스러워하는 아내, 연약한 남편, 휴대폰 요금이 너무 많이 나오는 사람, 친구가 없는 사람, 연상 아내, 연하 남편, 담배 피우는 사람, 전화해서 근무 상황 체크하길 좋아하는 사람, 가족 중에 경찰이 있는 사람, 각방을 쓰는 사람, 남편한테 욕하길 좋아하는 사람, 집에서 화장실 사용을 제한하는 사람, 이웃에게 도움을 요청해도 들을 수 없는 외진 곳에 사는 사람, 잠옷에 벨트가 있는 사람은 오늘 아마 잠 못 이루지 싶다.

나에게 주는 10가지 선물

사랑이 없는 인생은 가치가 없다. 못 믿겠다면 감옥에 있는 앤서니에게 물어보라. 그러면 알게 될 것이다.

직접 도축해서 먹는 저녁 식사

우리가 사랑하지 않는 생명은 우리에게 가치가 없고 그래서 그들의 생명은 소중하게 생각할 필요가 없다고 한다면 이는 터무니없는 논리다.

하지만 슈퍼마켓을 이용하는 현대의 생활 방식은 이런 관점을 날마다 뒷받침하며 우리의 감정을 현실과 딱 잘라 분리해버린다. 전통 재래시장과는 달리 우리가 슈퍼에서 보는 고기는 깨끗하고 피 한 방울도 묻어 있지 않은 데다 동물의 형태는 더더욱 볼 수 없고 그저 순수한 식자재에 불과하기 때문이다.

눈앞에 있는 소갈비가 사람의 마음을 울릴 정도로 선한 눈망울을 가진 동물에게서 나왔다는 걸 모를 정도로 우리가 무지한 것도 아니고, 어미 닭이 병아리를 데리고 모이를 쪼는 사랑스러운 장면을 한 번도 보지 못한 것도 아니다. 그냥 느낌상 이런 아름다운 광경을 우리가 먹어야 하는 음식과 연결하기를 거부하는 것이다. 안 그랬다간 도축업자의 더러운 모습과 가게 주인의 상술이 떠오를 테니까 말이다. 이유야 어찌됐든 간에 우리는 우리를 위해 생명이 죽었다는 잔인한 사실을 마주하길 꺼려한다.

2011년 5월 말 페이스북 창립자 겸 CEO인 마크 저커버그는 자신의 페이스북 친구 847명에게 '방금 돼지와 염소를 도축했다'는 소식을 발표하고 그때부터 자신이 도살한 동물의 고기만 먹었다고 공개했다. 많은 사람이 놀라움을 금치 못했지만 나는 수십억 달러의 몸값을 자랑하는 이 부자 청년에게 존경심이 생겼다.

저커버그가 도축에 관심을 갖게 된 데는 실리콘 밸리의 유명 조리사인 친구 제시 쿨Jesse Cool의 영향이 컸다. 그녀와 저커버그는 캘리포니아 주 팔로알토의 이웃지간이었다. 제시 쿨은 저커버그에게 현지 농민 몇 명을 소개했는데 농민들이 직접 저커버그가 처음으로 아름답게 닭, 돼지, 염소를 도축할 수 있도록 시범을 보여줬다.

저커버그는 나중에 매체에 이메일을 보내 작년 중국어 배우기에 도전한 것처럼 매년 스스로 도전 과제를 준다고 설명했다.

"2011년 저의 도전 과제는 제가 꼭 먹어야 하는 음식에 고마운 마음을 갖는 것입니다. 우리가 고기를 먹으려면 동물이 죽어야 한다는 걸 많은 사람이 잊어버린다고 생각합니다. 그래서 제 목표는 이 사실을 잊지 않고 제가 가진 모든 것에 감사하는 것입니다. 지금 저는 제가 직접 도축한 동물의 고기만 먹습니다. …… 지금까지는 이런 경험이 꽤나 만족스럽습니다. 요즘 저는 더 건강한 음식을 많이 먹고 퍼머컬처 농작물과 동물 사육에 관해 많은 걸 배우고 있습니다."

나는 사람들이 먹는 것을 선택하는 데 아무런 이의가 없다. 고기나 채소, 유기 농작물이나 일반 농작물 중 딱히 고집하는 게 없다. 다만 나는 모든 사람이 먹는 것에 감사하는 마음을 가져야 하고 음식을 낭비하면 안 된다고 생각할 뿐 음식이 어디서 비롯되었는지 무시할 생각이 없다. 대부분의 육식주의자가 고기를 먹을 때 사육, 도축, 포장 등 과정을 전혀 모르기 때문이다. 물론 TV나 인터넷에서 도축장이 비인도적인 방식으로 가축을 도살하는 걸 보긴 했을 것이다. 예를 들면 이런 것이다. 전기 충격으로 돼지를 도축한다거나 철제 몽둥이로 소의 뇌를 뚫은 다음 소가 아직 살아 있을 때 쇠꼬챙이에 걸어서 목을 자르면 선혈이 도축장 바닥에 쏟아진다. 소가 고통스러워하며 발버둥치는 걸 멈추고 완전히 숨이 끊어져야 끝이 난다. 이런 도축 방식은 돈도 별로 안 들고 효과적이지만 동물이 고통을 느끼는 시간을 연장시키는 잔인한 방법이다. 물론 이 방법을 깊이 연구할 생각은 눈곱만큼도 없다. 만약 자신이 직접 인도적인 방법으로 도축해서 동물이 죽기 직전에 겪는 고통을 줄여줄 수 있다면 그것이야말로 '책임 있는 식사'를 하는 길이니 쌍수를 들어 환영할 것이다.

이슬람교도는 회교 국가에 살지 않으면 종교적 기준에 부합하는 할랄^{이슬}람교 계율에 따라 도축된 고기을 구매하기가 상당히 어려운데, 이럴 때는 스스로 도축을 해야 한다. 타이베이에 사는 방글라데시 친구는 매번 고기를 사려면 직접 도매 시장에 가야 한다. 단골 육류 판매상과 잘 얘기해서 목을 자르는 첫 개시를 친구가 직접 맡아서 한다. 개인적인 생각으로는 썩 괜찮은 일 같다. 대단한 용기가 필요하다. 중국 정무원도 반세기 전부터 동문 명령을 내려 중국 국경 안에 있는 이슬람교도가 3대 명절(라마단, 이드 알아드하, 주마일)에 자기가 먹을 소와 양을 도축할 수 있도록 허용해왔다. 도축세를 면제하고 검역 기준을 완화한 개인 도축 합법화는 일반인이 잘 모르는 정책이다.

어패류를 제외하고 나는 도축한 경험이 거의 없다. 기억하기론 아주 어렸을 때 나를 키워주셨던 외할머니가 닭을 도축하셔야 할 때 낮에는 집에 나와 할머니 둘밖에 없어서 선택의 여지 없이 내가 할머니의 조수 노릇을 했었다. 할머니 지시를 듣고 큼직한 사기그릇을 가져와서 잘 씻은 쌀 두 컵을 그릇 안에 넣고 인자하신 할머니가 칼을 들고 닭의 숨통을 끊는 걸 지켜봤다. 나는 사기그릇에 뜨끈한 닭의 피를 받으면서 외할머니가 이렇게 해야 동물이 덜 고통스러운 거라고 재차 강조하시는 걸 들었다. 당시 나는 어리둥절한 상태라 할머니가 하시는 말씀이 정확한 건지 아닌지 확실하게 알수 없었다. 어린 내 눈에는 그저 피비린내 나는 행위였기 때문이다. 하지만 어른이 되고 나서 양계장과 도축장의 운영 방식을 알게 된 후에 그 당시 닭피가 사기그릇에 빠른 속도로 담기는 걸 보던 화면이 점차 따뜻하게 느껴졌다. 나중에 런던에서 생활할 때 아침 식사에 아일랜드식 돼지피 푸딩이 올라오는 걸 못 견뎌하는 현지인이 많았지만 나는 감사하며 다 먹었다. 맛있고 맛없고는 별개의 문제다. 하지만 우리를 위해 동물이 자기 생명을 희생해준 만큼 먹을 수 있는 거라면 뭐든 낭비해서는 안 된다. 만약 낭비한다면 그건 정말 이미 죽은 동물에게 못할 짓이다.

죽음으로부터 생명을 존중하다

태국과 미얀마 국경 지대에 있는 멍족劢族 마을에서 나는 숲에서 마침 거대한 비단뱀 한 마리를 잡은 마을 사람들을 만났다. 길이가 10여 미터나 돼 가난한 마을 사람들은 간만에 포식 좀 하겠다며 즐거워했다. 마을로 가지고 돌아가면 가죽을 벗겨 토막을 내서 각 집에 나눠 줘야 했다. 멍족 전통에 따라 남자들만 뱀 가죽을 벗길 수 있었지만 당시 대부분의 남자는 밭에서 일을 했고 마을에 장정이 부족해서 내가 급히 불려갔다. 마을 사람들은 줄다리기하듯이 큰 뱀을 꼭 껴안았다. 나는 사력을 다해 뱀가죽을 처음부터 끝까지 깔끔하게 벗겨냈다. 같이 간 외국인들은 내가 무시무시한 일을 해냈다고 생각했지만 나는 내 눈앞에서 죽어가는 생명을 직시하는 법을 배웠다는 걸 알았다. 사람이든 동물이든 그 순간이야말로 내가 처음으로 생명을 소중히 여기는 법을 알게 된 때라고 할 수 있다.

미국 그랜드 캐니언의 인디언 마을에 가서 엘크의 개체 수 과잉 문제 해결 방안을 연구했을 때 문제의 본질은 부락의 규칙에 있다는 걸 알게 됐다.

한 가정당 매년 엘크를 식용으로 한 마리씩만 잡을 수 있고 자연에서 불필요하게 많은 생명을 잡지 않는 것이 원칙이었다. 하지만 마을 인구가 점점 고령화되고 젊은 사람이 줄어들면서 엘크가 걷잡을 수 없이 대거 번식하는 지경에 이르렀다. 그래서 꾸준히 일정한 시간 간격을 두고 엘크를 대량 도살하는데 번식을 위해 적당한 개체 수만 남겨둔다. 겉보기에는 수월하게 개체 수 균형을 맞출 수 있을 것 같다. 하지만 나는 마을 노인들의 생명 존중 철학에 동의하는 만큼 몇 배의 노력을 들여 문제도 해결하고 마을 정신에도 위배되지 않는 방법을 찾는 중이다.

최근 미국 내의 특별한 에너지 안건을 위해 우리 프로젝트 팀은 텍사스주의 대형 목장에서 메탄 생산 설비를 건립해 천연가스 제조 일을 도왔다. 우리는 소의 분뇨 외에도 일찍 죽은 송아지 시체를 원료로 다량 사용했다. 이런 프로젝트에 참여하기 전에 나는 오늘날 산업화된 대형 목장에서 환경과 약물로 그렇게 많은 송아지가 태어나서 곧 죽을 운명에 처하거나 심지어 태어나자마자 싸늘한 죽음을 맞는 줄은 미처 몰랐다. 매일같이 발생하는 수없이 많은 이 '쓰레기'를 목축 업계가 어떻게 수년간 모른 척할 수 있었는지 내 가치관으로는 도무지 이해할 수가 없었다. 하지만 최소한 목장이 소의 시체를 '원료'로 고효율의 천연가스를 다량 생산할 수 있도록 도와야 한다고 결심했다. 그래야 아름다운 생명이 낭비되지 않을 테니까 말이다.

그래서 영국의 상당수 수구주의자는 2011년 2월에 정부가 통과시킨 법안이 단지 몇몇 유럽 국가의 사례를 따라해 시신 화장로에서 발생하는 열에너지를 난방원으로 사용하는 걸 허용하는 것이라고 생각했다. 하지만 나는 런던 북부의 워릭Warwick 시민 활동 센터에서 난방과 실내 온수 수영장 열에너지의 42퍼센트를 시신 화장로에서 조달할 수 있다면 돌아가신 분들의 가치를 최대한 존중하는 것이며 장기를 기증하고 필요한 환자에게 이식

하는 것만큼 위대한 일이라고 본다.

쓰촨에는 루투터우鹵兎頭라는 유명한 요리가 있다. 말 그대로 접시에 토끼 해골이 나오는 것이다. 현지인은 각자 하나씩 들고 남김 없이 쪽쪽 빨아 먹는다. 눈알까지 다 먹는다. 프랑스인도 토끼 머리를 먹지만 사왔을 때 눈알이 이미 없는 상태라서 미관상 그렇게까지 몸서리칠 정도는 아니다. 소금물이나 간장에 오향 등을 넣고 삶은 뒤 요리사가 손으로 토끼 머리에 붙은 고기를 발라낸다. 그래서 손님들은 국수 안에 들어간 고깃점만 볼 수 있을 뿐 귀여운 흰 토끼와 똥그랗고 붉은 눈은 볼 일이 없다. 보통 사람은 프랑스에서 먹는 방식이 더 문명적이라고 말하겠지만 나는 실제로 그 정반대일지도 모른다고 생각한다.

나무를 베서 테이블이나 종이를 만들든 뱀 한 마리를 죽여 난민캠프 사람들이 포식을 하든 둘 다 본질적으로는 차이가 없다. 이 생명들이 희생한 게 가치가 있는지 여부와 우리가 감사하고 존경하는 마음이 있는지 없는지가 중요하다. 이런 마음이 없다면 유기농으로 재배한 채소 밥상을 먹는다 해도 오만과 편견을 드러내는 것에 지나지 않을 것이다. 그런 이유로 나는 생명을 하찮게 여기는 사람을 경멸한다. 자살을 시도하는 사람, 위험을 무릅쓰고 몸에 마약을 숨겨 운반하는 사람, 우승을 위해 금지 약물을 복용하는 운동선수, 다량의 마약 복용을 즐기는 사람, 익스트림 스포츠라는 이름으로 굳이 하지 않아도 될 위험한 일에 도전하는 사람, 나는 이들 중 어느 누구보다 세상 사람들 눈에는 '초식남'으로 보이지만 식당에 가지 않고 자기가 직접 도살한 동물만 먹겠다고 선언하며 생명 교환의 가치를 제대로 이해하고 있는 저커버그가 더 용감하게 느껴진다.

생과 죽음은 사람들의 개입을 용납하지 않는다

일본 와카야마 현, 시즈오카 현, 고치 현의 어촌에서 매년 비인도적인 방법으로 돌고래를 대거 사냥한 뒤 잡아먹는다는 사실을 폭로한 다큐멘터리 영화 〈더 코브: 슬픈 돌고래의 진실The Cove〉이 나온 뒤 전 세계가 떠들썩했다. 이 야만적인 전통을 비난하는 여론이 지배적이었다.

동물 애호가들은 돌고래가 영리하고 우호적이며 인간의 친구라고 믿었다. 동서고금을 막론하고 물에 빠진 사람을 구해줬거나 사람을 도와 상어를 쫓아낸 돌고래 이야기가 정말 많다. 또 동물 치료를 믿는 사람들은 자폐증 환자가 물에서 돌고래와 수영하고 놀다 보면 증상이 눈에 띄게 좋아질 수 있다고 믿었다. 사실 이유가 좀 억지스럽긴 하다. 왜냐하면 돌고래가 사람에게 이런 '신통방통한 작용'을 하지 않았다면 상어처럼 언제고 죽임을 당했을지도 모르기 때문이다.

돌고래 사냥을 지지하는 사람들은 민족과 지역 전통을 존중한다는 논조를 들고 나오거나 돌고래가 어부들이 잡은 수산물을 먹어치우는 걸 막기 위해서라고 설명한다. 이 이유 역시 설득력이 없다. 돌고래를 먹는 전통은 일본에 아예 있지도 않고, 일본에서 돌고래를 먹었던 긴 딘지 전쟁 직후에 가난으로 먹을 게 부족해서 어쩔 수 없을 때뿐이다. 더군다나 전통이라고 꼭 바꾸지 말란 법도 없다. 만약 바꿀 수 없었다면 우리는 지금까지도 얼굴에 자자刺字, 얼굴이나 팔뚝의 살을 따고 홈을 내어 먹물로 죄명을 찍어 넣던 벌를 강요하고, 치아를 검게 물들이며, 여성의 생식기를 자르고 혈제를 지내거나, 전족을 하고, 거리낌 없이 소매치기의 손을 잘랐을 것이다.

일본은 에도 시대부터 어민이 돌고래를 잡았다는 기록이 있다. 하지만 식용이 아니었고 타이완 어민이 돌고래를 잡는 이유와 마찬가지로 돌고래가 바닷속 물고기들을 먹어치워 어민들의 어획량이 감소하는 걸 방지하는 게 주요 목적이었다. 하지만 우리가 좋아하지 않는 동물을 기어코 먹이사슬에서 없애버린다는 건 인간만이 갖고 있는 오만한 마음이다. 지구 상의 생물이 끊임없이 성장하고 번성할 수 있는 이유는 생물이 각자 스스로 먹이사슬에서 미묘한 균형을 이룰 수 있기 때문이다. 그런데 우리가 일부러 포식자를 하나 제거해버리면 이 지역의 먹이사슬이 깨져버리고 모든 생물이 멸종되는 결과를 초래한다. 따라서 먹이사슬을 이해하는 것이 무엇보다 중요하다. 예전에 내가 인디언 마을의 엘크 사례를 이해하려고 노력했던 것과 비슷하다. 나는 어느 정도만큼 개체 수를 줄여야 할지를, 암놈과 수놈, 늙은 엘크와 어린 엘크 수의 적정 비율을 알아야 했다. 그래야 균형을 맞출 수 있기 때문이다. 고래류는 소, 양 같은 사육 동물과 달리 해양 먹이사슬에서 최상위 포식자로 개체 수가 원래 많지가 않다. 우리가 돌고래 수를 줄이는 건 돌고래가 잡아먹는 다른 어류를 보호하는 것과 같다. 따라서 고래 개체 수의 증감은 바닷속 다른 어류의 개체 수와 분포에 심각한 영향을 준다. 심각한 경우 다른 상위 포식자의 존망에도 영향을 준다. 그런 의미에서 해당 지역의 돌고래 사냥 행위가 이미 현지 먹이사슬 균형의 일부가 됐는지 여부가 중요해진다. 만약 아니라면 사냥을 철저하게 금지해야 한다. 이미 확실하게 생태계 균형을 이뤘다면 인도적인 도축 방법으로 개선하는 데 초점이 맞춰져야 할 것이다.

캐나다 바다표범 개체 수 급감을 연구한 사례를 본 적이 있다. 캐나다 정부는 대구 어로업을 원인으로 지목했다. 바다표범의 먹이원이 줄었다는 것이다. 이로써 대구 어획이 제한되었는데 오랜 시간에 걸쳐 연구한 결과 과도한 포경과 관련 있는 것으로 나타났다. 과도하게 고래를 잡으면 미생물을 잡아먹는 다른 어류의 먹이가 더 늘고 해당 어류의 개체 수가 대폭 증가한다. 먹이사슬에 따라 누적되면 결국 대구의 번식률이 높아지는 것이다. 하지만 대구는 소화하기 힘든 어류다. 대구가 다량으로 번식해서 바다표범이 먹는 어류를 먹어치우면 바다표범의 영양 상태가 나빠지고 지방층이 추위를 견딜 수 있을 만큼 두꺼워지지 못해 동사하고 마는 것이다.

캐나다 정부가 정확한 원인을 찾기도 전에 대구 수가 너무 적은 탓에 바다표범이 먹을 게 부족해졌다고 판단하여 대구 어획을 엄격히 제한했는데 오히려 문제가 더 심각해졌으니 참 아이러니하다. 캐나다 사례를 통해, 좋은 의도로 시작했다고 해도 사람의 생각과 지혜로 자연계의 균형을 유지하는 건 대단히 힘든 일이며 단순한 개입이 도리어 훨씬 안 좋은 결과를 초래하는 경우가 종종 있다는 걸 알 수 있다.

노인의 어린이날

부모님이 점점 연세가 드시고 생활권이 좁아지면서 부모님과 작별할 시간이 점점 가까워지고 있다는 걸 깨달았다.

이미 오래전에 올해 4월 초부터 타이완에서 일하려고 준비를 해뒀다. 너무 오랫동안 현실과 동떨어진 삶을 살아서인지 타이완에 와서야 이맘때쯤 다들 영업을 쉰다는 걸 알게 됐다. 아무것도 할 수 없다 보니 갑자기 가족과 함께 있는 시간이 늘었다. 한 번도 명절이라고 다 같이 모인 적 없는 우리 가족은 어찌된 일인지 이번에는 모두 타이베이에 모였다. 마치 18년 만에 한 번 생기는 '슈퍼문'처럼 희귀한 일 같았다.

성격이 활달한 어머니는 친구 집에서 열리는 모임에 같이 가달라고 아버지께 간곡히 부탁하셨다. 듣자 하니 그 집에서 엑스박스 키넥트Xbox+Kinect 볼링 게임이 열린다고 했다.

무슨 말을 해도 안 간다고 버티던 아버지는 계속되는 어머니의 추궁을 견디다 못해 결국 사카모토 료마(일본 무사 겸 사업가)처럼 늠름한 기세로 크게 속내를 드러내셨다.

"사내대장부가 한가하게 남의 집에나 가서 놀다니 어디 체면이 서겠소!"

전통 일본 교육을 받아 근엄하기 이를 데 없는 아버지가 진지하게 말도 안 되는 말을 하시는 걸 듣고 우리는 터져 나오는 웃음을 참지 못했다. 아버지 딴에는 누가 태어났거나 상을 당하는 것처럼 큰일이 아니고서는 남의 집 문 드나드는 걸 삼가야 한다고 생각하셨던 모양이다. 새해 인사는 물론이고 할 일 없이 마실 가는 건 더더욱 말도 안 되는 거였다.

어머니는 평소 하시던 대로 "내가 그때 눈에 콩깍지가 쓰였는지 사는 재미라고는 눈곱만큼도 없는 이런 남자한테 시집을 다 왔네" 하며 원망을 늘어놓기 시작하셨다. 그러면서 볼링이 정말 재미있다고 강조하셨다.

아버지가 인생의 낙을 모르신다는 말씀은 100퍼센트 맞는 말은 아니다. 내 기억으로는 어렸을 때 아버지는 퇴근하면 현지 볼링팀장으로 변신하셨다. 저녁 식사 후에 볼링공 가방을 들고 볼링장으로 향하셨고 남겨진 어린 나와 어머니는 널찍한 일본식 다다미방에서 요가를 연습했는데 창밖에는 별이 반짝였다.

"기억나요? 언젠가 주말에 시합이 있을 때 애들이 따라가서 응원했던 거. 명목상으로는 아버지 응원한다고 간 건데 사실은 유리병에 든 오렌지 맛 환타가 먹고 싶었던 거예요……."

나와 누나는 광화상창光華商場, 타이베이 전자 제품 전문상가을 걸으며 게임기를 파는 가게를 찾았다.

"근데 이상한 게 엄마는 왜 갑자기 볼링이 치고 싶어진 거지?"

누나는 멈춰 서며 의심 가득한 눈초리로 나를 바라봤다.

"잊었어? 우리 어렸을 때 엄마 볼링팀에 있었잖아! 주말마다 아빠는 친구분이랑 바다낚시 가서서 거의 집에 안 계셨지, 아마?"

"엄마는 이케보노(池坊, 일본 꽃꽂이 유파 중 하나 - 역주) 꽃꽂이랑 요가 가르치셨던 거 아니야?"

나는 놀라서 물었다.

"우리 친엄마가 동일 인물 맞아?"

이렇게 서로 논쟁하는 동안 나는 기력이 없어 길을 걷다가도 곧잘 넘어지는 누나가 원래 학교 다닐 때는 투포환 대표선수였고 〈도라에몽〉에 나오는 퉁퉁이의 여동생을 떠올리게 하는 비주얼이었다는 걸 생전 처음으로 깨닫게 되었다.

"대체 살 거예요, 말 거예요?"

점원의 걱정스러운 말에 우리의 추억놀이는 중단되었다.

우리는 잠시 긴장한 탓에 인기도 없는 위Wii를 사버렸다. '덤 앤 더머' 남매는 노트북을 사는 대학생을 따라서 흥정이란 걸 해보고 싶었다. 얼굴에 시름이 가득하던 점원은 어찌나 대비를 철저히 했던지 뒷면에 있는 녹색의 두꺼운 종이를 가리켰다. 종이에는 이렇게 쓰여 있었다. '이미 최저가. 더 깎으면 울면서 뛰어내릴 거예요'

"아니! 이 집은 물건 파는 데 뭐가 이렇게 슬퍼!"

나는 뭔가 깨달은 듯이 누나에게 말했다.

점원은 듣더니 부인하지 않았다.

"이 가격에 팔아서 고작 50타이완달러 버는데 당연히 슬프죠!"

그날 이후 이틀간 남녀노소 삼대가 전부 브라운관 앞에 서서 위 게임을 했다. 부모님 집 거실에는 정말 오랜만에 웃음소리가 끊이지 않았다. 우리는 두 분이 게임을 이토록 좋아하시는 줄 진작 알았으면서도 2,3년 전 위가 처음 나왔을 때 왜 사지 않았을까 생각했다. 그랬다면 어머니가 아버지 혼자 집에 남겨두고 친구분 댁에 노상 놀러가지 않으셔도 됐을 텐데 말이다.

저녁 시간이 돼서야 우리는 점심 먹는 것도 잊은 채 신나게 놀았다는 걸 알게 됐다. 그래서 잠시 리모컨을 내려놓고 온 가족이 탕바오湯包. 육즙을 빨대로 꽂아 먹는 만두를 먹으러 나갔다.

학생으로 보이는 여자 종업원이 나를 보고 친절하게 행주를 흔들며 물었다.

"외국에서 성묘하러 타이완에 오셨어요?"

가족이 일동 경직되었다.

나는 황급히 살려달라는 눈빛으로 부모님을 바라보았다. 하지만 매번 이렇게 긴박한 순간에는 부모님은 중국어를 알아듣지 못하셨다.

"……저희 집에는 없는 것 같은데……."

나는 다소 난처한 듯이 말했다.

"그거 있잖아요! 큼직하고 둥글둥글한 거……."

종업원은 우리가 모를까 봐 친절하게 손짓발짓까지 해가며 설명했다.

"저희 집에는 큼직하고 둥글둥글한 그거 없어요."

마치 우리가 무슨 떳떳하지 못한 일이라도 한 것처럼 누나도 미안해하는 말투로 말했다. 이유는 모르겠지만 사람 소리로 북적북적하고 즐거운 분위기로 가득한 탕바오 집에서 '성묘'라는 두 글자를 입 밖에 꺼내기가 참 어려웠다. 나는 참지 못하고 되물었다.

"그쪽 집은요?"

나에게 주는 10가지 선물

"저희 집은 엄청 크죠! 한 번 갈 때마다 백 명이 넘어요. 관광버스도 대절해야 하고요……."

그녀는 어릴 때 누구 집 모형 비행기가 더 큰지 비교할 때처럼 자랑스러워하며 말했다.

"또 야전용 칼 들고 앞에서 길도 터야 하고요……."

나는 농담으로 말했다.

뜻하지 않게 그녀는 마치 드디어 말이 통하는 사람을 만났다는 듯이 바로 이어서 말했다.

"맞아요, 맞아요! 절 다 하면 밥도 먹어야 되는데 친척이 100명도 더 되니까! 정말 힘들죠. 그래서 저는 출근해야 된다고 핑계대고 안 갔어요."

우리는 '먀오리 현의 성묘객이 엄청나다'는 인상과 함께 집에 돌아와서 위 게임을 계속 이어갔다.

다음에 그 탕바오 집을 지나가면 그 여학생에게 꼭 얘기해야겠다. 사실 나는 칠팔십 된 고령의 부모님께서 어린이날을 보내시도록 도와드리러 왔노라고 말이다.

인생 즐기기, 피피 섬을 위하여 건배!

해마다 우기가 지나가면 나는 몇몇 친구와 함께 태국 남부의 피피 섬으로 떠났다. 여행객 하나 없는, 쪽배를 타고 가야만 닿을 수 있는 모래사장에 숙소를 잡았다. 이 모래사장에는 2층에만 묵을 수 있게 대나무로 높게 지은 단순한 구조의 집들이 죽 늘어져 있었다. 간이침대에 누워 매일 아침 일어나서 맨 처음 하는 일은 대나무와 대나무 사이의 틈으로 잠잠하면서도 깊은 쪽빛 바다를 보는 거였다. 아침 먹을 겨를도 없이 나는 카누를 끌고 바다로 들어가 만을 따라 미끄러지듯 내려갔다. 이곳이 마치 꿈에 그리던 천국과 매우 가까이 있는 것처럼 느껴졌다.

이곳의 작은 객잔을 운영하는 사람은 능력 있는 중년 여성과 연로하신 그녀의 어머니였다. 여기는 어딜 가는 게 상당히 불편하기 때문에 유일한 오락거리는 얼룩덜룩하게 벗겨진 당구대 하나뿐이었다. 벽에는 종이 상자가 있는데 당구를 치고 싶으면 자기가 알아서 돈을 넣는다. 당구대 옆에는 이발소에서 쓰는 침대식 의자가 놓여 있었다. 그 옆에는 또 빗물을 모으는 항아리가 있어서 간이 미용실로 변신했다. 좀 더 옆으로 가면 작은 화덕이 있는 주방인데 할머니는 이곳에서 마술사처럼 순식간에 수십 가지나 되는 다양한 요리를 만들어냈다. 이것들을 제외하고 이곳엔 거의 아무것도 없었다. 그런데 또 부족한 게 하나도 없었다. 이곳에서는 시간이 스톱 모션처럼 멈춰 있는 것 같았다. 해가 뜨고 지는 것, 달이 뜨고 지는 것, 어쩌다 가끔 어선과 다이버를 태운 배가 지나가는 것 말고는 인적은 거의 찾아볼 수 없었다. 여기 상황이 이렇다 보니 나는 어느 날 핵전쟁이 일어나면 세상과 동떨어진 이곳으로 숨어들어와서 여생을 조용히 보내면 되겠다는 엉뚱한 생각을 할 때도 있다.

모든 게 너무나 완벽해서 대형 쓰나미가 이 모든 걸 삼켜버린 게 불과 10여 년 전 일이라는 걸 상상하기 힘들었다. 2004년 크리스마스 다음 날, 이곳은 전혀 다른 세상이었다. 현지 수상 액티비티 가이드를 하는 사람이 있었는데 이 객잔 주인아주머니의 친척이었다. 이름은 콤런 소섬분Komrun Sorsumboon이지만 다들 그를 챔피언이라는 뜻의 별명 '챔프Champ'로 불렀다. 이런 닉네임이 붙은 이유는 그의 스킨스쿠버 실력이 뛰어나서라기보다 언제 봐도 늘 우승한 선수마냥 자신감 넘치는 웃음을 띠고 있어서인 것 같다.

쓰나미가 덮쳤던 그날 아침, 아무런 위험 신호도 없이 바다는 평소처럼 아름다웠다. 챔프는 스노클링 손님들을 데리고 해안에서 비교적 멀리 떨어진 산호초로 가서 열대어를 감상했다. 당시 그는 물이 좀 흐리고 물살이 세다고만 생각했지 다른 특이 사항은 없는 곳이라 스노클링을 계속했다. 그날 오후 피피 섬 해안으로 돌아와서 그는 비로소 눈앞의 광경에 아연실색했다. 그토록 아름다웠던 열대의 낙원에는 허물어진 벽과 도처에 깔린 시체만 남아 있었다. 챔프 일행은 공교롭게도 이 엄청난 재난을 피한 행운아가 되었다.

챔프는 그 뒤로 수개월 동안 잔해 처리와 재건 작업에 참여했다. 나와 친구들도 재난 구호 작업에 참여하면서 챔프를 알게 되었다. 전화위복이라는 말처럼 재건 기금의 도움을 받아 챔프는 꿈에 그리던 스킨스쿠버 다이빙 강사 인력 양성 과정을 들을 수 있는 기회를 얻었고, 마침내 자격증을 획득한 정식 스킨스쿠버 다이빙 강사가 되었다. 수입도 물론 스노클링 가이드만 했을 때보다 꽤 많이 늘었다.

나와 친구들은 쓰나미 지역 재건에 자원봉사자로 참여한 이후로 지금까지 매년 우기가 끝나고 일이 좀 한가해지면 피피 섬에 오기로 약속했다. 폐허를 딛고 다시 되살아난 지금의 피피 섬을 보면서 유유자적하게 시내를 누비는 각국의 청년 배낭객은 쓰나미가 휩쓸고 간 이야기를 아마 전혀 모를 테고 관심도 없을 것이다!

나는 가끔 즉석에서 내린 따뜻한 커피 한 잔이 마시고 싶어질 때가 있다. 이럴 땐 카누를 타고 30분 정도 더 떨어진 곳으로 가야 한다. 관광객이 밀집된 커피숍에서 나는 매번 주인이 소중하게 간직하고 있는 재건 기록 장부를 들춰보고 벽에 붙어 있는 누렇게 바랜 사진들을 빙 둘러본다. 작정하고 찾지 않는 이상 그해 재난 흔적은 전혀 찾아볼 수 없다. 재난에 대한 인간의 건망증을 개탄하는 게 결코 아니다. 오히려 인간의 생명력과 강인함이 감탄스럽다. 어쨌든 슬픔 속에서 사는 게 희생자의 넋을 위로하는 유일한 방법은 아니다. 피피 섬에 온 사람들은 모두 인생을 즐기러 온 것이다. 따라서 어쩌면 쓰나미에 대한 끔찍한 기억을 가진 채 이 열대 섬이 우리에게 주는 아름다움을 누리기 위해 노력하는 것이야말로 대자연에 보내는 최고의 경의일지도 모른다.

나에게 주는 10가지 선물

한 가지 일에 몰두하다:
어느 분야의 전문가가 되자.
어떤 전문가라도 좋다.

전공이 있으면 평생 써먹을 수 있다.
꼭 1등이 될 필요는 없다.
적어도 나는 그렇게 생각한다.

한 가지 일에 몰두하다:

어느 분야의 전문가가 되자.
어떤 전문가라도 좋다.

전공이 있으면 평생 써먹을 수 있다.
꼭 1등이 될 필요는 없다.
적어도 나는 그렇게 생각한다.

비인기 전공은 없다, 비전공만 있을 뿐

많은 사람이 내 전공을 의심한다. 심지어 가족마저 내가 매일 무슨 일을 하는지 잘 모른다. 친구는 더 말할 것도 없다. 하지만 한 가지 분명한 건 있다. 나는 굶어 죽지 않았고 여전히 친구들이 인정하는 '가장 멋지게 사는' 사람이다.

'멋지게 산다'는 건 매일 하는 일 없이 앉아서 놀고먹는다는 의미가 아니다. 매일 좋아하는 일을 하며 대부분의 시간을 보낼 수 있다는 얘기다.

나에겐 두 가지 전공이 있다. 하나는 세계 각지를 돌아다니는 NGO 컨설턴트, 또 하나는 글쓰기다.

둘 다 사회에서 인기 있는 분야는 아니다. 두 가지 중에 부와 명예를 다 얻을 수 있는 것도 없다. 더 비참한 건 내가 이 두 분야에서 소위 말해 잘나가는 사람 축에 못 들 수도 있다는 것이다. 못 믿겠다면 다른 NGO 컨설턴트의 수입과 내 수입을 비교해보거나 서점에 가서 추스잉의 책 판매 부수가 어떻게 되는지 물어보면 바로 알 수 있다. 하지만 1등이 되거나 대가가 되지 않아도 성실하고, 일을 대충대충 하지 않는 전공자이면서, 푸른 바다에 던져진 좁쌀 한 톨처럼 보잘것없는 내 인생에 대해 스스로 꿈의 길을 걷도록 응원해줄 수 있다면 이미 '멋지게 살고' 있다는 것을 알게 되었다.

퓰리처상을 수상하는 건 어려울지 몰라도 좋은 기자가 되는 건 어렵지 않다.

온 세상에 이름을 떨치는 중앙은행 총재가 되는 건 어렵지만 좋은 회계사가 되는 건 어렵지 않다.

명의가 되는 건 어렵지만 환자가 생각하는 좋은 의사가 되는 건 어렵지 않다.

오스카상을 수상하는 건 어렵지만 영화 촬영장에서 묵묵히 일하는 스태프가 되는 건 어렵지 않다.

전공이 있으면 평생 써먹을 수 있다. 꼭 1등이 될 필요는 없다. 적어도 나는 그렇게 생각한다.

유유상종이랄까. 내 주변 친구들도 비인기 학문 전공자들이면서 전과轉科한 사람이 대다수를 차지한다.

아르헨티나에서 자란 타이완 의사 정제正傑 역시 내가 미국에서 만난 이웃이다. 그는 다른 학교 출신 의사가 갖지 못한 언어적 특기를 살려 보스턴 지역의 스페인어만 할 수 있는 저소득층 가정을 비롯해 불법 이민자까지 진료를 한다. 그 결과 현지 라틴계 민족의 영웅이 되었다.

고등학교 이후 이발사로 살아온 미국 친구 프랑크는 최선을 다해 노력하는데도 솜씨는 평범해서 늘 적자를 면치 못했다. 그래서 저녁에는 겸업으로 신장 투석 센터에서 일하고 밤에는 간호학교에 가서 정식 간호사 자격증을 공부했다. 50세가 넘어서 그는 크루즈에 취직해 세계 최초이자 세계에서 유일한 해상 신장 투석 센터 간호사가 되었다. 이로써 세계 일주의 꿈도 이룰 수 있게 되었다.

가족의 소원을 이루기 위해서 아시아계 인사가 모이는 뉴욕의 플러싱(퀸스)에 억지로 진료소를 열고 의사로 일하던 필리핀 친구 루이는 아버지가 돌아가신 뒤 마침내 맘 편하게 진료소 문을 닫고 제과점에 수습생으로 들어갔다. 처음부터 차근차근 제빵 기술을 배운 그는 결국 세계적인 총괄 셰프가 되었다. 뿐만 아니라 베이징 자금성 옆에 미슐랭 스타 레스토랑을 열겠다는 원대한 꿈도 이뤘다. 얼마 전 독일 항공 회사 독일 루프트한자Lufthansa AG에서 일등석 메뉴를 만들기 위해 그를 특별히 초청하기도 했다.

내가 처음 마셜 제도에서 근무할 때 당시 중앙은행 총재가 대만인인 걸 알고 깜짝 놀랐었다. 이렇게 꿈을 좇는 친구들이 공통으로 내게 가르쳐준 건 한 가지였다. 바로 이 세상에 비인기 학문 전공자는 없고 단지 전문성이 좀 떨어지는 사람만 있을 뿐이라는 사실이다.

미국 출신의 마이클 슈나이더 컴퓨터학과 교수는 흔히 말하는 컴퓨터 천재가 아니었다. 미국 항공우주국NASA의 로켓 설계에 참여해달라는 요청을 받은 적도 없고 무슨 네트워크 신기술을 만들지도 않았다. 하지만 30년간 컴퓨터를 가르친 전문성을 가지고 교육을 전공한 아내와 각자의 전공을 살려 그가 재직 중인 대학을 통해 15차례에 걸쳐 짧게는 1개월, 길게는 9개월 간 전 세계의 흥미로운 곳으로 '일하는 휴가'를 떠났다. 부탄(6개월)에서 케냐로, 짐바브웨에서 터키로, 몽골(3개월)에서 네팔(여름방학 내내)로 가서 전공과 관련된 재미있는 일을 하는 동시에 현지 문화를 깊이 체험하고 돈도 벌며 기존 직장을 그만둘 필요도 없었다. 그는 전문가라면 누구나 자신들처럼 일할 수 있다고 믿었기 때문에 책을 한 권 썼다. 책 제목은 《타인의 돈에 대하여On The Other Guy's Dime》이며 부제는 '공짜로 배우는 전문가의 여행 가이드A Professional's Guide To Traveling Without Paying'였다. 전제는 어떻게 돈을 안 쓰느냐가 아니라 반드시 전문성을 갖춘 사람이어야 한다는 것이다. 어떤 분야의 전문가라도 상관없었다. 박사 학위자일 필요도, 의사나 엔지니어일 필요도 없었다. 작가 본인처럼 컴퓨터 전문가가 아니라도 이들 부부처럼 할 수 있었다. 직장을 잃었거나 가정과 자녀가 있는 전문가라도 예외가 아니었다.

캔자스 주에서 오로지 골프장을 건설하기 위해 온 경관 설계사는 부탄 최초 18홀 골프장을 설계했다.

뉴욕에서 온 방송인은 몽골에 뉴스 네트워크를 건립하는 일을 도왔다.

교향악단원은 연주가 없는 계절을 이용해 쿠알라룸푸르에 가서 젊은 지휘자를 양성했다.

교육자는 모리셔스Mauririus의 초청을 받아 취학 전 아동교육을 평가했다.

슈나이더 교수는 아이슬란드, 스리랑카, 우크라이나, 이스라엘 등 수많은 나라를 예로 들며 그가 특별히 운이 좋다고 여기는 사람들에게 이는 하늘에서 그냥 뚝 떨어진 행운이 아니라고 말 할 것이다. 눈에 띄지 않는 신문 구석의 작은 기사 하나로 기업가가 지원하겠다고 나서게 만들거나 용기 내어 낯선 이에게 국제 전화를 걸도록 전공을 잘 활용한 거라고 정정할 것이다. 이 책은 말미에 강조한다. 충분히 전문적이기만 하다면 어떤 전공이든 돈을 주면서라도 당신의 재능을 돕고 싶어 하는 외국 기관이 반드시 있다고 말이다.

비인기 학문 전공자로서 내가 본 많은 인기 전공은 인재가 넘쳐서 경쟁이 치열했다. 비인기 전공을 착실하게 공부한다면 정상급 인재는 아니더라도 절대 굶어 죽는 일은 없다. 최선을 다한다면 말이다.

많은 사람이 뭐든 다 하려는 적극적인 자세가 성공의 비결이라고 생각한다. 영웅은 비천한 출신을 걱정하지 않는다고 하지만 나는 전문 지식이나 능력을 갖추고 있으면서도 전문적이지 않은 일을 하거나 대충대충 일해놓고도 만족해하면서 상황에 잘 적응하고 있다고 여기는 사람이 가장 걱정스럽다.

더 놀라운 건 대학, 심지어 대학원까지 졸업해서 나이도 적지 않은데 아직도 이렇다 할 전공이 없는 사람들이다. 그저 '전공 학생'에 머물러 인생과 꿈을 위한 시간을 좀먹고 있는 이런 사람을 보면 좀처럼 이해할 수가 없다. 이는 젊은이들이 내게 앞으로 뭘 해야 꿈을 이룰 수 있을지 물을 때 어깨를 으쓱하며 이렇게 말할 수밖에 없는 이유이기도 하다.

"뭘 하든 다 괜찮습니다."

전공 분야가 있기만 하면 자동차 수리든 야금이든, 도자기 공예든 춤이든 모두 꿈을 전공으로 바꾼 것이기 때문에 이생에서는 뭘 해도 다 괜찮다.

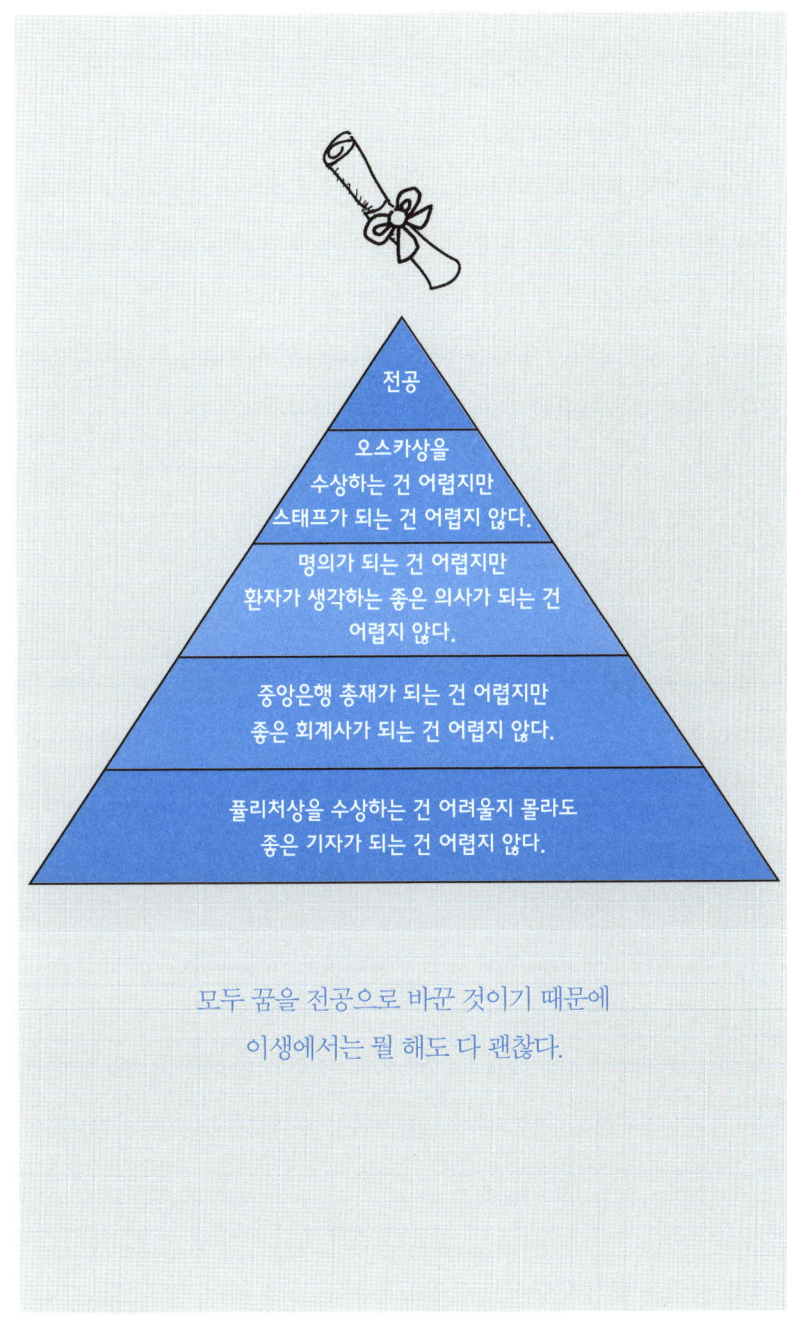

전공

오스카상을
수상하는 건 어렵지만
스태프가 되는 건 어렵지 않다.

명의가 되는 건 어렵지만
환자가 생각하는 좋은 의사가 되는 건
어렵지 않다.

중앙은행 총재가 되는 건 어렵지만
좋은 회계사가 되는 건 어렵지 않다.

퓰리처상을 수상하는 건 어려울지 몰라도
좋은 기자가 되는 건 어렵지 않다.

모두 꿈을 전공으로 바꾼 것이기 때문에
이생에서는 뭘 해도 다 괜찮다.

자주 받는 15가지 질문

　노동자 직업 훈련과 관련된 한 정부부처에서 경력에 관한 Q&A 행사를 열었는데 나를 전문가로 초대했다. 직장인이 내게 하는 질문에 답변을 해 달라는 요청이었다. 독자들은 이미 눈치챘겠지만 나는 Q&A를 정말 좋아한다. 한 달 동안 공개로 질문을 받은 결과 대다수 직장인이 비인기 학문 전공자인 내게 하는 질문은 크게 15가지를 벗어나지 않았다.

> **Q1** 공익 활동을 결심하실 때 누구의 영향을 받았나요? 변하게 된 동기는 무엇인가요?

　제가 NGO에서 일하기로 결심하기 전에 한 가지를 분명히 해뒀어요. 다른 사람을 돕고 세상을 바꾸고 싶다고 해서 나 자신을 다른 사람의 도움이 필요한 대상으로 만들고 그 사람의 세계를 변화시켜서 내 꿈을 이뤄서는 안 된다고요.

　다른 사람을 위해 일하는 이 전공을 선택한 건 누구의 칭찬을 바라고 한 게 아니라 제가 진심으로 하고 싶은 일이었고 이 일을 하면서 제 인생을 멋지게 완성하고 싶었기 때문입니다.

　공익과 자원봉사를 꼭 같다고 할 수는 없어요. 엄숙한 자세로 공익을 추구한다면 자원봉사 제도의 결점을 보완할 수 있습니다. 저는 전문적인 NGO 직원은 굶어 죽지도 않고 우아함을 유지하며 살 수 있다고 스스로에게 증명하고 싶어요. 저는 이 일을 하면서 저보다 훨씬 더 뛰어나고 전문적인 사람을 많이 만났어요. 그분들은 제게 많은 힘이 되어주었고 덕분에 저는 더 많은 가능성을 볼 수 있었어요. 언젠가는 저도 똑같이 이 일을 하고 싶어 하는 사람들에게 안심하고 꿈을 좇을 수 있도록 힘이 되어주고 싶습니다.

> **Q2** '볼런투어리즘', 다른 말로는 '공익 이행'이라고도 할 수 있는 이 여정에서 의기소침해지거나 열정이 식어버릴 뻔했던 적은 없나요? 만약 있었다면 어떻게 이 장애를 극복하고 계속 이어갈 수 있었나요?

볼런투어리즘에 대해 낙심해본 적은 한 번도 없어요. 다른 각도로 세상을 바라보는 법을 배울 수 있는 가치 있는 학습법이라고 굳게 믿었거든요. 장애라면 볼런투어리즘의 설계 자체가 좀 좋지 못했다는 거예요. 참가자들의 '전문 기술'과 '심리 기술'이 부족해서 기대한 효과를 거두지 못한 경우도 있었어요. 이런 것들은 계속 경험을 쌓아나가다 보면 서서히 좋아질 수 있어요.

> **Q3** '볼런투어리스트'로서 일하면서 가장 마음을 움직였던 부분은 무엇인가요? 지금 하는 일에서 무엇을 기대하고 계신가요?

저는 겸손한 자세로 세계 곳곳에 가서 배우고 귀 기울이며, 곤경에 처한 NGO나 지역 사회 커뮤니티와 함께 문제 원인을 정리하고, 누에고치에서 명주실을 뽑듯이 문제 해결의 실마리를 찾고 싶습니다. 그런 다음 감정에 호소하는 게 아니라 전문적인 방법을 통해서 해외 자원을 찾는 거죠. 이 자원이 너무 적으면 안 돼요. 꿈을 다 이행하지 못할 수도 있으니까요. 그렇다고 자원이 너무 많아서도 안 됩니다. 사회에 부담을 초래하거든요. 소중한 자원은 계획이 추진될 수 있을 만큼만 있으면 됩니다. 나머지는 현지 지역 사회나 기구가 자원 활용 방향이나 목적지를 결정하도록 그냥 둬야 해요. 이때 저는 전적으로 신뢰하고 지지하는 법을 배웁니다. 현지 지역 사회가 잘못된 결정을 한다고 해도 끝까지 응원해야 돼요. 마치 자전거 타는 법을 배울 때 몇 번은 넘어지는 것처럼 단기적인 실패를 두려워해서는 안 됩니다. 장기적인 가치를 볼 줄 알아야 하죠. 이런 과정을 반복하면서 저 역시도 같은 방법으로 제 인생의 가치를 볼 수 있게 되었습니다.

Q4 가족들이 지금 하고 계신 일을 응원하던가요? 만약 가족의 지지가 없었다면 어떻게 설득할 생각이었나요?

가족은 저를 지지해줬어요. 만약 가족이 지지를 안 했다면 그건 제가 어딘가 제대로 하지 못한 부분이 있단 뜻일 거예요. 예를 들면 수입보다 지출이 많아서 걱정시키고 가족에게 경제적인 부담까지 짊어지게 한다거나, 충분한 소통이 이루어지지 않아서 가족이 제가 하는 일의 가치를 보지 못하게 만드는 경우가 그러한 예죠. 누가 뭐래도 가족은 우리 인생의 VIP 고객인데 고객 서비스가 먼저 제대로 이루어져야 되잖아요. 가족에게도 감동을 줄 수 없다면 어떻게 낯선 사람을 감동시켜야 할지 상상하기 어려워요.

Q5 높은 연봉의 직장을 과감하게 그만두셨는데 어디서 그런 용기가 나왔나요? 실패했을 경우를 대비해 따로 준비해두신 게 있었나요? 있었다면 그 이유는요?

수입이 어느 정도가 됐을 때 저는 의식주를 만족시키기 위해 필요한 건

한계가 있고, 실질적으로 필요한 수준을 넘어서면 남는 돈은 그저 숫자에 불과할 뿐 인생에 그다지 큰 도움이 되지 않으며 오히려 심리적인 부담이 된다는 걸 깨달았어요.

그래서 저는 돈이 넉넉한 기준보다 조금 더 많다면 평생 직접 은행에 가서 계좌에 잔고가 얼마나 있는지 안 보기로 결심했습니다. 저한테는 이게 가장 단순한 행복이에요.

기왕에 제가 명함에 무슨 일을 하는지 꼭 넣어야 된다거나 월급이 얼마고 차가 있는지 없는지를 상상해본 적이 없는 이상 제겐 소위 말하는 실패란 없습니다. 만약 배를 채워야 한다면 저는 평생 호주나 뉴질랜드 농장에 가서 과일 따는 일을 할 수 있습니다. 한 달이면 12만 타이완달러를 벌 수 있고 야외 작업으로 몸도 단련할 수 있으니 걱정할 게 뭐가 있겠습니까?

Q6 | 어떤 방법으로 외재적인 문제나 심리적인 장애를 극복해서 자신이 하고 싶은 일을 하도록 스스로에게 용기를 북돋아주셨나요?

운동 습관을 유지했습니다.

저는 운동선수가 아니라도 운동 습관을 통해 아이가 운동선수처럼 심리 상태를 훈련할 수 있다고 믿습니다.

운동선수의 심리 상태라는 게 뭘까요? 치열한 경쟁이 벌어지는 경기장을 떠올려보세요. 1등은 한 명으로 정해져 있지만 실력이 가장 뛰어난 사람이 아니라 시합에서 최고의 기량을 발휘하는 사람이 우승할 때도 있습니다.

운동 경기는 선수에게 신체 에너지는 물론이고 심리 에너지를 최대치로 소모하라고 요구합니다. 그래야 최고 기량을 발휘할 수 있으니까요. 사실 일상생활도 이와 별반 다르지 않습니다.

매일 운동하는 습관은 저를 일깨우는 가장 좋은 방법입니다.

Q 7 좋아하지도 않는 일을 억지로 하고 있는 사람들에게 하고 싶은 말씀이 있
나요? 어떻게 하면 일에서 재미를 찾고 좀 더 열심히 일할 수 있을까요?

만약 좋아하지 않는 일을 하면서 한 달에 12만 타이완달러도 벌지 못한
다면 자신의 소중한 인생을 무시하는 것 아닌가요? 빨리 그만두지 않고 뭐
하는 거죠? 자신이 정한 최저 임금에도 못 미치는 돈을 벌겠다고 버티다니
요? 그런 걸 자기 학대라고 하는 겁니다.

Q 8 국제 공익 단체에서 활동하려는 학생들에게 구체적으로 조언을 해주신다
면요?

국제 공익 활동을 하려면 그전에 먼저 두 가지 과제를 완수해야 됩니다.
하나는 최소 1개월 동안 배낭여행을 한 경험이 있어야 하고 또 하나는 국
내 공익 단체 활동에 꾸준히 참여하는 습관을 길러야 합니다. 두 가지를 모
두 하지 못한 사람은 외국에 나가서 공익 활동에 참여한다고 해도 개인적
으로는 큰 수확을 얻지 못할 뿐 아니라 오히려 상대방 지역 사회에 부담을
줄 수 있습니다.

Q 9 타이완에서 가장 여행 가볼 만한 곳이 있다면 어디이고 그 이유는 무엇인
가요?

아름다운 이 세상은 어느 곳이든 다 가볼 만합니다. 제게 가볼 만한 가치

나에게 주는 10가지 선물

가 없는 곳이란 없어요. 하지만 만약 아름다운 자연의 경관이 철제 판잣집으로 덮여 있는 걸 보게 된다면 가는 김에 주인에게 한마디 하길 바랍니다. "정말 보기 좀 불편하네요"라고요. 지나가는 사람마다 한마디씩 한다면 빠른 시일 내에 부끄러워서라도 철거하지 않을까요?

Q10 │ 살면서 꼭 가봐야 하는 나라는 어디인가요? 그 이유는요?

꿈이 있는 곳이면 어디에든지요. 어디라도 좋아요. 지구는 둥그니까. 좋은 곳과 나쁜 곳이 나뉘어 있지 않잖아요.

Q11 │ 여행 도중 만났던 사람, 풍경, 일화 중에 가장 기억에 남는 게 있다면요?

고등학생 때 난생처음 배낭여행을 갈 수 있을 정도의 돈을 모았어요. 돈이 별로 없어서 먼 데까지는 못 가고 그나마 가까운 인도네시아로 여행을 갔습니다. 그때가 아마 제가 살면서 처음으로 국외 장기 체류를 했던 경험일 거예요. 그때 기억은 이제 가물가물하지만 NGO에 몸담게 된 결정적인 이유가 뭐냐는 질문을 받을 때면 저는 어쩔 수 없이 그해 여름방학 때로 거슬러 올라갔어요.

그 당시 전 여행 경비를 아끼려고 야간열차를 타고 다녔는데 낮에 장거리 버스에서 시간을 허비 안 해도 되고 숙박비도 아낄 수 있었거든요. 관광객이었던 제가 인도네시아의 중산층도 보지 못했던 가난한 현실을 볼 수 있었던 건 다소 힘든 이런 여행 방식 덕분이었는지도 몰라요. 매일 아침 기차역이나 버스 터미널 문을 열고 나가면 저를 맞이한 건 찬란한 태양이나 차가운 공기가 아니라 구걸하는 작은 손들이었어요.

그 여름을 저는 영원히 잊지 못할 거예요.

Q 12 책에 쓴 여행 일화는 전부 사실인가요? 외국에서 어떤 상황을 만났을 때 가장 두려운가요?

가짜를 써서 뭐하게요? 진짜를 쓰기도 바빠 죽겠는데요. (웃음)

외국에서 사자나 호랑이를 만나도 상관없는데 저한테 사진 찍자, 사인 해달라고 하는 고향 사람들 만나는 게 제일 겁나요. 너무 어색하거든요!

Q 13 인생에서 가장 중요한 일이 뭐라고 생각하세요?

나를 찾고 자신에게 주어진 사명을 알고 용감하게 앞으로 나가는 거요.

Q 14 '돈'을 어떻게 정의하시겠어요? '돈'의 중요성을 어떻게 가늠할 수 있을까요?

돈이 꼭 많을수록 좋다고는 할 수 없어요. 진정한 부는 넉넉한 것보다 조금 더 많은 거라고 생각해요. '넉넉하다'의 정의는 개인의 교양 수준과 지적 수준에 따라 달라집니다. 저는 교양 수준이 떨어질수록, 지적 수준이 낮은 사람일수록 더 많은 돈을 소유하고 더 많은 배고픔과 부족함을 느낀다는 걸 알게 됐습니다. 이런 사람은 뇌 용량이 턱없이 부족한 다람쥐와 비슷합니다. 다람쥐는 구과毬果, 잣송이나 솔방울 등의 열매를 발견하면 자기 걸로 만들고 싶어서 안달이 납니다. 구과를 가져다 땅에 묻지만 어디에 묻었는지 아무리 생각해도 생각나질 않죠. 그래서 매일매일, 해마다 필사적으로 더 많

나에게 주는 10가지 선물

은 구과를 가져다가 자신조차도 영원히 찾을 수 없는 곳에 구과를 묻습니다. 죽을 때까지 계속 부족하다고 느끼면서요.

Q 15 │ 어떻게 하면 자신이 좋아하는 사람이 될 수 있나요?

19세기 들어 구미 지역 사람들은 일본 소녀의 아름다움에 매료되었습니다. 문헌 기록에 따르면 안세이 5년(1858년)에 카텐다이크 중위는 간린마루 군함을 지휘해 항해 훈련을 할 때 가고시마를 방문했는데 '얇디얇은 기모노 차림의 짙은 흑발을 드리운' 현지 아가씨의 모습을 보게 됐다고 합니다. 카텐다이크 중위는 뭐라 말로 표현할 수 없을 만큼 아름다운 긴 머리카락과 곱게 쪽 찐 머리를 한 일본 아가씨에게 흠뻑 빠져버렸죠. 네덜란드 해군도 흥분해서 이렇게 말했다고 합니다. "태어나서 이런 광경은 처음 봅니다. 그냥 이곳에 정박하시죠. 저흰 아무 데도 가고 싶지 않습니다"라고요.

하지만 당시 유럽인도 알고 있었습니다. 그들 서양 기준에서 일본 여성은 엄밀히 말해 예쁜 축에 들지 못했다는 것을요. 휴브너는 "그녀들은 전혀 아름답지 않았다. 높이 솟은 광대뼈, 길고 가느다란 눈매, 두툼한 입술을 갖고 있어 호리호리한 여성미가 부족했다"고 말했지만 사실은 '밝고 순수함, 조신함과 태생적 우아함'이 유럽인을 사로잡았던 것입니다. 이런 매력이 사람을 편안하게 만들고 좋은 느낌을 준 거죠. 오랫동안 일본에서 생활하면서 외국인이 보는 미의 기준이 달라진 것입니다. 몸집이 아담하고 예의 바르며 조신한 일본 여성을 계속 보다 보니 자국의 여성은 우악스럽고 드세며 공격적이라고 느끼게 되었습니다.

그런 의미에서 누군가에게 느낌이 좋은 사람이 되는 것이야말로 진정한 아름다움의 조건이라고 할 수 있습니다.

평범함에 대한 두려움, 24세 직업 군인이 보낸 편지에 답하다

이 계속되는 질문에 답변하고 나서 이틀 뒤에 24세 현역 군인인 독자 벤Ben에게 편지 한 통을 받았다. 벤은 퇴직하고 사업을 시작해 제2의 인생을 시작해볼까 고민 중이라고 했다.

벤은 직업 군인으로 5년 넘게 일했는데 내년이면 만기 제대를 할 수 있다. 하지만 벤의 가족들은 제대를 원하지 않는다. 부모님은 군인이라는 직업이 정년도 보장되고 꼬박꼬박 월급도 나오기 때문에 앞으로 먹고살 걱정은 하지 않아도 된다고 생각하기 때문이다.

벤은 내가 쓴 책도 많이 보고 내 강연도 들으면서 멀리 여행을 떠나고 싶다는 생각이 마음속에 꿈틀대기 시작했다. 내년이면 자신도 스물넷인데 더 미루면 앞으로 기회가 없을지도 몰랐다.

나는 이렇게 답장했다.

앞으로 1년간 자신을 위해 준비하는 시간을 가지세요. 제가 워킹홀리데이로 호주에서 일할 때 만난 요리사 친구 딩뤼鼎儒도 타이베이에 있는 끝내주는 레스토랑 '미아우벨루스 카페'에서 오랫동안 일하면서 그 식당에 없어서는 안 될 존재로 자리 잡은 뒤에야 워킹홀리데이로 시드니에 가서 레스토랑에 취직한 거였습니다. 워킹홀리데이 기간에 할 수 있는 일이 자신의 꿈에 더 가까웠기 때문이죠. 만약 농장에 가서 소 외양간을 청소하고 포도를 수확하더라도 견문은 넓힐 수 있겠지만 워킹홀리데이를 마치고 타이완에 돌아간 뒤 하고 싶었던 요식업과 관련된 일이라면 더 좋지 않을까요?

나는 요요마의 예도 들었다.

2010년 첼리스트 요요마의 레코드 회사는 30년간 이어온 그의 음악 인생을 위해 CD 90장으로 구성된 기념 음반을 제작했습니다. 당시 언론이 인터뷰에서 요요마에게 30년간 무엇을 배웠는지 묻자 그는 이렇게 말했습니다. "지난 30년 동안 내가 누구인지, 이 세상에서 내가 어떤 일을 해야 하는지 이해하는 데 많은 시간을 들였습니다."

요요마는 어려서부터 두각을 나타냈습니다. 여섯 살 때 파리에서 미국으로 이민을 간 뒤 어린 나이에 백악관에서 연주하기도 했지만 평범한 우리와 마찬가지로 비슷한 삶의 궤적을 그려나갔습니다. 다른 사람들처럼 결혼 후 독립해서 아이도 낳고 차도 샀지요. 이런저런 일로 고민하고 걱정하기도 했습니다. 하지만 그가 평범한 인생을 살고 있다고 말하는 사람은 아무도 없을 겁니다. 나를 이해하고 내가 있는 위치와 세상에서 내가 어떤 역할을 다해야 하는지 아는 것을 꼭 실패라고 할 수는 없습니다. 하지만 삶의 틀을 벗어나기 위해 가족의 응원과 생활의 궤적을 잃어버리는 게 과연 성공을 의미할까요? 그런다고 그 틀이 사라질까요? 잘못하면 원래 틀보다 더 좁은 틀 안으로 뛰어들게 되지는 않을까요?

이른이 된다는 긴 이런 겁니다. 실제 인생은 학교에서 시험 보는 것처럼 딱 떨어지는 정답이란 게 없어서 머리가 좀 아프긴 하지만 더 진실하고 추구할 가치가 있다는 걸 알게 될 거예요.

가족의 뜻이 꼭 옳지는 않아요. 하지만 가족은 우리 인생에서 영원한 VIP입니다. VIP 고객을 위해 최선의 노력을 다하면 당신이 꿈을 이루는 데 가장 든든한 조력자가 되어줄 거예요. 그렇지 않고 혼자 외롭게 꿈을 좇는 동안 당신에 대한 만족도가 낮은 VIP가 걸림돌로 변해버린다면 더 힘들지 않겠어요?

요요마 같은 사람도 그토록 오랜 시간을 들인 후에 세상에서 자신의 위치를 찾아냈는데, 우리같이 평범한 사람이 짧은 시간 안에 자신을 찾으려고 하는 건 좀 무리가 아닐까요? 지금 가족과 잘 얘기해보는 건 어때요? 앞으로 1년 동안 현재 직업을 유지하면서 수업을 듣거나 인턴으로 요식업에 발을 들여본 뒤 빠르면 25세, 늦어도 28세 이전에 현 직장을 그만두고 30세 전에 2년 동안 해외에서 워킹홀리데이를 체험하겠다고 하는 것이지요. 이러한 계획적인 결정이라면 가족에게도 갑작스럽게 다가오지는 않을 거예요. 향후 1~3년이란 기간 동안 본인과 가족에게 자신의 결심을 증명할 수 있는 충분한 시간과 기회가 있어요. 그때 가서 당신이 VIP 고객에게 서비스를 너무 잘했거나 당신이 만든 빵이 우바오춘吳寶春, 타이완 출신 베이커리 월드컵 세계 챔피언 제빵사이 만든 것보다 훌륭하다면 이번에는 오히려 가족이 나서서 당신에게 직장을 그만두고 유학을 가라고 등 떠밀지 누가 알겠어요!

인생은 길어요. 언뜻 빨리 뭔가를 시작해야 될 것 같지만 사실 잘한 결정이기만 하다면 언제 시작해도 늦지 않습니다. 꿈을 향해 분명한 지도를 그리면 반드시 그 꿈에 가까워지니까요. 아무도 보장할 수 없지만 우리도 목적지에 닿을 수 있습니다. 꿋꿋하게 꿈을 향해 걸어가기만 한다면 꿈은 이루어집니다. 평범함을 두려워하지 마세요. 평범함은 무서워할 게 아닙니다. 타이완의 울트라마라톤의 대가 천옌보陳彦博 선수가 '만약 당신이 본인만을 위해 필사적이고 자신이 어떤 사람인지 증명하기만을 바란다면 분명 마지막에 혼자서 쓸쓸하게 보낼 것이다'라고 말한 것처럼 그런 상황에 처하는 게 진짜 무서운 겁니다.

제목 없는 글

거들먹거리며 '이 글은 자유 글입니다'라고 써놓은 블로거가 부러울 때가 있다. 제목이 필요 없는 글은 사실 좋은 제목으로 규정되는 것보다 쓰는 게 훨씬 어렵다. 그림을 다 그려놓고 적절한 제목이 생각나지 않아서 '무제'라고 적는 거랑은 전혀 다르다.

인생은 제목 없는 자유 글이다.

나는 어려서부터 '나의 장래 희망'을 적는 작문 수업 때 농부가 되고 싶다고 적었다. 그렇다고 그때부터 내가 해야 할 일을 이미 알고 있었다는 뜻은 아니다. NGO 경영 컨설턴트가 되기 전에 나는 이 결정이 머리를 빡빡 밀고 뒤돌아보면 안 되는 출가를 결심하는 것과 비슷하다는 걸 알았다. 그렇기에 철저히 준비해야 했다.

많은 사람이 평생 동안 무언가를 준비하지만 한 번도 준비를 끝낸 적이 없는 삶을 산다. 나는 나도 그런 사람이 될까 두려웠다. 그래서 스스로에게 '서른 번째 생일'이라는 기한을 줬다. 서른 살이 되면 그길로 뒤도 안 돌아보고 NGO의 길에 들어서기로 마음을 먹었는데, 그전에 나는 우선 'NGO에 대한 전문 지식을 갖출 것, 일반 NGO인에게 부족한 경영관리 경험을 쌓을 것, 주머니 사정이 넉넉하게끔 재무 관리에 힘쓸 것' 이 세 가지 과제를 완수해야 했다.

첫 번째 과제를 위해서 나는 공부와 미국에 대한 염증을 극복하고 하버드 대학교 케네디 공공정책대학원(하버드 케네디 스쿨)에 들어가 공공 정책을 배우고 전공을 나눌 때는 국제NGO경영을 선택했다. 또한 국제발전센터 교수의 소개로 보스턴 현지에 있는 뉴잉글랜드 수족관과 미국 내의 몇몇 인디언 마을부터 시작해 커뮤니티 발전 계획안을 작성했다. 이때가 바로 내가 '기술을 연마'하던 단계다.

두 번째 과제는 다소 어려웠다. 공무원 집안에서 자랐기 때문에 가족 중에 장사하고 돈 버는 법을 아는 사람이 아무도 없었다. 경영관리 경험을 쌓기 위해 장사에 대한 편견을 이겨내고 미국 과학기술산업 상장 회사에 취직해서 프로젝트 경영부터 시작해 점차 고객 서비스와 경영관리 업무를 접했다. 6개월마다 다른 나라, 다른 도시에 가서 새로운 자회사를 설립하는 기회를 활용해 어떻게 하면 가장 짧은 기간 안에 얼마의 돈과 자원을 들여야 우수한 팀을 만들 수 있는지 알 수 있는 법을 익혔다. 또한 원가의 개념, 경영의 기술과 용인술까지 마스터했다.

세 번째 과제는 뜻밖에도 두 번째 과제보다 훨씬 어려웠다. 일단 NGO 컨설턴트로 일해서 충분한 생활비를 벌 수 있는지 없는지를 전혀 예측할 수 없었기 때문이다. 그래서 이직을 결심하기 몇 년 전부터 보스턴 고급 주택 단지에서 교외 지역에 있는 저렴하고 오래된 집으로 이사해 다른 사람들과 홈 셰어링을 했다. 원래 두 대였던 차도 한 대를 팔고, 남은 차도 기름값이 저렴한 주유소를 찾아서 주유하면서 사용했다. 매주 외식하는 횟수도 줄이고 아낀 돈을 차곡차곡 모았다. 처음 2년간 신입사원의 자세로 나의 성실함과 능력을 증명하려면 NGO에서 2년 동안 무보수로 순수하게 자원봉사를 한다고 해도 경제적인 어려움을 이 악물고 버텨낼 수 있어야 했다. 돈 때문에 무너질 수는 없었다! 게다가 나 혼자서 쓰기에 충분하면 그만인 게 아니라 부모님께 매달 드릴 용돈도 미리 모아둬야 했다. 어쨌든 나이 서른씩이나 돼서 뒤늦게 자식이 굶어 죽지는 않을까 부모님을 걱정시키는 건 좀 아니지 않은가. 그래서 NGO에 들어간 뒤 수입이 어떻든 간에 가족을 걱정시킬 수는 없었다. 집에서 효도도 제대로 못 하는데 무슨 자격으로 낯선 사람을 돕겠는가?

다행스럽게도 나는 스스로 만든 세 가지 과제를 기한 안에 모두 완수했다. 스스로 직업을 바꾼 스토리를 돌이켜보면 직장 경력과 인생은 마치 제목 없는 글과 같다는 걸 알게 된다. 인생이라는 꿈의 전문가가 되려면 거침없이 써 내려가야 할 뿐 아니라 어떻게 잘 마무리해야 하는지도 알아야 한다.

전공은 우리에게 자신을 소중히 여기는 법을 알려준다

모든 사람은 평생 자기 자신을 찾으며 산다. 인생의 답을 찾으면서 자신의 문제가 충분히 좋은지 아닌지를 어떻게 알 수 있을까? 안 좋은 문제는 잘못된 기초처럼 좋은 답을 낼 수가 없다. 세계 일주같이 너무 빨리 실현할 수 있는 꿈은 전공으로 삼지 않는 이상 솔직히 평생을 걸고 추구할 만하진 않다. 6만 5,000타이완달러로 구입한 가장 저렴한 세계 일주 티켓과 1년이라는 시간이 주어지기만 하면 누구나, 혹은 나이가 서른 살 이하라면 워킹홀리데이 비자를 받아서 더 적은 돈으로도 할 수 있는 너무 간단한 일이기 때문이다. 따라서 좋은 문제 축에 들지 못하고 그저 출발점에 불과하다. 내가 늘 말하듯이 여행은 아름다운 인생의 첫걸음에 불과하다. 평생 추구할 만한 문제란 이를테면 평화나 농업의 미래, 전 세계 기후 변화 같은 것들이다. 이런 문제들이야말로 답을 추구할 만한 가치가 있다. 어떻게 해야 자신이 평생 해도 좋을 만한 전공을 알 수 있을까? 나는 세 가지 기준을 다음과 같이 귀납했다.

하면서 전혀 피곤하다고 느껴지지 않을 것.

누가 그만하라고 해도 멈출 수 없는 것.

나와 함께 일하는 사람들이 모두 내가 존경하는 전문가일 것.

나는 전문성이 없는 꿈은 별로 가치가 없다고 믿기 때문이다. 예전에 미아우벨루스 카페에서 함께 일했던 딩뤼와 인터넷으로 얘기를 나누다가 요식업계의 라이징 스타로서 어떻게 성황 중이던 레스토랑을 나와서 과감하게 호주 시드니로 워킹홀리데이를 떠나 현지 레스토랑에서 바닥부터 다시 배울 결심을 하게 됐는지, 또한 더 중요한 질문, 호주에 가서 뭘 배웠는지 물었다.

"외국인 셰프의 생각을 배웠지."

딩뤼는 조금의 머뭇거림도 없이 대답했다.

"무슨 뜻이야?"

딩뤼가 말했다.

"그 사람들은 혼내는 대신 칭찬을 해. 타이완 셰프 중에 이렇게 할 수 있는 사람은 거의 없어."

나는 어느 한 분야의 전문가가 해외에서 오랫동안 머물면서 이런 깨달음을 얻었다는 것만으로도 이미 본전은 뽑았다고 생각한다. 타이완이란 나라는 규모도 작고 사람들도 비슷비슷한 데다 일하는 방식도 흡사하기 때문에 전문 분야 어디를 가도 이 바닥이 좁다 내지는 우물 안 개구리라는 생각을 지울 수 없는 것이다. 유일한 해결책은 밖으로 나가는 것이다. 그래야 성장 가능성이 커진다.

"지금 네가 배우고 있는 게 그거였구나."

나는 진심으로 말했다.

"나중에 이곳으로 다시 돌아올 땐 좀 달라져 있겠는걸. 최소한 마음가짐만이라도 달라져 있겠지."

전문가는 생각을 조금만 바꿔도 전혀 다른 결과를 낼 수 있으며, 이는 기술적인 목표보다 더 값지다. 전공이라는 건 마지막에 가서는 결국 생각을 겨루는 거지 기술을 겨루는 게 아니다.

예를 들어 둥하이東海 대학 건축학과 셰잉쥔謝英俊 교수는 타이완 1999년 9·21 대지진 이후 재건 사업에서 전공을 살려 재난 발생 지역 생태 화장실 건설에 힘썼다. 수년 뒤 쓰촨 대지진이 발생했을 때도 이 교수는 타이완에서 쌓은 경험으로 피해가 가장 심각한 '1급 재난 지역'으로 갔다. 처음 시작했을 때는 실패했지만 나중에 2급 재난 지역에서 108가구 재건에 성공했다. 성공의 주요 원인은 이 교수가 중국에서 일처리 방법을 바꿔 이재민이 스스로 작업에 참여하도록 만들어 이틀에서 닷새 안에 완공할 수 있었기 때문이다. 직접 땀 흘려 일한 만큼 사용하는 사람들도 더 소중함을 알게 된 것이다. 또한 셰잉쥔 교수는 현지에서 재건을 돕는 자원봉사자들을 전문가로 훈련시켰다. 원한다면 나중에 생태 화장실 건설 기술(전공)을 가지고 각자의 고향으로 돌아가 창업을 할 수도 있었다.

전문 기술을 토대로 생각의 혁신을 더해 일궈낸 이 성공 사례는 곧 중국공산당 고위 관계자의 주목을 받았다. 그 결과 셰잉쥔 교수는 바다 건너 중국 대륙으로 초청받아 경량 철골을 사용한 마을 조성 프로젝트에 참여하게 되었다. 이런 대규모 사회적 실험에 참여하는 건 타이완의 수많은 건축사에게는 꿈에서도 얻기 힘든 소중한 기회인데 그가 특별히 운이 좋았을 뿐일까? 나는 행운이라는 것도 다 그럴 만한 자격이 있는 사람한테 돌아간다고 생각한다.

내 질문에 대한 셰프 딩뤼의 답변으로 다시 돌아와서, 나는 왜 그 당시 잘나가던 전문직을 떠나겠다는 결심을 했는지 물었다. 경기가 전반적으로 좋지 않은 상황에서는 대부분의 타이완 청년이라면 꿈을 잠시 접어두고 계속 일에 열중하려고 할 텐데 말이다.

"아마 이렇게 말할 수 있을 것 같아. 나는 내 능력이 부족하다고 생각했어. 막중한 업무량에 계속 이대로 가다가는 밑천이 바닥날 것 같더라고. 보니까 집에 돈이 있는 것도 아니고 해서 상황이 이렇다 보니 워킹홀리데이가 제일 편한 길이었어."

전공은 우리가 자신을 더 소중하게 생각하도록 만들어준다. 나 스스로도 이 말을 계속 기억할 수 있기를 바란다. 그럴 수 있다면 앞으로 평생 일이나 현실로부터 버림받을 걱정은 하지 않아도 될 테니까 말이다.

CHAPTER

8

'나'는 이 세상의
선물이다

자신의 위치를 찾기 위해 노력하면서
자신을 있는 그대로 받아들이고 좋아한다면
우리가 곧 자신의 업그레이드 버전이 된다.

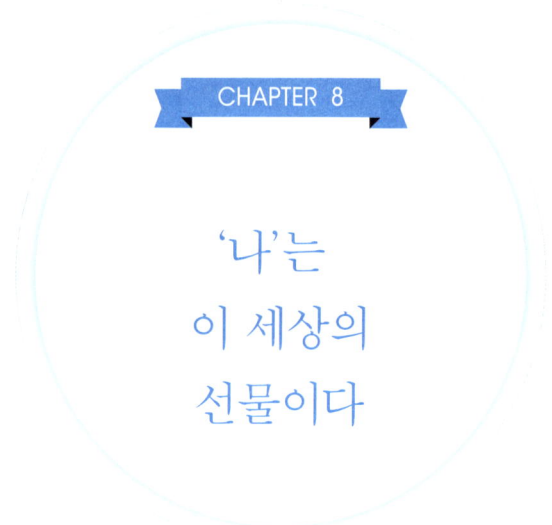

'나'는
이 세상의
선물이다

자신의 위치를 찾기 위해 노력하면서
자신을 있는 그대로 받아들이고 좋아한다면
우리가 곧 자신의 업그레이드 버전이 된다.

나 자신의 시대

얼마 전 출판사 편집자가 내게 숙제를 하나 던져줬다. 집에 가서 요즘 인
터넷에서 초특급 인기를 누리고 있는 블로그를 좀 보라는 거였다. 아마도
내가 시대의 흐름을 읽어 고목에서 새순을 틔워내거나 뭔가 새로운 점이
부족한 여행 작가에서 집순이나 집돌이의 워너비가 되기를 기대하는 게 아
닐까 싶었다. 안구건조증이 생길 정도로 열심히 봤으나 도저히 이런 '꿀잼'
인 여행 에세이를 써낼 재간이 없었다.

요즘은 오키나와에 가는 게 정말 편리해졌다. 예전에는 신경 쓸 것도 많고 망할 놈의 비자도 만들어야 했다. 요즘엔 비행기 타면 승무원이 죄다 모델 같고 헤어스타일도 트렌디하다(셋팅펌인가?)--뷰티풀!(엄지척) 기내식 한 번 먹고 오줌 한 번 누고 나면 벌써 도착해 있다.

나도 이렇게 쓸 수 있다고 가정해보자. 억지로라도 짝퉁 작가로 분해 인기를 끈다거나, 무라카미 하루키보다 책이 잘 팔리는 작가가 된다고 해도 지금처럼 행복하진 않을 것 같다. 가장 결정적인 이유는 그 사람은 내가 아니기 때문이다.

'나'는 기성 작가에게 얼마나 중요한 존재일까? 내가 알기론 최소한 어떤 베스트셀러 작가에게는 전혀 중요하지 않다. 그 작가가 막 등단했을 때 내 나이가 그보다 훨씬 어렸지만 나는 십대부터 책을 쓰고 출판했기 때문에 군이 말하자면 그는 내 후배인 셈이다. 그래서 그 작가는 나를 진정한 베스트셀러작가로 만들어준 책 몇 권을 전부 사다가 자세히 분석하고 연구해 시장 마케팅 관점에서 어떤 작가가 되어야 하는지 결정했다고 한다. 그도 철도 모형 마니아 못지않은 남다른 의지로 모든 베스트셀러의 요소를 자기 작품에 접목했는데 실제로 작품을 발표할 때마다 베스트셀러 순위에 이름을 올렸다. 나는 판매 실적이 써 기대에 못 미치는 신작 한 권을 들고서 이 문단의 후배가 거둔 상업적 성공이 부럽지 않느냐고 자주 스스로에게 물었다. 하지만 매번 편안한 마음으로 내가 내게 이렇게 말하는 걸 들었다. "지금의 이런 내가 더 행복해."

뉴스레터라는 매체가 등장한 해부터 오늘자 원고까지 긴 시간 동안 나는 한 주도 빠짐없이 글을 게재했다. 원고료를 한 푼도 받지 않는 한이 있어도 그만두고 싶지 않았다. 지금까지 유료화로 전환할지 여부를 선택해야 할 순간이 꽤 있었지만 나는 그때마다 얼굴에 철판을 깔고 편집자에게 무조건 무료 서비스 아니면 안 된다고, 유료화가 되면 일을 그만두겠다고 엄포를 놨다. 이건 내가 독자들을 위해 할 수 있는 일이라고 늘 생각했기 때문이다. 만약 모든 사람이 돈을 내고 책을 사야만 나의 독자가 될 수 있다면 그건 인터넷 매체의 초심을 잃어버리는 것이다. 글을 읽는 습관을 기르는 게 네트워크 시대에서는 얼마나 어려운 일인지 모른다. 나는 차라리 무료 루트를 개방해서라도 추스잉이라는 사람의 글을 읽는 게 쉽고 당연한 일이 되길 바란다. 얼마 전에도 매주 하던 대로 원고를 직접 플랫폼에 올리면서 뭔가 의미 있는 일을 하고 있다고 느끼고 있었다. 그런 와중에 출판사 편집자(그렇다, 나에게 초급급 인기 블로그 글을 보라고 했던 편집자와 동일 인물이다)가 고개를 저으며 말했다.

"뉴스레터요? 정기 구독자 수 많아서 어디다 쓰게요? 뉴스레터 그거 진즉에 한물갔어요!"

그 자리에서 차디찬 구정물 한 바가지를 얻어맞은 것처럼(나도 직접 당해보지 않았기 때문에 상상에 맡길 수밖에 없다) 오만 가지 생각이 들어 하마터면 집에 가서 개를 붙들고 통곡할 뻔했다. 오랫동안 노력한다고 절로 의미가 생기는 건 아니다. 작년에는 유효했던 매체가 올해는 유명무실해질 수도 있다. 잔인할 정도로 자주 스스로를 점검하지 않으면 사회에 막 첫발을 들였을 때의 모습처럼 쉽게 변해버릴 것이다. 맨 처음 일할 때 인터뷰 편집을 맡아서 항상 문단의 원로들을 인터뷰했는데 젊고 혈기 왕성했던 나는 그분들의 전문적인 학문과 수양을 존경하면서도 인터넷에서 적극 활동하지 않는 이 어르신들이 얼마 못 가 곧 시대에 뒤처지게 되리라고 예견했었다.

그랬던 내가 지금은 해마다 뉴스레터를 고수하며 시대가 바뀐 줄도 모르고 서서히 먼지가 쌓여가고 있었던 것이다.

내가 쓴 뉴스레터는 개인 메일함이랑 연결해놨었는데 오랫동안 독자의 편지에 답장을 하다 보니 어느새 일상생활의 일부로 자리 잡았다. 당시 순수했던 음악반 중고등학생이 대학교를 졸업한 뒤 국외 유학 생활을 마치고 타이완으로 돌아와 대학교에서 일하고, 임신 중에는 내가 쓴 뉴스레터를 배 속의 태아에게 들려주는 걸 지켜봤다. 어느 날 강연장에서 한 청년이 걸어오더니 어머니가 보내서 내 강연을 들으러 왔다면서 어머니가 직접 쓰신 손편지 한 통을 내게 건네주었다. 편지에는 그동안 내가 쓴 글과 꿈을 좇는 나의 실천이 어떻게 그녀에게 힘이 되었는지, 그리고 이제 막 혼자 외국에서 교환 학생 신분으로 돌아온 그녀의 아이에 대한 이야기가 흥미진진하게 적혀 있었다. 이런 분들을 만나게 되면 나는 혼자서 몰래 기쁨의 눈물을 흘린다. 그러고는 꿈꾸던 일을 하면서 얻은 다양한 깨달음을 앞으로 더 열심히, 더 꾸준히 써 내려가야 한다고 스스로에게 다짐한다. 하지만 자신이 편집자의 눈에는 점차 구식이고 고집 센 인간으로 변하고 있는 건 아닌지 살피는 걸 잊어버린다.

나도 모르는 사이에 독자 메일보다 페이스북에 남기는 독자의 댓글이 더 많아졌다. 이럴 때 전자 매체의 변화를 피부로 느끼게 된다. '사용 중인 네트워크가 있다'고 다 되는 게 아니었다. 이메일, 뉴스레터, 블로그, 소셜네트워크, PTTPush To Talk, 일종의 무전기 서비스, 포럼 사이트, 플러크Plurk는 겉으로 보기엔 다 네트워크지만 사실은 시기적으로 엄청난 차이가 있다. 나는 20년쯤 이어진 습관과 감동에 취해 거대한 시대적 조류를 잊어버렸던 것이다.

이런 깨달음이 주는 뒷맛은 좀 씁쓸했다. 왜냐하면 만일 내가 인터넷 작가들처럼 블로그를 열심히 운영하지 않으면 시대에 매몰되리라고 편집자가 암시하는 것 같았기 때문이다. 한 번도 이토록 적극적으로 자기 홍보를 하고 싶지 않았던 게으른 사람에게 이런 위협은 그야말로 어깨를 축 처지게 만들기 충분하다. 매몰되면 되는 거지 뭐. 나는 마음속에서 들릴 듯 말 듯한 음성을 들었다. 그 소리는 내가 20년 전 인터뷰하면서 만난 원로 작가들이 책을 안 내는 한이 있어도 평생 컴퓨터로 원고를 쓰지는 않겠다며 고집하던 이유와 아마도 같은 맥락일 것이다.

"매몰돼도 상관없어. 나는 이제 더 이상 뭔가에 쫓기듯이 살고 싶지 않아. 지쳤어. 이젠 그저 긴 탁자 앞에 놓인 청화 자기에 물고기나 기르면서 오래 앉아 있어도 등이 아프지 않은 의자에 앉아 영원히 마르지 않는 만년필로 나 스스로가 즐거워지는 글을 쓸 수 있다면 더 바랄 게 없겠어. 설마 이 정도도 지나친 요구라고 하진 않겠지?"

원로 작가 본인만 빼고 스스로 단순하다고 여기는 이런 요구가 사실은 지나치다는 사실을 모든 사람이 다 안다. 적어도 이 세상에서 작가의 친필 원고를 워드 파일로 타이핑해주려는 편집자를 이젠 찾을 수 없지 않을까 싶다.

이메일에 답장할 때와 같은 마음가짐으로 나는 페이스북으로 생일 축하 메시지를 보내온 독자들에게 일일이 감사의 인사를 전했다. 생일조차도 공개될 정도로 SNS에서는 내가 마치 어항 속의 금붕어처럼 투명하게 다 보인다는 걸 생각지도 못했다. 어쨌든 나는 그냥 감사하다고 말했다. 나는 지금 가족과 항해 중이다. 배를 타고 네덜란드의 로테르담을 떠나 프랑스의 르아브르로 향하는 길에 내 생일이라는 걸 알게 됐다. 그래서 항구 근처 제과점에서 2.7유로를 주고 초콜릿아몬드 타르트를 사서 케이크를 대신했다. 걸으면서 먹다 보니 대략 10초 만에 내 생일이 지나가버렸다. 특별한 건 없었지만 가족이 함께 항해하는 것도 어떻게 보면 따뜻한 축하나 마찬가지였다. 그때쯤 나는 이미 파리를 벗어나 포르투갈 해역으로 향하고 있었다. 이 항해의 종착역은 이집트였다. 그때 여유가 있다면 이집트에 간 김에 은행으로 가서 카이로에서 공부할 당시 개설했던 계좌를 없앨 수도 있다. 안 그러면 10년 이상 계좌 지급이 정지되고 매달 은행 계좌 통지서가 날아올 텐데 환경에는 전혀 도움이 안 될 것 같았다.

하루가 지나고 그다음 날 아침 비싼 위성네트워크에 접속했더니 불과 하루 전날 나를 MSN 친구로 추가한 독자의 답글이 있어서 좀 놀랐다.

"……멋지네요. 파리가 좀 쌀쌀했고 비도 왔지만 가족들이랑 배 타고 포르투갈 바다도 가고 이집트로 돌아올 수도 있다니 너무 부럽네요. 은근 사람 기죽이는 글이네요! 하하!"

나는 순간 내가 청년들 입장에서는 '읽는 사람 기죽이는 자기 자랑 글'을 손쉽게 써낼 수 있는 사람이었다는 사실을 깨달았다. 이유는 간단했다. 내가 좋아하는 일을 하면서 꿈을 이루기 위한 인생을 살고 있기 때문이다. 그래서 그냥 가볍게 쓴 글인데 뜻밖에도 나름 의미가 있어서 사람들이 헛소리로 치부하지 않는 것이다.

그러니 이제 안심하고 말하겠다. 세상의 스펙트럼에서 우리는 위장할 필요도, 돈 모아서 성형할 필요도 없다. 자신의 위치를 찾기 위해 노력하면서 있는 그대로의 자신을 받아들이고 좋아한다면 우리가 곧 자신의 업그레이드 버전이 된다.

주고받으면 세상은 더 아름다워진다

예전에 정말 공교롭게도 첼리스트 요요마와 몇 번이나 같은 항공편을 탔는데 심지어 같은 줄에 앉은 적도 있었다. 비행기를 탈 때마다 요요마의 옆

좌석에는 사람이 없었다. 첼로 놓을 자리로 옆 좌석 티켓까지 구매했기 때문이다. 물론 요요마는 나를 알지 못했고 나 역시 열성팬처럼 포스트잇을 가지고 가서 굳이 사인을 요청하거나 사진기를 꺼내 사진 촬영을 부탁하지 않았다. 나는 유명 인사의 고충을 알고 있었다. 방해하지 않을 수 있다면 굳이 가서 방해할 이유가 없었다. 하지만 곁눈질로 요요마를 볼 때마다 이런 생각이 드는 건 어쩔 수 없었다. 요요마는 자신이 어떤 사람이라고 생각할까? 이틀 뒤 나는 미국 웨스트코스트 신문에서 요요마의 방문 기사를 봤다. 글에서 요요마는 30년간 전 세계를 오가며 첼리스트로 살아온 자신의 생애를 언급하면서 스스로 내가 누구인지, 세상에서 나의 위치가 어디인지 찾는 데 많은 시간을 들였다고 말했다.

요요마와 함께 나란히 비행기에 오른 첼로는 요요마에게 이 넓은 세상을 안내하는 나침반이었던 것이다.

나의 형은 실력 있는 심장병 전문의다. 의사라는 신분은 자연히 형의 위치를 정하는 도구가 된다.

타이베이에 사는 방글라데시 친구 부부의 신분은 자기 집에서 운영하는 이국적인 가정식 레스토랑으로 위치를 정한다.

친구의 소개와 예약을 통해 손님은 이 가정식 레스토랑에 가서 향신료가 들어간 정통 남아시아 요리를 맛볼 수 있다. 여자 주인은 손님들이 주는 선물을 받을 때마다 집에서 손수 만든 치킨고로케를 원래 선물이 있던 상자 안에 넣는다. 선물에 대한 보답으로 다음번에 상대방이 오면 돌려주는 것이다.

"이거 제가 지난번에 드렸던 선물 아니에요?"

친척과 친구들은 항상 놀라는 기색을 감추지 못했다.

하지만 상자를 열어보고 그제야 그 안에 맛있는 성의가 들어있다는 걸 알고는 미소를 짓는다.

남자 주인은 중국어가 서툴고 피부색이 까무잡잡한 데다 고향 말투가 섞인 영어를 구사하는 낯선 이슬람교도였다. 이런 여러 가지 이유로 똑똑하고 양질의 고등교육을 받은 학자 집안 출신의 젊은 부부는 타이완 주류 사회로 진입하기가 어려웠다. 10년 뒤 마침내 이 자그마한 가정식 레스토랑과 주고받는 선물 상자 덕분에 다양한 타이완 친구들을 사귀면서 타이완을 점점 좋아하게 되었다. 이 선물 상자 이야기를 듣고 불공정한 사회에서 어쩌면 선물이 작은 기적을 가져올 수도 있겠다는 생각이 들었다.

타이완인은 원래 선물하는 걸 좋아한다. 가족끼리라도 이유가 있든 없든 늘 선물을 주고받는다. 도매 시장에 한번 다녀올 때, 외국에 한번 나갔다 올 때, 사무실에서 공동 구매를 할 때, 시골 어르신들이 수확물을 나눠 가질 때부터 서로 오가는 이런 선물 공세가 시작되었다. 귤, 건두부, 마스크 팩, 고추장이 오가는데 공세라고 하기보다는 사실 탱고에 더 가깝다. 한 사람이 리드하기만 하면 다른 한 사람은 따라서 춤을 춘다. 크고 작은 다양한 형태의 교환과 증여가 해체하려야 해체할 수 없는 촘촘하고 끈끈한 네트워크를 만드는 것이다.

갑자기 엉뚱한 생각이 떠올랐다. 친구가 될 가능성이 없는 사람들에게 선물을 줄 수 있을까?

만약 가능하다면 많은 사람이 밑져야 본전이라는 심정으로 종이 상자를 잔뜩 구매해서 6개월마다 한 개씩 타이완에서 힘들게 일하는 외국인 노동자의 고향에 보내길 바란다. 상자 안에는 좋은 물건을 가득 담는 것이다. 배추 생산 과잉으로 채소 농가가 본전을 날리게 됐을 때 맛있는 김치를 만들어보자! 망고 생산이 많아 가격이 폭락할 때 달달한 건망고를 만들어보자! 몸이 불편한 친구들이 손으로 직접 만드는 펑리수鳳梨酥, 파인애플 케이크, 영세 농민이 무농약으로 재배하는 찻잎 모두 타이완을 대표하는 선물이 될 수 있다. 포장할 때는 타이완에서 출판하는 신문인 《쓰팡바오四方報》의 베트남 판, 태국어 판을 사용하는 것이다. 이 종이로 만든 상자를 항공 비수기에 항공사가 계속 외국인 노동자의 고향으로 실어 나르게 하거나 수화물 무게가 초과되지 않은 자원봉사자에게 기내 반입을 부탁할 수도 있다. 각 가정에 전달하는 일은 현지 NGO 직원에게 맡기거나, 수입이 넉넉지 않은 사회복지사들의 부수입 거리로 만들어 자전거나 오토바이를 타고 퇴근 후 한가할 때 각 가정에 보낼 수도 있다. 타이완에서 일하는 가족을 둔 가정은 선물을 받고 나면 타이완에는 공장 말고도 자신의 고향처럼 보살핌이 필요한 노인, 해외 송금 업체인 웨스트유니온도 있고, 일상생활에서 느끼는 단순하지만 아름다운 행복이 있다는 것도 알게 될 것이다.

이 선물 상자를 받은 가정은 선물을 꺼낸 다음 각자의 취향대로 동일한 상자 안에 자기 집 물건을 넣으면 된다. 돈 들여서 살 필요가 없는 게 가장 좋다. 손으로 만든 어린이 장난감, 등나무 덩굴로 엮은 쟁반, 집에서 담근 장아찌, 강바닥 자갈로 만든 문진文鎭, 현지 사람들이 행운을 가져다준다고 생각하는 물건과 사회복지사가 현지 아이들에게 사진기를 빌려줘서 촬영한 사진까지 더해 타이완으로 보내는 선물을 준비한다. 이렇게 해서 선물 상자를 구입했던 사람도 6개월에 한 번씩 낯선 이국땅에서 낯선 이가 보낸 선물 상자를 받게 되는 것이다.

이렇게 서로 주고받다 보면 본래 엮일 일이 전혀 없는 두 세상 중 어느 한 세상이 타이베이에 살고 있는 방글라데시 부부처럼 서서히 다른 세상을 좋아하는 법을 배우게 된다. 그렇게 되면 선물 상자에 담은 답례 선물이 우리의 '여행 전 기념품'이 되어 이 선물의 고향으로 여행 가고 싶어지거나 더 나아가 그 선물을 준 가정을 직접 방문할 날이 올지도 모른다. 이런 식

나에게 주는 10가지 선물

으로 두 세상이 더 커지고 다정해지는 것이다.

선물을 주고받는 일이 오래 지속되다 보면 저절로 세상은 더 아름다운 곳으로 변하게 될 것이다.

"그렇다면 나는 이 세상에 무엇을 보낼 수 있을까?"라는 질문은 '어떻게 세상의 스펙트럼에서 내 위치를 찾을 수 있을까'라는 가장 중요한 문제로 바뀌게 된다.

천하제일 미남을 만나다

편집자로 일하는 고등학교 동창 존이 어느 날 페이스북에 책 표지 하나를 올리고는 '천하제일기서天下第一奇書'라고 적어놓았다. 호기심에 이 볼품없는 책 표지를 봤는데 보자마자 웃음이 빵 터져버렸다. 책 제목이《나는 천하제일 미남이다》였다. 제목 옆에는 조화를 꽂은 야구 모자를 쓰고 손에 검을 든 채 자신이 조립한 포켓바이크Pocket Bike에서 포즈를 잡고 있는 중년 남성의 사진이 있었다.

당시 나는 항해 중이었지만 호기심을 참지 못하고 즉시 위성을 연결해 이 기상천외한 타이완인과 관련된 뉴스를 검색했다. 내가 생각했던 것보다 훨씬 검색 결과가 나오지 않았다. 인터넷 서점에서는 이 책을 못 찾았는데, 2006년 대만의 3대 일간지 중 하나인《쯔유스바오自由時報》에 난 기사를 어렵게 찾아냈다. 기사를 쓴 기자의 말에 따르면 이렇다. 주인공의 이름은 리센탕李仙堂으로 꽤 규모가 큰 모형 제조 공장 사장인데 매일 아침 제복, 견장, 손목 보호대, '천하제일 미남'이라고 수놓인 모자를 포함해 모든 장비를 다 갖춰 입고서야 집을 나섰다. 기온이 영하로 떨어지는 추운 나라에 가도 역시 같은 차림이었다. 처음 본 사람 대다수는 멀찌감치 그를 피하며 미친 사람 취급 했다! 이런 그가 뜻밖에도 수많은 아이의 성적을 일취월장하게 만드는 엄청난 능력을 갖고 있었다. 리셴탕은 포켓바이크를 타고 어디를 가든 호기심 많은 아이들에게 둘러싸였는데 아이들은 서로 타겠다고 다투기 일쑤였다. 그럴 때 그는 아이들에게 열심히 공부해서 성적이 오르면 다음에 바이크 타는 시간을 예약할 수 있다고 알려준 것이다.

리셴탕은 아이들 성적이 올라서 바이크 탈 수 있는 시간을 예약하고 싶다는 학부모들 전화를 실제로 자주 받았다. 예전에 그를 보면 뒤로 물러나던 학부모들도 점점 그를 받아들였고 친구가 되었다.

리셴탕은 슬하에 3남 1녀를 둔 가장이었다. 세 아들의 이름이 각각 솽이雙一, 벤츠, 포드다. 원래 큰아들 이름을 솽B雙B로 지으려고 했는데 호정과 직원이 이름엔 꼭 한자를 써야 한다기에 솽이로 바꾼 것이다(원래 붙이려던 큰아들 이름 '雙B'는 B가 2개, 즉 BMW와 Benz를 의미한다. 이름에 한자를 넣기 위해 알파벳 B와 발음이 유사한 한자 '一'를 쓴 것이다. – 옮긴이).

2000년에 리셴탕은 가족과 친구들에게 "저 다시 시작합니다個人重新開幕"라고 알렸는데 당시 많은 사람이 그게 무슨 의미인지 모르고 꽃가게를 통해 축하 화환을 보냈다. 최근 몇 년 동안 리셴탕은 그들에게 "저 다시 시작합니다"가 무슨 뜻인지 행동으로 보여주었다. 과거의 그는 이제 사라지고 없기 때문이다. 리셴탕의 갖가지 기행을 가족도 처음에는 이해할 수 없었지만 점차 받아들이고 기쁜 마음으로 지켜보게 되었다.

이 짧은 뉴스 외에도 찾을 수 있었던 유일한 자료는 어느 블로그 글이었다. 한 네티즌이 골프장에서 이 천하제일 미남 리셴탕을 우연히 만나 머리부터 발끝까지 그의 옷차림을 찍은 사진을 블로그에 올린 것이다. 네티즌은 그의 모자 위에 있는 조화(자세히 보면 안에 새 두 마리도 있다)에서 예전에는 물도 뿜어져 나왔다는데 안타깝게도 망가졌다며 아쉬워했다.

이런 불가사의한 일을 내가 어떻게 번역하든 그의 행동이 어린이에게 열심히 공부하라고 격려하는 것과 대체 무슨 관계가 있는지 서양인을 납득시키는 건 불가능하다. 아들들 이름을 쌍이, 벤츠, 포드로 지은 건 더 말할 것도 없다. 서양인에게 아무리 설명해도 그들은 아동복지기구에 알려 기어이 아버지를 아동학대 죄로 고소하려고 들지 않을까?

하지만 타이완인은 가오슝 현에서 있었던 이런 흥미로운 가십 거리를 보면 그냥 한번 씩 웃고 넘겨버리거나 심지어 '어떻게 이럴 수 있지? 대단하다'라며 칭찬을 하는 경우도 있다. 하물며 나처럼 재미있을 것 같아 《나는 천하제일 미남이다》라는 책을 구해 읽고 싶어지는 사람도 있을 정도로 이를 대수롭지 않게 여긴다.

나는 세상에 대해 호기심이 많은 사람이라 타이완에 돌아가서 바로 리셴탕 씨에게 전화를 걸었다. 전화를 받고 민난어로 그가 뱉은 첫마디는 이랬다.

"여보세요! 천하제일 미남입니다!"

나는 참지 못하고 웃음을 터뜨렸다. 하루건너 그다음 날 나는 고속철도를 타고 가오슝에 있는 그의 집으로 찾아갔다.

천하제일 미남의 집은 포모사Formosa 공업단지 맞은편에 있었는데 그 주변이 전부 다 소형 가내 공장이라 우리가 길을 못 찾을까 봐 리셴탕이 직접 마중을 나왔다. 그가 오토바이를 끌고 교차로 입구에 모습을 드러냈을 때 우리는 사람을 잘못 알아볼까 봐 걱정할 필요가 전혀 없었다. 리셴탕은 특유의 파란색 반바지, 흰색 반소매 셔츠 차림이었는데 키가 작아서 멀리서 보면 초등학생처럼 보였고 안전모 꼭대기에는 역시나 트레이드마크인

조화가 자리하고 있었다.

그의 집은 바쁘게 돌아가는 모형 제조 공장이었다. 나는 공장에서 일하는 그의 아내와 아들 포드를 만났다. 리셴탕은 안전모를 벗고 야구 모자로 바꿔 쓴 뒤 테이블 위에 한 줄로 늘어선 이삼십 떨기 조화를 가리켰다.

"오늘 어떤 게 어울릴 거 같아요?"

나는 또 그 자리에서 하하 소리 내며 웃었다. 꽃떨기마다 밑에 벨크로가 붙어 있어서 모자에 붙이기만 하면 다양하게 연출할 수 있었다. 미남은 으쓱하며 말했다. 저녁에 일이 없으면 집에서 직접 몇 개 만들 수 있는데 전부 풍속 테스트를 거쳐서 이 꽃떨기와 새들이 오토바이를 탈 때 날아가거나 변형되지 않도록 확인해야 한다는 것이다.

우리 대화는 이런 장식에 대한 이야기부터 시작되었다. 타이완인이 길에서 이런 장식을 보면 리셴탕을 무서워하거나 피하겠지만 같은 장식을 하고 일본 거리를 걷는다면 먼저 다가와서 사진을 찍자고 하는 젊은이들을 틀림없이 만나게 된다. 이 둘의 차이는 뭘까?

우리는 즐겁게 많은 얘기를 나눴다. 그의 부인도 대화에 합류했는데 남편이 '다시 시작합니다'라고 선언했을 당시 자기한테 비구니 복장을 하고 아이들과 함께 단상에 올라 다시 태어나는 남편을 위해 리본을 자르라고 했다는 것이다. 한동안 그녀도 오랫동안 발악을 하며 남편이 정말 정신이 어떻게 된 게 아닌지 말하고 싶었다고 했지만 말투에서 남편에 대한 무한한 자부심이 느껴졌다. 가내 공장이기 때문에 그 자리에서 바로 방문 고객을 맞이하는 경우도 있었다. 고객은 잘생긴 청년이었다. 리셴탕이 내게 청년의 미국 유학 경험과 지금의 성과에 대해 소개할 때 청년은 서류 가방에서 조심스럽게 책《나는 천하제일 미남이다》를 꺼내며 매일 이 책을 들고 다닌다고 말했다. 그는 참을성 있게 옆에서 우리가 대화하는 걸 듣고 있었다. 분명히 공적인 업무가 있어서 왔을 텐데도 끼어들지도, 조바심 내지도 않았다. 화창한 봄날 정장 차림으로 가오슝 공장 단지에서 묵묵히 기다려주는 걸 보면 리셴탕 씨가 굉장히 매력적인 사람이라는 걸 짐작할 수 있었다.

책 한 권을 가지고 타이베이로 돌아와서 엔지니어 출신의 아버지와 이 일에 대해 얘기했다. 아버지께서 말씀하셨다.

"이 사람은 절대 미친 게 아냐. 모형을 만들 줄 아는 사람이면 분명 엄청 똑똑한 사람일걸?"

아버지는 공학을 전공한 덕분에 젊은 시절부터 쉴 새 없이 여러 국가에 파견을 나갔다. 짧게는 몇 개월, 길게는 몇 년을 계셨는데 아마도 이런 외국 경험 덕에 아버지가 일반 사람보다 더 개방적인 시각을 가지고 있어 리셴탕의 정신 나간 사람처럼 보이는 기행 뒤에 가려진 똑똑하고 진실한 마음을 꿰뚫어봤는지도 몰랐다.

아버지의 이런 혜안이 나는 자랑스럽다.

우리는 항상 이 세상 사람이 조금만 더 많았으면 좋겠다고 말한다. 생물 다양성을 중시하는 시대에서는 돌고래와 어부가 경쟁 관계에 있다는 이유로 자연의 먹이사슬에서 최상위 포식자인 돌고래를 없애야 한다고 고집해선 안 된다. 이와 마찬가지로 이 세상에도 나쁜 사람과 이상한 사람이 필요하다. 이 세상에 평범하고 좋은 사람만 난다면 정말 심심할 것이다!

타이완은 섬나라여서 많은 사람이 폐쇄된 상태에서 생활한다. 그러다 보니 친미·친일 인사와 백인만 안전하다고 여기고 동남아 국가와 흑인은 모두 위험하다고 생각한다. 외국인 노동자에 대해 굉장히 불량하고 깊은 인종 차별 의식이 있는데도 전혀 깨닫지 못한다. 외국에서 3개월 동안 장기 거주를 해보라고 하는 건 젊은이들이 앞 세대의 편협한 세계관을 답습하는 게 아니라 스스로 세상 사람들의 관점을 보도록 하기 위함이다. 직접 몸으로 부딪치고 다양한 인종과 가지각색의 만남을 경험하며 끊임없이 시야를 넓힌 다음 타이완으로 돌아온다면 리셴탕 같은 사람이 있다는 게 굉장히 멋진 일이란 걸 느끼게 될지도 모른다!

천하제일 미남 리셴탕 씨, 당신의 가족만을 위해서가 아니라 타이완을 위해 소중한 수업을 해주셔서 감사합니다.

트렌스젠더 남녀의 지극히 정상적인 결혼식

결혼식에서 신랑 신부가 부랴부랴 옷을 갈아입고 바쁘게 테이블을 돌며 술을 권하는 모습을 보면 하객석에 앉아 있는 우리는 밥 먹는 것 빼고는 별로 할 게 없는 듯 느껴진다. 그럴 때면 각자 최근에 다녀온 다른 결혼식 얘기가 빠지지 않고 등장한다. 원저우의 한 결혼식에 다녀온 하객이 그곳 축의금은 최저이자 기본적인 액수인데도 타이완보다 많은 2,000위안이라고 설명했다. 나는 최근 미얀마에서 열린 결혼식에 참석했는데 청첩장에 명시된 호텔에 도착하고 나서야 결혼식장이 시내의 다른 쪽 끝에 위치한 또 다른 은밀한 호텔로 변경됐다는 연락을 받았다. 당시 나는 결혼 축하주를 마시는 일이 위험한 도전 과제처럼 느껴졌다. 이렇게 각자 자기 얘기를 꺼내며 떠들썩하게 수다를 떨고 있는데, 디저트가 나올 무렵 일본 거주지에서 결혼식 피로연에 참석하러 온 친구가 내내 조용하게 있다가 차가운 어투로 그건 아무것도 아니라고 말했다. 그녀는 2008년 말 가고시마에서 열린 가장 특별한 결혼식에 참석했던 얘기를 들려주었다.

결혼식 그 자체는 정상적이었지만 특별했던 건 결혼식의 주인공들이었다. 신랑 신부는 둘 다 성전환 수술을 받은 트랜스젠더였던 것이다. 다시 말해서 신랑은 원래 여자였고 신부는 원래 남자였단 얘기다.

친구의 말에 원저우와 미얀마 결혼식 에피소드는 즉시 평가절하됐다.

피로연이 끝나고 나는 바로 구글 검색에 들어갔다. 마침내 가고시마 시에서 있었던 일본 신혼부부와 관련된 소식을 찾아냈다. 결혼한 남녀 주인공은 '오나베 라운지心之助' 사장 와카마쓰 신若松慎과 '오다마 리Lee 단샤쿠男爵' 바의 마담 구보타 레나窪田麗奈로 둘 다 요식업 종사자였다. 당시 나이가 한 명은 35세, 나머지 한 명은 36세였다. 두 사람은 모두 어려서부터 자신이 남들과 다르다고 생각했다. 성장 과정에서 자주 동년배 친구들에게 괴롭힘을 당했고 나중에 결국 성전환 수술을 하기로 결정했다. 서른 살을 넘기고서야 와카마쓰는 여자에서 남자로, 구보타는 남자에서 여자로 호적과 신분증상의 성별을 변경했다.

이들 부부는 만난 지 5년 만에 결혼했다. 당시 친구 소개로 만난 두 사람은 첫눈에 반했지만 교제를 시작할 때는 상대방의 성전환 사실을 전혀 모르고 있었다. 현지 언론을 통해 이 사실이 공개되고 나서 사람들 사이에 작은 논쟁이 일었지만 대다수 사람은 금세 한 가지 공통된 의견을 얻었다. 호적상의 성별을 변경한 것을 제외하고 이 혼사는 평범해도 너무 평범했다. 그래서인지 세상을 떠들썩하게 만들리라 여겼던 이 일은 사람들의 기억 속에서 순식간에 사라졌다.

결혼 축하주를 다 마시고 한 가지 알게 된 사실이 있다. 사람들은 따분하거나 당 수치가 지나치게 높을 때 시답잖은 이야기를 쉽게 꺼낸다는 것이다. 원저우 결혼식 풍습에 대해 얘기하면서 졸부나 부동산 투기꾼이랑 엮어서 "……원저우 사람들은 어떻고 저떻고……"라는 말이 자연스럽게 튀어나온다. 마지막 순간에 미얀마 결혼식 피로연 장소를 바꿨다는 말을 하면 너무나 쉽게 지나가는 말로 이렇게 말한다. "……미얀마 거긴 하여튼 위험해. 결혼식 치르는 것도 꼭꼭 숨어서 하려고 하니 원……." 트랜스젠더 결혼식 얘기에는 정도가 더 심하다. "진작 둘이 결혼할 줄 알았으면 좋았잖아. 왜 굳이 번거롭게 성전환 수술까지 해서 결혼을 해?" 말하다 보면 결국 세상을 발칵 뒤집어놓을 만한 기상천외한 일이 너무 많다는 결론이 나온다. 그러기에 세계의 종말이 곧 닥친다는 식의 얘기도 이상하게 들리지 않는다.

그런데 곰곰이 생각해보면 세상에 완전무결한 결혼은 없지만 어느 결혼식이든, 어디에서 결혼식을 하든 상관없다. 신혼부부가 서로 잘 어울리고 두 집안의 수준은 비슷한지, 의식은 밥 먹고 술 마시는지 물을 뿌리거나 화로를 건너는 건지도 상관없다(결혼할 때 신부 엄마가 웨딩 카에 물을 뿌려 딸의 행복을 빌어주고, 신부가 화로를 넘어가서 남편 집이 잘되도록 비는 의식 – 옮긴이). 또한 예물은 내 친구 완다의 할머니가 요구하신 다빙大餠, 넓적한 밀가루 떡 2,000근이어도 좋고, 영국의 유명한 코미디언 러셀 브랜드와 미국 여가수 케이티 페리처럼 결혼식에서 살아 있는 암호랑이와 아기 코끼리를 서로에게 선물해도 좋다. 가고시마 부부처럼 성전환 수술을 하고 결혼을 하거나 아니면 결혼한 지 30년 된 노부부가 성전환 수술을 하고 계속 백년해로 하는 것도 좋다. 두 사람이 서로 사랑하기만 한다면 결국 모든 게 지극히 정상적인 결혼식이란 얘기다. 결혼은 단 한 가지 이유만 있으면 되고 또 한 가지 이유밖에 없다. 그건 사랑을 정식으로 표현하는 것이다. 진정한 사랑이기만 하다면 아름다운 결혼식이다. 우리는 대개 결혼식은 어쩔 수 없이 참석하는 행사라고 생각하지만 대부분 거리가 아무리 멀어도 가서 축하해주고 싶은 결혼식은 진심으로 서로 사랑하는 두 사람의 결혼식이라는 것을 나도 알고 있다. 나는 진실하고 아름다운 사랑의 증인이 되고 행복한 기운을 받아 내 인생도 좀 더 풍성하고 아름다워지기를 바란다.

피로연을 통해 나도 한 가지를 배웠다. 좋은 사람이 되는 기본 원칙은 지나치게 단순한 결론을 내리지 않는 것이다. 그렇지 않으면 며칠 뒤 유튜브를 통해 자신의 추태와 편견으로 가득 찬 발언이 전 세계에 공개될지도 모른다. 그렇게 되면 피로연에 참석해달라고 기쁜 마음으로 우리를 초대한 신혼부부에게 평생 씻을 수 없는 과오를 저지르게 되는 것이다!

일상의 비일상적인 풍경

과거에는 집의 정의가 단순했다. 건물 한 채가 있고 그 안에 가족이 있는 게 집이었다. 농장 일이든 목축 일이든 집 주변에는 매일 해도 해도 끝이 없는 일들이 있었다. 일하는 곳이 집과 점점 멀어지면서 집의 정의도 점차 모호해졌다. 예를 들면, 태국에서 일하는 미얀마 외국인 노동자 400만 명에게 집이란 태국에 있는 집일까 아니면 미얀마 고향집일까?

만약 일 때문에 집을 떠난다면 얼마나 멀리까지 떠나고 싶은가? 또 얼마나 오래 떠나 있고 싶은가?

만약 내일 로또 1등에 당첨된다면 지긋지긋한 일을 때려치우겠는가 아니면 계속 하겠는가?

대부분의 사람은 평생 일 안 해도 살 수 있으면 얼마나 좋겠냐며 별 생각 없이 말하지만 그 말을 한 지 얼마 안 돼서 알 수 없는 불안감에 휩싸인다.

"평생 일을 안 하면 과연 행복할까?"

왜? 어쩌면 이게 즐겁지 않은 일이라도 끝없는 자유가 주는 번거로움보다는 낫다는 것을 내포하는 것 아닐까?

일이란 사람에게 애증의 대상이다. 뉴욕 브루클린에 사는 게이브리얼 톰 슨 기자는 1년이란 시간을 들여 미국인이 하기 싫어하는 일 열 가지를 해 봤다. 예를 들면 애리조나 주 유마에 가서 과테말라와 멕시코의 불법 노동 자들과 함께 양상추 심기, 앨라배마 주의 시골 양계장에 가서 닭 기르기, 뉴 욕 시에 있는 식당에서 배달하기 같은 것이다. 그는 나름대로 규칙을 세웠 다. 이 일이 아무리 힘들어도 사장에게 자신이 잠입한 기자였다는 것을 들 켜 해고되지 않는 한 2개월은 채워야 그만둘 수 있다는 것이었다. 이런 경 험을 토대로 그는《어둠 속에서 일하기: 1년간 (대다수) 미국인이 하려고 하 지 않는 일을 하다Working in the Shadows: A Year of Doing the Jobs (Most) Americans Won't Do》 라는 책을 써서 자신의 생각을 전했다.

나는 게이브리얼 톰슨이 보통 사람들이 가고 싶어 하지 않는 양계장에서 자신을 양계장 직원이라고 여기고 일했을지 아니면 여전히 기자라고 생각 하면서 일했을지 그게 가장 궁금했다. 분명히 같은 일인데 만약 자신을 기 자로 간주하고 체험하면 힘든 일을 견디기가 좀 쉬워질까? 혹시 재미까지 느낄 수 있을까? 정말 그렇다면 우리가 일하면서 받는 고통과 즐거움도 그 저 뇌가 우리와 게임하고 있는 게 아닐까?

이건 일에 대해서라기보다는 자신이 '미국인'이라는 존귀한 신분을 내 려놓은 후에 자기 자신과의 싸움에서 무엇을 얻었는지에 대한 실험이라고 하는 편이 더 맞을 것이다.

이맘때쯤 나는 알랭 드 보통의 사이트에서 보낸 메일을 받았다. 그의 저 서《일의 기쁨과 슬픔》의 페이퍼백이 영국에서 발행된다는 소식이었다. 나 는 오랫동안 비정기적으로 알랭 드 보통의 개인 홈페이지에서 회원들에게 보내는 최신 정보를 받았다. 그래서 출간 소식뿐 아니라 강연이나 방송국

나에게 주는 10가지 선물

인터뷰가 있다든지 또는 BBC 방송국에서 특별 프로그램을 진행하게 되면 미리 알 수 있었다. 세계에는 틀림없이 나 같은 독자도 있을 테고 팬클럽처럼 보통의 일거수일투족을 쫓는 팬도 많을 것이다. 보통을 좋아하는 사람에게 그는 그저 일개 작가도 아니고 단순한 철학자도 아니다. 보통은 세계적인 브랜드이며 그가 했던 이런 일들은 전부 직업의 일부다. 보통이 우리에게 일의 기쁨과 슬픔에 관해 들려줄 때 우리도 카메라 렌즈를 통해 그가 일하는 것을 지켜본다.

우리는 그의 생각을 읽으면서 알랭 드 보통이라는 사람은 정말 멋진 직업을 가졌다는 생각을 하게 됐다. 그의 작품을 원하는 출판사가 많아 저작 기획만 해도 상당히 비싸다. 모든 작가의 꿈이라고 할 수 있다.

내가 이렇게 말할 수 있는 이유는 그의 책을 음악이라고 할 때 알랭 드 보통은 작곡가가 아니라 지휘자로서 세계화 시대의 직업이라는 열 개의 악장을 펼쳐 보이기 때문이다. 화물선이든 항공이든, 직업 상담이든 비스킷 공장이든, 몰디브의 어부든 과학자이든, 화가이든 엔지니어든 회계사든, 창업을 하는 사장을 위해 충성을 다하든 이런 직업과 현재 발생하는 일은 모두 원래부터 존재했고 알랭 드 보통이 인류 사회의 오래된 직업을 세계화 시대에 맞게 다시 평가한 것뿐이다. 시적인 방관자이자 철학적 사고가 풍부한 관광객으로서 세계인에게 이런 선율을 해석하는 게 마치 가이드에 더 가깝다. 철학적인 관점에서 볼 때 사람은 왜 일을 해야 하는가? 사람은 이 세상에 무엇을 위해서 왔는가? 돈과 인생의 목표 실현, 이 둘의 이해득실을 어떻게 따져야 할까? 가정과 일 중 어느 쪽이 더 중한가? 네트워크와 기술이 어떻게 발전하든 상관없이 일본 방송국은 프랑스 과학 기술의 도움을 받아 가이아나Guyana에서 위성을 발사했는데 지금 자기 인생에 대한 우리의 궁금증은 예전과 크게 다르지 않다.

다른 사람이 평생 동안 시간을 들여 비스킷을 만들거나 재무제표를 마주하고 있는 모습을 볼 때 우리는 부질없다고 생각하게 된다. 우리가 인생의 황금기를 바쳐서 일했던 직업이 그렇다고 더 의미 있는 것일까? 우리가 일을 찾은 것인가 아니면 일이 우리의 인생을 차지하는 것인가? 우리는 살기 위해 일하는가 아니면 일하기 위해 존재하는가?

이 열 가지 직업은 알랭 드 보통이 방관자 입장에서 일시적으로 경험한 것인데 돈에 관한 일은 일절 언급하지 않았다. 어떤 서평가가 일에 관한 책을 쓰면서 돈 얘기를 하지 않는 것은 마치 연애를 다룬 책을 쓰면서 성性에 대해 일언반구도 없는 것과 마찬가지라고 했는데 그 말도 무리는 아닌 것 같다. 일은 수천 년 동안 인류가 가장 적은 시간을 들여 일을 완수하길 바랐다. 유일한 목적은 생활 자원을 버는 것이었다. 아리스토텔레스조차 사람이 일하면서 동시에 자유를 누릴 수는 없다고 말했다. 하지만 얼마 지나지 않아 인류는 일이 우리에게 만족감과 기쁨을 줘야 한다고 기대하지 않았는가? 이것은 마치 인류의 결혼은 생물 진화 역사상 그랬던 것처럼 당연한 발전 과정이 아니라 두 사람이 서로 사랑해서 하나가 되는 것이어야 한다고 믿는 것과 같다. 연애든 사업이든 먹고살기 위해서라는 원시적인 목적을 넘어선 뒤에 우리는 어떤 세계를 마주하게 될까?

참여자인 게이브리얼 톰슨이든 방관자인 알랭 드 보통이든 세계화 시대의 직업을 묘사하는 그들에게 한 가지 공통점이 있다. 그것은 바로 대다수 사람과 달리 그들은 언제든 직장을 그만둘 수 있다는 것이다. 하지만 대부분의 사람은 직업이 하나일 뿐 아니라, 내가 일에 사로잡혔다고 말하는 사람은 이 쉬워 보이는 기본 권리를 행사하기 매우 어렵다. 알랭 드 보통의 말처럼 일은 우리가 살면서 원래는 반드시 부딪쳐야 하는 더 큰 좌절을 맛볼 필요가 없도록 우리를 보호해주는 보호막일까? 일은 우리에게 어떤 의

미인가라는 질문은 사실 의미 있는 인생을 창조하는 능력, 나아가 우리 신념에 부합하는 가치를 창조하는 능력이 있는지 없는지, 또한 우리가 노력해서 사회의 인정과 칭찬을 받았는지 여부를 반영하는 것이다. 우리가 눈앞의 업무에 몰두할 수 있도록 만들어주는 일 때문에 우리는 긴장도 하고 스트레스도 받고 완벽하게 목표를 달성하겠다는 희망도 품는다. 일을 하면서 스스로 좀 괜찮다는 생각이 들기도 한다. 우리가 필요한 물건을 살 수 있는 돈벌이이면서 전혀 가치가 없는 피로마저도 칭찬할 만한 근거로 바꿔주는 게 바로 일이다.

그래서 많은 로또 1등 당첨자들이 계속 출근하는 게 더 낫겠다고 생각하는 것이다.

그래서 "오늘 일하느라 진짜 힘들었어!"가 변형된 자기자랑이 되면 그것은 현대인이 자기대면을 피하는 가장 효과적인 방법이 될 것이다.

행운 택시

나는 원래 '건강하고 편안한 느낌이 드는 사람'에 속했다. 그래서 내 전부를 받아들일 수 있었던 건 어쩌면 내가 나를 좋아하기 때문인지도 모른다. 나를 긍정함으로써 '건강하고 편안한 느낌이 드는 사람'이 된 것이다. 하지만 '닭이 먼저냐 달걀이 먼저냐'처럼 어느 쪽이 원인이고 결과인지 그다지 큰 차이가 없다고 생각한다. 결과는 둘 다 "나는 스스로 남보다 운이 좋다고 생각한다. 굉장히 안 좋은 일이 터져도 나 자신과 사이좋게 지낼 수 있는 사람이다"이기 때문이다.

어느 날 나는 36시간 장거리 비행으로 지친 몸을 이끌고 자정이 다 돼서 방콕 집으로 돌아왔다. 다음 항공편은 모레 아침 7시 55분에 이륙하는 비행기였다. 최종 목적지는 미얀마 북부의 외진 농장이었다.

새벽 5시에 집을 나가야 하니까 알람을 4시 50분에 맞춰놓으면 되겠지! 나는 정말 더 일찍 일어날 기운이 없었다.

눈을 떴을 때는 이미 날이 밝아 있었다. 왠지 불길한 기분에 손을 뻗어 휴대폰을 집어 시간을 보니 아니나 다를까 이미 7시 15분이었다. 온몸이 얼어붙었다.

"망했다!"

이 비행기를 놓치느니 그냥 이 세상에서 사라지는 편이 나았다. 이 비행기를 놓친다는 건 내가 오후 1시에 이륙하는 양곤에서 출발하는 만달레이행 비행기를 놓친다는 뜻이고 오후 3시 반에 만달레이 공항에서 나를 태워 중국 윈난성과 미얀마를 잇는 도로를 지나가줄 트럭 기사를 놓친다는 뜻이었다. 또 국경 북쪽에서 내가 오기를 기다리고 있을 외국 자원봉사자 열 명을 놓치고 내일 오전 8시에 시작하는 농장 업무를 놓치는 거였다. 그 지역은 외져서 전화로 연락할 방법이 없었다. 농장의 모든 직원과 영문을 모르는 외국인을 놓치는 거였다. 내가 나타날 때까지 못 기다리고 서로 눈만 멀뚱멀뚱 바라볼 것이다. 전 세계가 나를 가장 무책임한 NGO 직원이라고 말할 것이다. 지난 10년간의 노력이 모두 수포로 돌아가고 앞으로 나를 믿는 사람은 아무도 없을 것이다. 앞으로 어떤 프로젝트도 맡지 못할 것이다. 내가 가장 좋아하는 일을 할 수 없기 때문에 우울증이 걸려 자살 성향이 생기고 결국 들개가 내 살을 뜯어먹어 앙상한 뼈만 남게 될지도 모른다. 이 모든 게 다 내가 늦잠 잔 결과였다.

이렇게 멍하니 침대에 누워 2분을 보냈다. 죽은 생선처럼 초점 없는 멍한 눈으로 천장을 바라보다가 억지로 정신을 차렸다.

"됐어. 세계 종말도 아니고 장거리 비행으로 너무 피곤해서 그랬다고 하면 다들 용서해주겠지? 그냥 9시에 항공사 문 열면 방법을 잘 생각해서 오늘 저녁에 미얀마로 가는 비행기를 탈 수 있게 해달라고 사정해보고 다시 내일 아침 일찍 만달레이로 가는 교통편을 준비하는 게 좋겠다. 24시간 늦게 도착하는 게 도착 안 한 것보다는 낫잖아?"

이렇게 또 1분여 시간이 흘렀다. 에라 모르겠다 하고 그냥 잤다가 9시에 다시 일어나 항공사 가서 해결하고 싶었다. 하지만 어떻게 해도 눈이 감기질 않았다. 15초 후 나는 침대에서 벌떡 일어났다. "아악!" 소리를 지르면서 문가에 있던 캐리어를 잡고 집 밖으로 내달렸다. 아래층으로 내려가자마자 택시를 잡아타고 방콕 국제공항으로 곧장 달려갔다.

우리 집은 공항에서 36킬로미터 정도 떨어져 있었는데 도중에 고속도로 톨게이트가 두 곳 있었다. 내 처지를 딱하게 여긴 택시 기사는 소방차만큼 빨리 달렸다. 숨을 헐떡이며 항공사 카운터에 도착했을 때 시각은 이미 7시 50분이었다. 이제 5분 후면 비행기가 이륙할 것이다.

비행기를 자주 이용하는 사람들이라면 누구나 다 안다. 국제선은 2시간 전에 체크인하고 늦어도 비행기 이륙 15분 전까지 게이트에 도착해야 했다. 늦게 오면 게이트가 닫혀 있다. 비행기를 자주 타는 나는 그 누구보다도 이 사실을 잘 알고 있었다. 하지만 7시 50분이 돼서야 공항 카운터에 도착한 승객은 하느님이라도 도울 방법이 없었다.

"제발요, 진짜! 게이트 쪽에 전화해서 좀 물어봐주세요. 아직 게이트 문이 열려 있으면 조금만 기다려줄 수 있냐고요. 그럴 가능성이 거의 없다는 것 저도 잘 알지만 한번 물어나 봐주세요. 제발 부탁드립니다!"

내 말이 간절하게 들리지 않았다면 정말 낭패를 볼 뻔했다. 카운터에 있던 아가씨는 결국 마지못해 전화를 걸어 물어봐주었다. 결과는…….

"이륙 시간이 8시 15분으로 연기돼서 게이트가 아직 열려 있어요!"

카운터 아가씨가 흥분해서 말했다.

나는 기뻐서 펄쩍 뛰다가 이내 풀이 죽었다. 방콕 공항은 아침에 출국 심사 행렬을 통과하려면 최소 30분이 걸리고 거기다 방콕 공항 터미널은 단일 길이로 전 세계에서 가장 길었다. 여권 심사대에서 게이트까지 못해도 2, 3킬로미터여서 어떻게 해도 비행기를 못 탈 운명이었다.

카운터 아가씨가 갑자기 카운터를 닫더니 내 손을 잡았다. 그러고는 그녀를 따라 움직이는 수화물 컨베이어 벨트를 뛰어넘어 오라고 했다. 인파를 가로지른 뒤 그녀는 나를 카운터 반대편 쪽으로 끌어당겼다. 그런 다음 외교관들이 사용하는 VIP 전용 통관 카운터에 가서 제복을 입은 중년 남성에게 내가 빨리 통과할 수 있도록 조처해달라며 상황을 설명했다. 그리고 나는 불과 1분도 채 안 걸려 어느새 여권 검사대의 반대편 끝 쪽에 도착해서 여권을 쥔 채 멍하니 그곳에 서 있었다. 카운터 아가씨가 무전기를 흔들면서 빨리 뛰라고 재촉하자 그제야 정신을 차렸다. 게이트까지 미친 듯이 달려 기내로 들어오니 이미 네스 호Loch Ness의 괴물처럼 온몸이 땀으로 젖어 있었다. 하지만 쉬지 않고 옆 좌석에 앉은 승객을 보며 실실 웃어댔다. 이 행운을 믿을 수 없었다. 나는 아마 국제항공 역사상 최초로 7시 15분에 일어나서 7시 55분 비행기를 탄 사람이지 않을까?

무사히 제시간에 미얀마 시골 일터에 도착했다. 오는 길에 다른 사람에게 이 일을 말하지 않았지만 나 스스로 몇 배는 더 노력해야 이런 행운을 헛되게 하지 않으리라 여기며 특별히 감사한 마음을 품고 있었다.

2주 후 무사히 작업을 마치고 다시 방콕 공항으로 돌아왔다. 이번에는 전반적으로 몸 컨디션이 좋았다.

공항을 나와 택시를 타고 집으로 향했다. 고속도로가 좀 막히기는 했지만 마음은 말할 수 없이 가벼웠다.

미터기에 6킬로미터가 찍힐 때쯤 택시기사의 휴대폰이 울렸다.

"네? 뭐라고요? 죄송합니다."

나는 기사가 서툰 영어로 말하는 걸 들었다.

"지금은 진짜 안 돼요……. 차에 손님이 계셔서요!"

전화를 끊고 나서 기사는 머리를 긁적이며 상황을 설명했다. 내가 타기 직전에 차에서 내린 호주 손님 셋이 고속도로가 막히는 바람에 오늘 시드니로 가는 비행기를 놓쳐서 내일 저녁까지 기다려야 된다고 했다. 그래서 당장 어떻게 해야 될지 몰라 기사한테 전화를 걸었다는 것이다. 친구 아파트로 다시 가서 하룻밤을 더 묵고 싶은데 말이 안 통해서 어떻게 숙소로 가야 할지 난감한 상황이었다.

자초지종을 듣고 나는 기사의 휴대폰을 받아서 호주인에게 다시 전화를 걸었다.

"저는 방금 전화 통화하신 기사님의 새로운 손님인데요. 거기서 잠깐 기다리고 계세요. 지금 기사님한테 다시 공항으로 가자고 할게요. 그쪽이 이 택시 타시고 저는 다른 택시 부르죠 뭐!"

기사와 이찌할 바 몰라 허둥대던 호주 관광객들은 누군가 이렇게 헤줄줄은 꿈에도 생각 못 했는지 이처럼 마음씨 좋은 사람을 만난 적이 없다는 말을 계속 했다. 왜냐하면 내가 차에서 내린다고 다 끝나는 게 아니었기 때문이다. 호주 손님들을 태우려면 공항 터미널로 돌아가야 하는데 택시가 빈 차로는 못 들어가게 되어 있었던 것이다. 손님을 태우고 공항에 가야만 가능했다. 그래서 나는 공항까지 동행해야 했다.

이 호주인들이 아마도 팁을 꽤 짭짤하게 준 것 같았다. 그게 아니라면 기사분이 처음부터 자기 휴대폰 전화번호를 굳이 주지는 않았을 테니까 말이다. 갔다가 다시 돌아왔으니 이번에는 호쾌하게 팁을 더 쓸 게 분명했다. 자신들을 태우러 택시가 돌아온 걸 보고 캐리어에 앉아서 걱정하던 호주인들은 믿을 수 없다는 듯 환한 표정을 지어보였다. 양쪽 다 기뻐하는 모습을 보고 나는 조용히 차에서 내려 손을 흔들며 말했다.

"이제 이 차는 여러분 거예요."

그러고는 뒤도 안 돌아보고 다른 택시를 잡으러 떠났다.

공항으로 다시 돌아오는 바람에 시간을 좀 버리기도 했고, 그날 오전 일찍 5시에 미얀마 북부 변경 지대에서 출발해서 논스톱으로 달려온 데다 그때가 이미 자정을 넘긴 시각이라 피곤하지 않았다면 거짓말이다. 그런데 나는 정말 조금도 힘들다는 생각이 안 들었다. 앞서 그런 엄청난 행운이 따라줬기 때문에 지금 이런 행운을 나처럼 행운이 필요한 낯선 이들에게 줄 수 있었다. 그들 역시 다행스러워하면서도 분명 나처럼 다른 사람에게 뭔가 도움을 주고 다른 사람에게 행운을 전해줘야겠다고 생각할 것이다. 비록 미미한 힘이지만 나비효과처럼 이 세상에 아름다운 이야기를 더 많이 만들어낼지도 모른다.

이런 나라면 나 자신과 평생을 함께 살아도 분명 아무 문제가 없을 것이다.

그날 밤 나는 그 어느 때보다 곤하게 잠을 잤다.

CHAPTER

9

손으로 생각하는
사람이 되다

'난 못 해'라는 말을 쉽게 뱉을수록
'손'으로 생각하는 법을 배워야 한다.
어떻게 하면 그렇게 할 수 있는지 즉시 방법을 찾아 나서자.

손으로 생각하는
사람이 되다

'난 못 해'라는 말을 쉽게 뱉을수록
'손'으로 생각하는 법을 배워야 한다.
어떻게 하면 그렇게 할 수 있는지 즉시 방법을 찾아 나서자.

'손'으로 생각하는 법을 배우다

나는 2002년 설립된 독일의 NGO 단체 '핸드 이니셔티브 e.V. HAND Initia-tive e.V.'를 좋아한다. 이 기구의 설립 취지는 간단명료하지만 의미심장하다. 대화를 통해 인도적이고, 또 다른 가능성이 있으며, 자연과 조화로운 생활 방식을 두 손으로 실천하자는 것이다. "지혜의 꽃은 손끝에서 피어난다"라고 했던 심리학자 장 피아제의 말처럼 손을 움직이는 것이 굉장히 중요한데도 현대인은 이를 너무 등한시하고 있다.

핸드 이니셔티브 e.V.에서는 '두 손으로 일하기'를 통해 인도적인 원조 정신을 실천하고, 또 다른 가능성의 공간을 구축하며, 자연의 주체성을 존중하고, 대화에 기반한 협력 기회를 강조한다. 내가 이런 점을 좋아하는 이유는 두 손으로 '하기' 그 자체가 현대인에게 말로 설명하기 어려운 매력이 있기 때문이다. '수제 과자', '손으로 하나하나 딴 찻잎'처럼 '손'과 관련된 말이 붙으면 전부 맛있어지듯이 '수제'라는 건 구체적인 물건을 만드는 일이다. 손으로 하는 것은 바이올린, 표본 만들기, 도자기 빚기처럼 보통 어떤 재료를 사용했는지 눈으로 볼 수 있다. 또한 밥하기, 머리하기, 글짓기처럼 모든 사람이 쉽게 묘사할 수 있는 것이기도 하다. 그러나 젊은이들은 손으로 하는 일이라면 무엇이든지 너무 쉽게 어깨를 으쓱해 보이고는 '난 못해'라는 세 글자를 뱉어버린다.

내가 말하고 싶은 것은 두 손을 자주 사용하지 않는 사람은 잘못을 해도 제때 바로잡는 법을 모르고, 이로 인해 평생 인생에서 필연적으로 실수할 수밖에 없는 갖가지 상황을 초연하게 마주하지 못한다는 것이다.

어렸을 때는 모든 아이가 몸 쓰는 활동을 좋아한다. 진흙 놀이든 퍼즐 맞추기 같은 손을 쓰는 놀이를 통해 아이들은 손과 뇌가 밀접한 관계가 있다는 것을 알게 된다. 하지만 유치원 교사가 아이들에게 시키는 손으로 하는 활동은 전문 훈련을 통해서 세밀한 동작으로 이어지게 하고 잔근육을 발달시키는 데 그치기 때문에 효과가 피상적인 수준에 머무른다. 자연히 유아의 능력이 다방면으로 발전하지 못한다. 부모가 주는 과도한 사랑은 아이가 공부, 인터넷 접속 외에는 아무것도 하지 못하고 응석만 부리는 삶을 살게 만든다. 아직 어려서 손을 사용하는 능력을 기르기보다는 지식을 더 쌓아야 한다는 가정교육 방식으로는 아이가 일상에서 경험을 배워야 할 시기에 이르렀을 때 주변 사람들의 생활이 중요한 배움의 원천이 된다는 걸 알 수가 없다. 이 경험 과정은 손을 움직이는 활동과 밀접하게 연결되어 있다. 이때부터 생활에서 손을 움직이는 능력을 기르는 게 부족해진다.

손을 움직이는 활동은 서너 살짜리 아동이 심리 활동을 표현하는 간단하고 직접적인 방법이다. 아이는 분명하게 자기의 마음을 전달할 수 없기 때문이다. 그래서 어른들은 아이가 무슨 생각을 하고 무엇을 원하고 무엇이 부족한지 알아맞히지 못하고, 그 결과 다양한 활동에 대한 유아의 탐구 정신과 표현하고자 하는 욕망을 억누른다. 하지만 아이들이 손으로 하는 방법을 배우기만 한다면 자기가 생각하는 대로 아무렇게나 자르고, 과감하게 붙일 수 있다. 어떤 제약도 받지 않는다. 유아의 손을 이용해 뭔가를 하는 능력을 키우는 것도 중요하지만 탐구에 대한 아이의 끝없는 호기심과 다양한 방식으로 자기를 표현하려는 욕망을 발휘시키는 것이 더 중요하다.

많은 젊은이가 외부 세계에 자기 뜻을 제대로 전달할 수 없다는 것을 깨닫는데, 내 개인적인 생각으로 이것은 어려서부터 손을 사용해서 표현하는 습관을 기르지 못한 것과 큰 관계가 있다. 만약 한 젊은이가 자신이 사물에 숨겨진 간단한 속성과 관계에 흥미도 없고 아는 것도 없다, 탐구하고 싶지도 않다는 것을 깨닫는 것은 굉장히 위험한 신호다. 많은 아시아인은 어려서부터 '공부'라는 좋은 습관을 들이지만 아동이 마땅히 가지고 있어야 할 조사와 연구 본능을 한 번도 발휘한 적이 없기 때문이다.

어쩌면 이를 통해 왜 아시아 어린이들이 어렸을 때 서양 교육을 받은 어린이와 학업 성적으로 비교하면 '출발선상에서는 지지 않는지' 설명할 수 있는 근거가 된다. 아시아 어린이는 어려서부터 공부는 많이 하고, 손으로 하는 활동은 적게 하라고 강요당했기 때문이다. 하지만 성장하면서 우리는 결승점에서 패배가 불가피하다는 사실을 깨닫는다.

나에게 주는 10가지 선물

손으로 하는 활동을 '못 한다'는 건 성장 과정에서 실패할 수 있다는 경고 메시지로 받아들여야 한다. 결코 쉽게 넘겨서는 안 된다. 자신이 '난 못 해'라는 말을 쉽게 뱉을수록 '손'으로 생각하는 법을 배워야 한다. 어떻게 하면 그렇게 할 수 있는지 즉시 방법을 찾아나서자.

무대의 중심으로 돌아오다

언젠가 내가 아는 한 영국인이 진지하게 말했다.

"모든 영국 남자는 홍콩처럼 이국적인 느낌이 물씬 풍기는 외국 도시에서 살든 흉측한 버밍엄 공업 단지에 있든, 피둥피둥 살찐 은행가든 급진적인 사회운동가든 결국 신기한 취미에 빠지게 돼. 그게 원예야."

나는 이 말을 듣고 반신반의하며 웃었다.

1940년에 태어난 옛 뉴욕의 악사가 자신이 전후 시기를 기억하고 있다고 내게 알려주었다. 뉴욕 맨해튼의 이웃집에서도 '빅토리 가든^{Victory Garden}'을 볼 수 있었다고 한다. 아파트에 사는 뉴욕인들은 이 작은 커뮤니티가든_{community garden}에서 경제가 어려운 시대에 채소와 과일을 심고 자급자족하도록 만들었다. 수십 년 만에 뉴욕인이 이 퍼머컬처와 현지 생산 판매 트렌드를 타고 또다시 지붕에 채소를 심기 시작했다. 심지어 양봉도 했다.

"유행이 지난 모든 것은 언젠가 다시 무대 중앙으로 돌아옵니다. 살면서 여러 번 봤어요⋯⋯."

래리라는 이름의 색소폰 연주가가 말했다.

도시의 거주 공간이 부족한 탓에 고층 건물이 즐비하다. 만약 유엔 식량

농업기구Food and Agriculture Organization, FAO의 예측대로 2005년에 이미 도시 거주 인구는 9억 명을 돌파했다. 어떻게 현지 생산 판매를 해서 지금보다 70퍼센트나 많은 식량을 생산해 그 많은 인구를 먹여 살릴 수 있을지가 앞으로 도시의 주요 과제가 될 것이다. 그런데 도시에 커뮤니티 가든이나 루프탑 가든이 아무리 많아도 미래 수요를 만족시킬 수는 없다. 그렇다면 입체 주차장처럼 농장을 도시의 고층빌딩에 만들 수 있을까?

뉴욕 컬럼비아 대학교의 공공보건학과 딕슨 데스포미어Dickson Despommier 교수는 실내형 입체 농장을 적극 제창하며 《수직 농장The Vertical Farm》이란 책을 출간해 이러한 구상을 설명했다. 그는 만약 수직 농업이 성공한다면 탄소발자국을 줄일 수 있을 뿐 아니라 운송 과정에서 생기는 손실을 줄일 수 있다고 말했다. 왜냐하면 식물이 실내 광선, 온습도, 기류, 양분이 통제된 환경에서 자라기 때문에 살충제, 비료 등의 사용을 최소화할 수 있고 토양 양분도 유실되지 않아 농업 폐기물 배출 문제도 없다는 것이다. 무기질을 용해해 키우는 수경 재배 기술도 이미 상당히 발전했고 뿌리줄기류 농작물, 잎채소류, 과일, 곡류까지 수경으로 재배하지 못하는 농작물은 거의 없다.

하지만 어떻게 충분한 광선을 제공하고 에너지 소모를 줄일지가 어려운 문제다. 예를 들어 남극기지에 설립한 '남극 컨테이너형 식물공장South Pole Food Growth Chamber'은 2004년부터 반자동 수경 설비로 채소와 과일나무를 심기 시작했다. 22제곱미터밖에 되지 않는 작은 규모이지만 아문센스콧 기지의 대원 65명을 먹여 살리기에 충분하다. 일조량이 부족한 겨울과 헬기로도 물자를 보급할 수 없을 때도 모든 사람이 매일 신선한 야채샐러드를 먹을 수 있다. 가끔 물과 양분이 필요하긴 하지만 오랜 시간 동안 좁은 땅에서도 평균적인 광선을 제공한다. 조명 발전 원가는 매우 비싸다. 자연환경이 열악한 남극에서 소규모로 시도해볼 만하다. 이것이 런던이나 뉴욕에서 전통 농장보다 훨씬 좋은 에너지를 위해 돈을 써야 된다는 뜻은 아니다. 왜냐하면 현지 생산 판매가 가져오는 에너지 절약과 이산화탄소 배출 감소라는 장점이 별도의 에너지 소모를 상쇄하기에는 부족하기 때문이다.

2008년 영국 잉글랜드 동남부 도시인 채텀Chatham에서 채택한 타넷 어스Thanet Earth 식물농장은 90헥타르의 온실에, 겨울에는 매일 15시간 인공적으로 빛을 조성해 영국 전체 야채샐러드의 15퍼센트를 제공했다. 하지만 이 농장은 입체가 아니라 평면이었다. 그래서 아직 에너지 문제가 있었고, 그 밖에 공간 부족 문제를 해결하지 못했다. 뉴욕 선 웍스New York Sun Works, NYSW도 맨해튼 섬에서 '사이언스 바지Science Barge, 선상 채소밭'를 시도했다. 하이테크 기술을 이용해 수경 재배를 하는 것이다. 물 소모량은 일반 농지의 10퍼센트 수준이며 농업 폐기물 배출도 없다. 무당벌레 같은 자연 천적을 이용해 병충해를 통제한다. 단위 생산량은 동일한 면적에서 전통 농지에서의 생산량보다 20배 많다. 물론 풍력 발전과 태양열 발전으로 인공적인 빛을 만들어낼 때 부족한 에너지를 제공할 수 있지만 만약 충분한 전력을 생산해서 비추려면 태양 판이 차지하는 면적이 반드시 농지 면적의 20배여야 한다. 그래서 아직 대도시에서는 최소한의 면적을 사용해 수직 농원을 세울 수가 없다. 뉴욕 선 웍스는 3년여간 운영한 뒤 2009년 맨해튼 섬을 떠나 교외 주거지인 용커스로 이전했다. 뉴욕의 주요 구성원은 고샘 그린스Gotham Greens 브랜드와 협력해서 브루클린 지역에 1만 5,000제곱미터 규모의 루프탑 가든을 만들어 청경채 등을 재배했다. 뉴욕에는 별도의 유사 계획이 있는데 농원과 현지 슈퍼마켓이 계약을 해서 루프탑 가든에서 생산한 야채를 슈퍼마켓에서 판매하는 것이다.

텍사스 주의 밸센트Valcent는 영국 데번Devon 주의 페인턴Paignton 동물원에 100제곱미터의 실내 농장을 만들었다. 비록 3미터 높이의 온실 그 자체만 해도 평면 1층 형태이지만 잎채소류를 한 층 한 층 움직이는 쟁반에 심어서 상추가 매일 돌아가면서 열 시간씩 햇볕을 받을 수 있도록 했다. 밸센트의 예측에 따르면 그들은 같은 생산량을 기준으로 했을 때 전통 농원보다 7분의 1의 에너지와 20분의 1의 토지와 물을 사용하는 것으로 나타났다.

아주 작은 공간에서 가장 적은 에너지만 사용해도 자연의 생명력이 느껴지는 식량을 가장 많이 생산할 수 있도록 해주는 똑똑한 기업가가 머지않아 등장하리라 생각한다. 하지만 옛 뉴욕의 래리가 말했듯이 오래 살면 역사가 재연되는 것을 보게 될 것이다. 자세히 생각해보라. 도시의 입체 농장은 기원전 6세기경 바빌론 제국의 공중정원이 재연된 형태 아닌가?

하지만 실용적인 목적 외에 아파트의 좁은 베란다나 화단에 몰두하면 도시인에게 치유 효과가 있다. 자연 친화적인 생활공간을 찾아 진흙을 파듯이 자신의 생존 의미도 찾아낼 수 있을 것이다.

고대 로마인의 하루

러시아의 유명한 교육자 바실리 알렉산드로비치 수호믈린스키는 이렇게 말했다.

"손은 생각의 거울이요 지능과 재능을 발전시키는 자극제이며 의식의 위대한 양성자이자 지휘하는 창조자이다."

하지만 오래지 않아 우리는 두 손으로 물건 만들기를 그만두지 않았는가.

최근 나는 이탈리아 작가 알베르토 안젤라의 《고대 로마인의 24시간》이라는 책을 읽었다. 작가는 새벽부터 한밤중까지 시간 순서로 고대 로마인의 하루 생활을 재현해 시간 여행을 하는 듯한 재미를 선사했다. 당시 로마 남녀의 평균 신장과 체중을 알게 된 작가는 몸치장을 좋아하는 남녀를 상상했다. 아침에 일어나면 제모부터 화장까지 어떻게 정성껏 자신을 치장하는지, 여자들은 화장품과 각종 팩을 어떻게 사용하는지, 남자들은 또 아침에 이발사에게 어떤 식으로 도착을 알리고 오후에 노천 목욕탕에 가서 몸을 씻는지, 직장인들은 정오에 외식으로 돈을 얼마를 쓰는지와 같은 이런 상세한 묘사마다 여행의 풍미가 가득했다.

나는 다른 책에서 본 적 없는 과감한 가설을 이 책을 통해 배웠다. 예를 들면 이런 식이다. 당시 멋진 건물 덕에 부자들은 돈을 많이 벌었다. 가난한 사람, 노예, 좋은 건물 위나 누각에 살았는데 마치 완공되지 않은 미완성 건물처럼 보였다. 화려하게 장식한 주인의 주택은 건물 아래에 있어 오늘날 이집트 카이로의 습관과 상당히 유사하다. 알라 알아스와니의 소설 《이마렛 야쿠비안Imarat Yaqubian》 속 줄거리가 실제로 고대 로마에서 매일 재연되고 있었던 모양이다.

하지만 가장 놀라웠던 건 역시 고대 로마 사회의 관찰 부분이었다.

당시 노예 제도는 지금의 시각으로 볼 때 너무나 잔인하고 비인도적이었다. 고대 로마인이 쾌락을 추구했다는 사실을 우리는 쉽게 알 수 있다. 절제와 도덕적 인성은 2,000년 동안 크게 발전해왔다. 하지만 고대 로마인의 생활을 좀 더 자세히 살펴보면 우리는 사회 진보가 반드시 사회 운동의 산물이 아니라는 사실을 알게 된다. 오늘날 세탁기가 빨래하는 여종 자리를 대신했고 가스레인지, 전자레인지, 토스트기, 주스 착즙기, 전동 믹서가 부뚜막에서 허리를 굽힌 채 주인을 위해 음식을 준비하던 주방장과 노예를 대신했다. 수도꼭지가 샘에서 물을 긷던 노예를, 수세식 변기가 분뇨를 어깨에 메던 노예를, 냉장고가 얼음을 집에 운반하던 노예를, 식기 세척기와 진공

청소기가 집 청소를 담당하던 노예를 대신했다. 온수기가 집이나 목욕물을 데우던 노예를 대신했고 전구는 점등을 담당하던 노예의 수고를 덜어주었다. 중앙 시스템 냉난방 장치가 부채나 화로를 부치던 노예를, 자동차가 가마와 가마꾼을, 가로등은 주인을 위해 길을 비추던 등대지기를, 드라이기와 전동 제모기는 개인의 위생과 미용을 담당하던 수많은 노예를, TV, 라디오, CD와 DVD 플레이어가 주인에게 즐거움을 주던 칠현금 연주자와 고수鼓手, 무언극 배우, 무희, 낭송자와 시 암송자(이 직업군의 사람은 당시 모두 노예 신분이었다)를, 컴퓨터와 키보드가 필생筆生과 비서를 대신했다. 글을 아는 노예는 주인을 도와 편지를 소리 내어 읽고 주인이 연구하려는 서적을 낭독했다. 고대 로마인의 부유층은 내 손으로 하기는 싫지만 여러 편익을 누리기 위해서 노예 제도를 이용한 것이다. 이 같은 향유는 현대인의 눈으로 볼 때 전혀 지나치지 않다. 손수 만들고 몸을 쓰는 것을 헌신짝처럼 버린 현대인도 마찬가지로 전기용품을 노예로 삼아 같은 일을 하는 것뿐이기 때문이다.

책에서는 어느 학자가 노예가 제공할 수 있는 에너지 양을 휘발유 양으로 환산한 내용도 등장한다. 결과를 보면 휘발유 한 병은 노예 50명이 연속으로 스마트 소형차 한 대를 두 시간 동안 끄는 에너지에 해당했다. 가전제품 플러그는 노예 30명의 노동력을 우리에게 제공하는 것이나 마찬가지다. 플러그는 집 안 곳곳에 널리 퍼져 있는 고대 로마 시대 노예인 셈이다. 우리 생활 방식의 혁명적인 전환이 가능했던 이유는 인성의 발전 때문이 아니다. 우리는 어쩌면 2,000년 전 로마인보다 더 인자하다거나 더 문명적이 아닌지도 모른다. 과학 기술 발전 덕분에 많은 비극을 피할 수 있었던 것뿐이다.

고대 로마인이 쾌락과 욕망을 추구하던 모습만이 현대인과 닮은 게 아니다. 교통 체증으로 인한 시간 낭비, 시끄럽고 혼란한 거리, 넘치는 쓰레기, 부족한 주택량, 높은 집세, 지진으로 무너진 부실한 건축물, 이민자 유입 문제, 밤거리 치안 문제 등 그 당시 직면했던 사회 문제까지 2,000년이 지난 현대 도시와 굉장히 비슷하다.

차기 지방 선거에서는 후보자든 유권자든 고대 로마의 교훈을 기억해야 한다. 도시 하나를 변화시키려면 2,000년이 걸려도 부족한데 임기 안에 그게 과연 가능할까? 만약 도시의 문제를 해결하기 어렵고 인류가 자기 향락을 위해 타인을 노예로 부리려는 마음가짐이 달라지지 않는다면 우리의 짧은 인생 동안 과연 무엇을 바꿀 수 있으며, 변화시킬 만한 가치가 있는 것은 무엇일까?

어쩌면 우리는 로마 최초의 성문법인 12동판법을 펼쳐야 할지도 모른다. 당시 모든 로마 학생이 암송해야 했던 12동판법은 노예제 국가의 대표적인 법률이면서 후대에 서양 법률의 토대가 되었다. 여기에 적힌 '노예'라는 두 글자를 전부 '플러그'로 바꾸면, 도시인은 고대 로마인이 수많은 노예에게 의존하고 그들을 학대한 것처럼 자신이 '과학 기술 노예'에 얼마나 많이 의존하고 자연 에너지를 '학대'하는지 알게 될 것이다. 이런 사고 방식이 손으로 하는 일이 보여주는 중요한 교훈이 무엇인지 찾는 데 도움이 될지도 모른다.

아이슬란드, 행복의 종말에 대한 계시

아이슬란드는 북극권과 가까운 섬나라이자 인구가 30여만 명밖에 안 되는 작은 나라다. 제2차 세계대전 이전에 아이슬란드는 대서양에서 어업을 주로 하던 가난한 나라였다. 1990년대 금융 서비스업 위주로 발전 방식을 전환하면서 고소득 국가가 됐다. 평균 소득은 타이완의 네 배, 2007년 1인당 국민소득이 6만 3,830달러로 세계 4위였고 부유한 국가 순위로는 세계 8위였다. 그해 30개 유럽 국가를 대상으로 환경 평가, 자체 평가, 수명 평가를 실시한 결과 아이슬란드가 생활의 질이 가장 높은 나라로 선정됐다. 이는 2006년 건강, 부, 교육 만족도 면에서 아이슬란드가 가장 행복한 나라세계 4위였던 영국 레스터 대학교의 연구 결과와 잘 맞아떨어진다. 2006년 유엔개발계획UNDP의 인간개발보고서에서 '가장 살기 좋은 나라'로 아이슬란드가 노르웨이의 뒤를 이어 세계 2위로 뽑혔다.

2007년 11월 세계에서 가장 살기 좋은 나라 1위에 등극한 아이슬란드는 2008년 글로벌 금융위기로 인해 세계인이 칭송하던 행복한 나라에서 순식간에 파산국가로 전락했다.

아이슬란드는 원래 어로업에 종사하는 6퍼센트 노동 인구에 의해 유지되는 나라였다. 어업이 수출 소득의 70퍼센트를 차지했다. 1990년대부터 아이슬란드 정부의 '대륙파'가 어업을 계속 국민 경제의 기간산업으로 삼자고 주장하는 '해양파'를 이겼다. '대륙파'는 스위스, 룩셈부르크, 벨기에 같은 유럽 대륙 국가처럼 아이슬란드가 힘들고 고된 어업에서 돈 굴리는 은행업으로 전환하는 것이 부를 축적하는 지름길이며 불안정한 어업 시장이 아이슬란드 경제에 끼칠 불안을 피할 수 있다고 생각했다. 정부는 '금융업 발전 촉진' 정책을 확립하고 직접 리스크가 큰 금융 투자를 주도했다. 또한 높은 금리와 규제 완화를 통해 개방적인 금융 환경을 조성함으로써 외국 자본을 유치했다. 그런 다음 수익성이 높은 금융 사업을 추진하고 전 세계 자본 순환 과정에서 이익을 얻었다. 예를 들면 일본처럼 초저금리인 국가에 가서 어마어마한 자금을 빌린 다음 아이슬란드처럼 금리가 무려 11.5퍼센트에 달하는 국가에 투자해 환차익을 챙기는 것이다. 간단하게 말해서 아이슬란드에서 빚어낸 경제 기적은 사실 어로업보다 일종의 간단한 금융 게임인 금리 재정 거래를 운용한 결과에 불과했다. 게다가 금융 자유화로 은행이 빠르게 확장되면서 아이슬란드는 세계화와 맞물려 순풍에 돛 단 듯 성장했다. 국제 자금이 급속도로 유입되면서 아이슬란드 경제는 눈부신 속도로 발전했다. 불과 몇 년 만에 전통적인 어업 경제에서 금융업으로 전환됐고 아이슬란드 금융 산업 규모는 거의 전체 GDP의 열 배에 달하며 유럽 금융 대국으로 환골탈태했다. 가구당 평균 자산은 5년 연속 45퍼센트 증가율을 보였는데, 단지 잡는 고기의 종류와 몸값이 다를 뿐, 사실은 모든 국민이 어부복 대신 양복을 입고 고기를 잡은 거나 다름없었다.

하지만 실물경제는 손을 움직여 고기 잡는 법을 잊어버린 아이슬란드를 뒤에서 든든히 받쳐주기에는 역부족이었다. 게다가 금융업에 지나치게 의존한 산업 구조 탓에 금융업 총자산이 정부보다 비대해져 아이슬란드의 한 해 GDP가 금융 시가 총액의 10퍼센트에 그치는 기현상이 나타났다. 그러다 금융경제가 실물경제를 완전히 벗어나 극도로 팽창할 때 거품이 형성됐고 금융 위기가 발발하면서 곧바로 그 거품은 붕괴되고 말았다.

아이슬란드 정부는 자성의 시간을 거친 뒤 과오를 인정하면서 이렇게 말했다. "우리는 양복을 벗고 어업으로 돌아갈 준비를 마쳤다." 이 말은 전체 금융업의 비극에서 보기 드물게 유쾌한 에피소드다. 이 에피소드는 10·20년간 불어 닥친 금융업 열풍 속에서도 아이슬란드의 검소하고 침착한 DNA에 손을 움직여 일하는 유전자가 살아 있다는 것을 보여준다.

상대적으로 금융 파동의 여파가 가장 적었던 독일에 대해 많은 경제학자들은 독일이 지금까지 한 번도 제조업을 놓지 않은 덕분이라고 평가했다. 그래서 독일은 글로벌 금융 위기가 발발했을 때 아이슬란드와는 달리 고된 노동을 포기한 적이 없었다. 이 부분 역시 독일 핸드 이니셔티브 e.V.가 서문에서 밝힌 취지와 일맥상통한다. 모든 가능성과 권리는 '앉아서 말하는' 단계에서 반드시 '일어나 실천하는' 단계로 발전해야 한다. '손으로 일하기'는 노력하면 성과를 볼 수 있다. 모든 '수확'의 기쁨은 그 전에 반드시 '땀' 흘리는 과정을 거쳐야 한다.

손으로 일하는 매력

손으로 일하는 방법을 배우면 우리는 다양한 방식으로 자유롭게 스스로를 표현할 수 있다.

손끝의 감촉을 통해 평생 세상에 대한 끝없는 호기심을 전달한다.

"이게 무슨 말인지 조금은 알 것 같아요. 근데 이미 다 큰 성인으로서 오로지 시험을 위해 공부했던 아시아인에게 (꼭 시험을 잘 봤다고는 할 수 없지만) 유아 때부터 이미 상당히 개발된 서양인의 이런 능력을 어떻게 훈련시켜야 좋을까요?"

당신은 어쩌면 내게 이렇게 질문할 수도 있다.

내게는 간단한 네 가지 방법이 있다. 이대로 하면 어려서부터 손으로 하는 능력을 길러본 적이 없어서 '난 못 해'라고 외치는 청년이 다시 손으로 일하는 것의 재미를 찾을 수 있도록 도울 것이다.

(1) '돈을 절약할 거야'라고 생각한다

실속을 차리는 화교로서 최대 장점은 돈을 절약할 수 있다거나 돈을 벌수 있다는 얘기만 나오면 자연스럽게 관심도가 쑥 올라간다는 것이다. 우선, 손으로 하는 일을 고상하고 철학적인 일로 치부하기보다 일상생활에서 지출을 줄일 수 있는 방법으로 여기고 노력하다 보면 선순환이 일어난다. 매일 외식하는 비용을 생각해보자. 만약 스스로 시장에 가서 장을 보고 매일 적어도 한 끼 식사를 직접 해 먹는 것부터 시작한다면 식당에서 밥 먹는 돈을 크게 줄일 수 있다. 이런 식으로 손으로 하는 일을 시도해볼 수 있다.

나는 스스로 밥을 해 먹으면 돈을 얼마나 절약할 수 있는지 알려줄 수 없다. 당신이 평소에 얼마를 쓰는지 모르기 때문이다. 하지만 이것은 확신할 수 있다. 만약 당신이 친구들과 자주 모임을 갖거나 돌아가면서 손님을 초대해 대접하는 청년이라면, 간단한 주식과 디저트, 음료부터 직접 준비해보고 비교적 복잡한 애피타이저, 메인 요리, 사이드메뉴는 배달시켜보라. 그렇게만 해도 거의 절반의 비용을 줄일 수 있다. 이것이 손으로 일하기가 가져온 직접적인 보상이다. 이렇게 실생활에서부터 절약을 시도해본다면 아이디어가 점점 더 많아질 것이다.

또 하나 예를 들면, 가정생활 폐수와 음식물 찌꺼기로 친환경 비료를 만들고 퍼머컬처 방식을 배우는 것이다. 그러면 흙도 전혀 필요 없고 비료를 살 필요도 없이 자기 집 베란다에서 바나나를 키울 수 있다. 그 바나나는 다음번에 손님을 대접할 때 사람들이 깜짝 놀랄 만한 디저트 '바나나튀김' 재료가 되고 다음번에 사람들을 불러 모을 비장의 무기가 될지도 모른다.

(2) 일하며 그 속에서 행복을 발견한다

여섯 살 때부터 뜨개질을 시작한 동성 친구가 하나 있다. 뜨개질을 하게 된 이유는 이랬다.

"엄마가 털 뭉치 하나로 장갑, 목도리, 모자 같은 생활에 유용한 물건으로 만드시는데 정말 신기하더라고!"

그래서 친구는 어머니가 집에 안 계실 때 몰래 뜨개질을 시작했다. 어린 사내아이들은 움직이는 걸 좋아해서 뜨개질을 한 기간이 1년도 채 되지 않았다. 하지만 친구는 10~20년이 지난 지금도 뜨개질의 즐거움을 기억하고 있다고 말했다.

이렇게 물건을 '만드는' 즐거움은 나중에 친구를 도예가의 길로 이끌었다. 설계하고 빚어내고 굽는 과정을 거쳐 무형의 도토陶土가 쓸모 있으면서 예술을 표현하는 매개체가 될 수 있기 때문이다. 친구는 이런 좋아하는 느낌을 지금도 변함없이 간직하고 있으며 자신의 작품을 현대박물관에 위탁해 판매하기 시작했다. 판매 실적이 의외로 괜찮아서 자신의 도예점을 개업했다.

뉴욕에 사는 또 다른 친구는 어려서부터 가장 좋아하는 취미가 자전거 타기였다. 브루클린에 스스로 대나무를 사용해 자전거 만드는 법을 배울 수 있는 공방이 있다는 걸 알고 한 치의 망설임도 없이 등록했다. 평일 퇴근 후 저녁이나 주말에 공방에 와서 작업한 끝에 마침내 보기만 해도 흡족한 수제 대나무 자전거를 완성했다. 이 일로 친구는 CNN과 인터뷰도 하고 방콕의 TED에서 자신의 경험을 공유하기도 했다. 원래 컴퓨터 프로그래머였던 그는 현재 창업을 위해 열심히 돈을 모으는 중이다. 친구는 방콕에 대나무 자전거 공방 제1호점을 열 계획이다.

(3) 자신과 가족을 힘들게 하지 않는다

많은 사람이 손으로 하는 일에 좋지 않은 인상을 갖고 있다. 손으로 하기 때문에 생길 수 있는 불편함을 떠올리면 원래 있어야 할 즐거움도 싹 사라져버리는 것이다. 불필요하고 심지어 해가 되는 일이라면 하지 않는 편이 낫다.

얼마 전 호주에 이런 일이 있었다. 모형 만들기를 좋아하는 어떤 남성이 오랜 시간을 들여 대형 수상 헬기 모형을 만들었다. 자신만만하게 온 가족을 불러 시범 비행 축하식을 열었다. 결과는 참담했다. 조작이 잘 안 된 탓에 모든 친척들, 아내와 자녀가 보는 앞에서 모형 헬기는 정면에서 날아오는 비행기 날개에 부딪쳐 그 자리에서 앞머리가 부러져 망가지고 말았다. 나는 그의 자녀가 성장하는 과정에서 얼마나 많은 심리 치료를 받아야 어린 시절에 봤던 이 무서운 장면을 지우고, 직접 손으로 만드는 것이 아름답다는 사실을 받아들일 수 있을지 상상이 안 된다.

상대적으로 캐나다 토론토에서 학생을 가르치는 내 친구는 2, 3년마다 한 번씩 현재 사는 집의 결점을 찾아내서 집을 사고 이사를 한다. 치안이 불량해서도 아니고 학군이 별로라서 그런 것도 아니었다. 이사를 안 하면 직장이 집에서 너무 멀었기 때문에 온 가족이 어쩔 수 없이 불안정한 가장을 따라 여기저기로 이사를 다닐 수밖에 없었다. 굉장히 귀찮은 일이었다. 그런데 최근 신기한 일이 일어났다. 친구는 첫째 심심해서, 둘째 뒤뜰 담벼락이 정비를 해야 할 정도로 심하게 망가져서 가족 방문 목적으로 영국에 갔다. 그곳으로 휴가를 간 김에 이제는 점차 잊히고 있는 공법인 영국의 전통 진흙 벽 만들기 강좌를 수강했다. 그리고 토론토로 돌아와서 2년 가까이 업무 외에 시간적 여유가 있으면 조금씩 작업을 해가며 예쁜 진흙 벽 한 면을 완성했고 많은 사람에게 칭찬을 받았다. 이 집 덕분에 자신이 직접 만든 담이 생겼기에 집을 팔기가 너무 아까웠다. 마침내 진짜 집이라면 당연히 갖춰야 할 소속감이 생긴 것이다. 최근 이 친구는 지하실을 보수하기 시작했다. 보아하니 한동안 또 바빠질 모양이다. 친구 때문에 온가족이 생활에 약간의 불편을 느끼고, 집이 항상 공사장처럼 보이는 부분이 있기는 하지만 적어도 이사와 전학 문제를 걱정할 필요는 없어졌다!

(4) 자아를 탐구하고 발견한다

어릴 때 우리 장래 희망은 무엇이었는가? 가정과 사회의 기대에 부응하기 위해 혹은 어쩔 수 없이 붙은 학과나 학교에 등록하기 위해 우리는 자신의 어떤 꿈을 희생했는가? 이제는 직장을 그만두거나 전공을 바꿀 필요가 없기 때문에 나 자신에 기대어 손을 움직이고 아름다운 인생을 시작해도 된다. 조금씩 조금씩 진정한 나에게 다가가도 되는 것이다.

어차피 이것으로 밥 벌어먹고 살 것도 아닌데 피아노를 배우고 싶으면 배우자! 탱고를 추고 싶으면 추자! 수제 아이스크림을 파는 작은 가게를 열고 싶다면 열자! 자원봉사를 가고 싶다, 가정교사가 되고 싶다, 그림 그리기를 배우겠다 등등 뭐든 괜찮다. 자신이 손으로 무엇을 만들어보겠다는 마음을 먹은 것뿐이기 때문에 뭔가를 얻지 못할까 혹은 잃을까 걱정할 필요가 없는 것이다. 퇴근하고 길모퉁이에 있는 단골 제과점에서 시간제 근무로 일하면서 맛있는 크루아상 만드는 법도 배우고 힘 있게 반죽을 주무르면서 낮에 은행 근무로 쌓인 스트레스도 해소할 수 있을 뿐 아니라 이참에 전업해서 제빵의 달인이 될지도 모를 일이다.

손가락을 갖다 대본다면 갈수록 경직돼가던 인생에 다시 상상력이 차오르고, 이 세상에 당신의 호기심을 자극하는 사물이 넘친다는 것을 발견할 것이다.

"손은 생각의 거울, 지능과 재능 발전의 촉매제, 의식의 위대한 양성자, 지휘하는 창조자이다."

이렇게 우리는 다시 한번 아이로 돌아간다. 하지만 이번에는 독립적인 어른의 마음이 있어서 또다시 스스로를 망치는 일은 하지 않을 것이다.

자기표현을
멈추지 말라

자신의 이야기를 잘 말하고
나 자신, 타인, 생활, 자연에 대해 우호적이면
의혹도 없고 후회하지 않는 나만의 생활 방식이 자연스럽게 생긴다.

CHAPTER 10

자기표현을
멈추지 말라

자신의 이야기를 잘 말하고
너 자신, 타인, 생활, 자연에 대해 우호적이면
의혹도 없고 후회하지 않는 나만의 생활 방식이 자연스럽게 생긴다.

스토리텔링의 중요성

이제 막 나이 서른이 된 친구가 길을 잃어서 막막한 느낌이 든다고 말했다. 나는 길을 잃은 느낌에 대해 설명해줄 수 있겠냐고 물었다. 그러자 친구가 대답했다.

"예전의 나는 잘못된 길을 너무 많이 갔어. 길을 따라가다가 표시하는 걸 잊어버려서 돌아오는 길도 잃어버린 거지. 몸을 돌리려고 하는데 이 길이 굉장히 낯설게 변하는 거야. 다시 계속 앞으로 가고 싶었지만 전방에 짙

                                                     나에게 주는 10가지 선물

은 안개가 꼈어. 하지만 나는 두려워하지 않고 계속 앞으로 갔지. 그런데 짙은 안개가 나를 붙들었어. 나는 여전히 안갯속이었고, 정확한 방향이 없었어. 그래서 정확한 길을 찾지 못하고 계속 안갯속에 있는 거야. 나올 수 있기만을 바라면서."

막연함 역시 묘사할 수 있는 상황이다.

길을 잃은 기분이 어떤 건지 그의 설명을 듣고 나서 나는 별로 걱정되지 않았다. 이 친구는 미지의 것을 접했을 때 분명하게 묘사할 수 있다. 긴장은 하겠지만 두려워하지는 않을 것이다. 이 점이 정말 훌륭하다. 그는 계속 나를 지켜보며 자신의 이야기를 말하고 자신을 분명하게 표현하고 있기 때문이다. 이런 사람이 하는 일이 모두 순조롭다는 뜻은 아니지만 적어도 실마리를 찾을 수 없는 털 뭉치처럼 한데 뒤엉켜서 살아가지는 않을 것이다.

나는 스토리텔링을 잘하는 사람, 특히 모란꽃잎 구석에 있는 물방울 하나까지 명확하게 묘사할 수 있으면서 조금도 사람들에게 잡다하다는 생각이 들지 않게 만드는 사람을 존경한다. 나는 스토리텔링이 위대한 기예라고 믿는다.

글 쓰는 사람으로서 나도 내가 이야기를 잘하는 사람이기를 바란다. 나의 눈으로 본 세상을 모란꽃잎의 물방울처럼 멋지게 묘사하고 싶다. 이런 이야기 속에 숨겨진 의미가 무엇인지, 의미가 있는지 없는지는 듣는 사람의 몫으로 남겨둔다. 안 그랬다간 이야기가 재미없어진다.

하지만 많은 사람이 항상 우거지상을 하며 말한다.

"아는데 말로 설명을 못하겠네."

속뜻을 전달하지 못하는 게 전혀 본인의 잘못이 아닐 때가 있다. 우리가 손으로 자유롭게 자신을 표현하는 법을 배워야 할 서너 살 때에 어른들이 잘못된 사랑의 발로로 언어 표현의 중요성을 지나치게 강조한 탓이다.. 만약 말을 분명하게 하지 않으면 의사에게 끌려가서 진료받는 신세가 되어 어른이 되면 자기표현의 길이 더 좁아진다. 우리가 정말 언변이 뛰어난 사람이 아니라면 표현할 수 있는 다른 방법은 거의 없다. 음악, 그림 그리기, 조각, 행동, 노동, 요리, 복장 같은 것도 원래는 언어처럼 중요한 표현 수단이었지만 이렇게 다양한 자기표현 방법을 익힌 운 좋은 사람은 우리 중 소수에 불과하다.

자신에게 적합한 방식을 찾아 이야기를 잘하도록 열심히 배우는 것은 반드시 젊었을 때 해야 하는 일이다.

1분 동안 분명하게 말하기

외국의 낙후 지역에서 10년간 NGO 일을 해오면서 나는 한 가지 일을 경험했다. 아무리 좋은 프로젝트라도 출신, 배경, 나이, 교육 수준이 제각각인 구성원들이 한 번 듣고 이해하도록 가장 간단한 어휘로 만들 방법이 없다면 그 프로젝트는 결코 성공할 수 없다는 것이다.

이야기를 잘 말하는 능력은 우리가 생각하는 것보다 훨씬 더 중요하다.

"젊은이, 자네 꿈이 뭔가?" 공부라고는 해본 적 없는 할머니가 길에서 갑자기 이렇게 질문했다고 가정해보자. 할머니가 이해하실 수 있는 몇 마디 말로 1분 동안 당신의 꿈을 할머니께 이해시키고 지지를 얻을 방법이 있는가?

요즘 젊은이들은 "아는데 말로 설명을 못하겠네"라는 말을 자주 한다. 그래서 프로젝트에 참석한 사람들에게 연습을 시켜보기로 했다. 모든 사람이 5분 안에 반드시 다섯 가지 일을 자리에 함께한 처음 보는 낯선 이들에게 분명하게 말해야 했다.

프로젝트의 내용 묘사하기

이 꿈과 나의 관계

이 프로젝트에서 '성공'의 정의는 무엇인가?

실패할 수 있는 원인

어떤 자원을 이용해 실현할 것인가?

모든 사람이 이야기를 마친 뒤 누구의 프로젝트가 지지를 얻었는지 투표했다. 이런 연습을 통해 내가 낯선 사람을 감동시킬 방법이 있는 사람인지 아닌지 객관적으로 볼 수 있다. 비록 좀 잔인하기는 하지만 자기반성 능력이 있는 사람에게는 매우 효과적이다.

하고 싶은 일 또는 어쩔 수 없이 하는 일을 만날 때마다 5분 동안 이 다섯 가지 문제에 대답하는 연습을 하고, 전혀 상관없는 사람에게 들려주거나 녹음을 채서 자신에게 처음부터 끝까지 들려준다면 좋은 프로젝트인지 아닌지, 성공할 기회가 있는지 아닌지를 알 수 있다.

죄수의 자유

런던의 한 갤러리에서 미얀마 정치범이었던 테인 린Htein Lin의 전시회를 본 적이 있다. 그는 대학 시절 정치 항쟁을 자기표현의 수단으로 삼았다. 하지만 이 미술학도가 군정부에 의해 암흑 같은 수감 생활을 한 뒤 다른 방식으로 자기를 표현하는 법을 찾았다. 그의 답은 많은 사람을 깜짝 놀라게 했는데, 그건 바로 예술이었다. 예술 작품의 도구와 재료는 더더욱 일반인의 상상을 뛰어넘었다. 6년간 옥중 생활을 하며 테인 린은 치약 뚜껑을 붓으로 삼고 비누로 틀을 만들었다. 그가 전하는 메시지는 폭정에 반대하는 게 아니라 어떤 상황에서든 사람이 살아 있다면 자기표현을 멈춰서는 안 된다는 것이었다.

군정부의 지명 수배를 피해 다니는 동안에도, 그는 숲에 몸을 숨기고 있을 때도 그림 그리기를 멈추지 않았다. 나뭇가지를 이용해 모래 위에 그림을 그린 것이다. 감옥에서는 화구는 말할 것도 없고 종이와 붓도 금지품이었다. 처음엔 손가락으로 음식물 포장지의 염료를 천천히 번지게 하는 방법으로 그림을 그릴 수밖에 없었다. 그러다 그는 교도소 재소자들이 매일 지나가는 남성 살롱이 가장 좋은 캔버스요, 치약, 라이터의 금속 롤러, 심지어 사용했던 주사기 몸통처럼 주변에서 얻을 수 있는 모든 것이 그림 그리는 도구가 된다는 걸 알게 됐다. 교도소 수감 동료는 테인 린이 그림을 그릴 때 망을 봐줬는데, 대가는 그가 감옥에서 '비밀 전시회'를 열거나 수감 동료들이 지정한 주제를 그리는 거였다.

그림을 완성하면 테인 린은 침대 시트 밑에 숨겼다. 교도관을 매수해서 그림을 외부로 빼낼 방법을 생각했다. 한번은 교도관이 그가 정성들여 완성한 추상화를 탈옥을 위해 그린 설계도로 오인하고 그의 노력의 결과물을 무참히 짓밟아버렸다. 하지만 계속 그림을 그리는 것 말고는 그에게 다른 출구는 없었다.

출품한 작품 중에는 옥중 생활을 그린 게 많았다. 예를 들면 죄수가 굴욕적으로 무릎 꿇고 앉아서 교도관의 검사를 기다리거나 그저 슬퍼서 감옥 구석에 웅크리고 있는 모습 등이다. 그중 몇 폭은 수감 동료들의 요구에 응해서 그린 거였다. 한 폭은 아름다운 황혼이고 다른 한 폭은 아름다운 불꽃이었다. 이런 아름다운 환상은 오히려 슬픔을 더욱 부각시켰다. 테인 린은 자신이 감옥에서 보내는 동안 끊임없이 재료를 찾아 계속 창작할 방법을 생각했다고 말했다. 끊임없이 그림을 그리고 끊임없이 숨기는 일은 그를 바쁘게 만들었고 누구를 원망하고 후회할 시간을 주지 않았다. 계속 그림을 그리기만 하면 모든 불행을 이겨낼 수 있을 것 같았다.

어떤 면에서 테인 린은 상대적으로 운이 좋은 사람이다. 감옥에 6년간 갇혀 있었기 때문에 군 정부 내부 파벌 간의 의견이 모아지지 않아서 석방되었고 영국 외교관과 결혼해서 미얀마의 그늘을 뒤로하고 런던에서 자신의 목소리를 찾았다. 이로써 그가 몸부림치며 저항하는 소리를 더 많은 사람들이 보고 들을 수 있게 되었다.

하지만 테인 린의 자유는 석방된 이후가 아니라 그가 세상에 저항하는 도구로서 그림을 그리겠다고 결정하고 숲속에서 나뭇가지로 모래 위에 그림을 그렸을 때 이미 시작된 것이었다.

생활 실험으로 표현하기

우리는 타인의 문제나 생활을 정말 이해할 수 없을 때 상대방의 생활 처지를 직접 체험해보려고 한다. 이런 시도는 보통 우리가 제대로 이해하는 데 도움이 될 뿐만 아니라 어떻게 하면 명확하게 자신의 의견을 드러낼 수 있을까에도 상당히 큰 도움이 된다. 예를 들면 맹인 체험 프로그램에 참가해 도시에서 이동해보면 별것 아닌 듯 보이는 주상 복합 건물이 장애인에게 초래할 수 있는 생명의 위협을 느끼게 된다. 또한 휠체어 사용자의 생활을 체험해봄으로써 장애인을 위한 시설이 부족하거나 제대로 갖춰져 있지 않을 때 발생하는 어려움이 얼마나 큰지 피부로 느낄 수 있다. 따라서 이러한 실제 생활 체험을 통해 원래 우리가 명확하게 표현할 수 없었던 개념이 입체적이고 뚜렷하게 변할 것이다.

가령 우리가 매일 저녁 인도네시아, 필리핀에서 온 외국인 노동자와 함께 쓰레기차가 오기를 기다리며 서 있을 때, 짧지만 함께 어깨를 나란히 했던 그 몇 분의 시간이 우리가 같은 생활 체험을 했다거나 외국인 노동자가 타이완 생활을 하면서 느끼는 감정을 진심으로 이해했다는 것을 의미하지는 않는다. 얼마 전 7년 넘게 홍콩에서 일한 필리핀 가사 도우미들이 홍콩 주민이 되는 신청을 할 수 있는지를 놓고 설왕설래가 끊이질 않았는데 일부 고용주가 언론의 제안을 받아들여 외국인 노동자와 6시간 동안 역할 바꾸기를 체험했다. 고용주는 외국인 노동자가 되어 매일 그들이 요구하는 일을 완수하고 다시 취재에 응했다. 고용주에게 소감을 물었더니 원래 확고부동했던 입장이 분명하게 바뀌었다.

"저희가 예전에 사람을 쓸 때 매일 아침 가족이 일어나기 전에 집안 구석구석을 새집처럼 만들어놓으라고 했는데 정말 힘든 일을 강요했더라고요……."

그중 한 고용주는 세 시간 동안 화장실을 청소하고 뭔가 크게 깨달은 듯이 말했다.

경제 금융 위기에 직면해서 영국의 보수당도 세계인을 놀라게 한 정책을 제시했다. 원래 법률 규정에 부합했던 영국 국민이 그들의 배우자나 자녀를 불러 영국에서 같이 사는 것을 거부하는 정책이었다. 단, 이 영국인들 본인이 직업과 돈이 없는 경우(연소득 5,000파운드 미만)에 해당했다. 가족 상봉이라는 명목으로 이미 영국 국민으로 규획된 가족을 따라 영국에 이민을 온 사람들은 대부분 인도, 파키스탄, 방글라데시 여성이었다. 보수당은 영국에 들어올 수 없는 가족의 경우 해외에 남아 생활할 수 있도록 송금해서 영국 복지 정책의 부담을 줄이는 방안을 제안했다. 사실 이 방안의 궁극적인 목적은 매년 이민자 수를 10만 명 미만으로 낮추는 데 있었다.

농업 위주로 운영되는 미국 조지아 주에서는 금융 위기 여파로 불법 이민자가 미국인의 소중한 일자리를 빼앗았다고 믿는 보수주의가 성행했다. 그래서 입법을 통해 불법 이민자를 국경 밖으로 쫓아냈다. 그 결과 생각지도 못한 노동자 부족 문제에 직면했고, 농가는 가치가 몇백만 달러에 달하는 딸기, 양파, 참외를 비롯해서 밭에서 썩은 기타 농작물까지 그대로 놔둬야 했다. 이 미국 농가는 미국의 현 세대가 어떻게 자기의 농작물을 수확해야 하는지 전혀 모른다는 사실을 알고 화들짝 놀랐다. 한 번도 손을 써본 적이 없기 때문에 하는 일이 굼뜨거나 버리는 것도 많고 효율도 너무 낮았다. 하지만 불법 이민자는 농장 주인의 조부모 세대에게 농업 기술을 전수받았다. 그런데 이 기술은 말로 설명할 수 있는 게 아니라 손으로 직접 일하면서 익힐 수 있었다. 그런데 오만하던 미국 농부는 그제야 불법 이민자

없이는 농사를 지울 수 없다는 것을 알게 되었다. 이런 경험이 이민자에 대한 그들의 태도와 입장에 영향을 주지 않을까? 분명 그러리라고 나는 백퍼센트 확신한다.

행동보다 의견을 앞세우지 말라

의견은 저렴하고 신속한 것이다. 특히 모든 사람의 의견이 즉시 트위터, 페이스북을 통해 실시간으로 전 세계에 송출될 때 우리는 경청하는 법을, 또한 우리가 최초로 보이는 반응 속에 어쩌면 무지와 편견이 가득할지도 모른다는 사실을 자주 잊는다. 의견이 행동보다 앞설 때 이후에 어떤 행동을 취하든지 귓가에 들리는 건 자신이 앞서 말한 의견의 메아리뿐이다. 따라서 알맞은 표현 능력 말고도 성장의 가장 마지막 관문은 바로 행동이 우선되는 습관을 기르는 것이다. 즉 먼저 행동한 뒤에 나중에 다시 의견을 내놓아야 한다는 얘기다.

예를 들면 사회에서 많은 사람이 이민자가 현지인의 일자리를 빼앗아간다고 생각할 때 우리의 의견은 무엇이어야 할까? "합법 혹은 불법 이민자들이 '빼앗아간다'고 하는 일을 하고 싶은가?"

만약 이 문제에 어떤 답을 내려야 할지 확신이 없다면 타이완에 사는 우리가 그들이 하는 일에 직접 도전해보자. 가령 필리핀 간호사가 일하는 가정간호 업무나 태국 외국인 노동자가 일하는 지하철 공사 현장 업무를 해보자. 하루 동안 직접 행동으로 실험하고 이런 일을 해본 뒤 다시 의견을 정리하는 것이다. 그러면 우리가 외국인 노동자들에게 일자리를 빼앗

긴 것인지 아니면 외국인 노동자가 현지인이 기피하는 일자리의 공백을 해결해 준 덕분에 우리가 경제적인 가치가 높은 일을 편하게 할 수 있는 건 아닌지 분명하게 자신의 견해를 밝힐 수 있게 된다. 직접 실험해본 뒤 내린 결론은 정치 토론 프로그램이나 거리에서 이웃이 말하는 관점과 다르더라도 쉽게 흔들리지 않을 것이다.

왜냐하면 행동이 가장 좋은 표현 수단일 때가 있기 때문이다.

또 다른 예로 캘리포니아 주의 딸기 농사를 들 수 있다. 과육이 야들야들한 딸기는 기계가 아닌 손으로 딸 수밖에 없기 때문에 딸기를 수확할 때는 하루 종일 허리를 굽혀야 해서 오래 일하면 굉장히 고통스럽다. 이런 이유로 농작물을 수확하는 중남미 지역 멕시코 출신 노동자에게 딸기는 '악마의 과일'로 불릴 정도다. 딸기는 현지에서 거의 전량을 다 외국인 노동자가 수확한다. 겉으로 보기에는 미국인의 일자리를 뺏은 것 같지만 사실은 그렇지 않다. 땡볕에서 과일을 따는 것도 고통스럽지만 날이 추울 때가 더 곤욕이다. 등이 아파서 말썽이기 때문이다. 비 오는 날엔 딸기밭 전체가 질퍽해져서 날이 덥거나 추울 때보다 더 고통스럽다. 이런 환경에서 이 일을 하겠다고 나서는 미국인을 아예 찾을 수 없는 것이다.

딸기뿐이 아니라 모든 농작물은 대량으로 수확할 때 굉장히 힘겹다. 어떻게 힘드냐가 다를 뿐이다. 포도 덩굴은 두 줄로 쭉 있는데, 그 두 줄 사이 거리가 딱 농기계가 지나갈 수 있을 정도여서 매우 비좁다. 포도를 수확하는 노동자는 포도 덩굴 지지대 아래에 쭈그리고 앉아서 장시간 포도송이를 자르고 농기계에 넣는 작업을 해야 한다. 그러자면 복사뼈가 다치지 않도록 농기계 톱니바퀴를 잘 피해야 한다. 하지만 아무리 조심을 해도 조만간 사고가 발생해 모든 노동자의 복사뼈는 온통 상처투성이가 된다. 섭씨 40도인 고온에서 쭈그리고 앉아 포도송이를 자르면 목과 어깨가 금방 굳는다. 뿐만 아니라 자리에서 일어나기만 하면 농약을 잔뜩 뿌려놓은 포도나무에 부딪혀서 노동자 본인이 암에 걸릴 확률도 엄청나게 높아지고 선천적 기형인 아이들의 비율도 상당히 높아진다. 이렇게 일해서 번 돈은 시간당 8달러다.

캘리포니아 기자가 시간당 8달러 기준으로 계산하니 하루 임금이 65달러(약 2,000타이완달러, 한화로 약 7만 원)로 꽤 괜찮은 액수였다. 그래서 사람들이 일일 생활 체험에 자진해 나서지만 실제로는 생각만큼 일이 결코 쉽지 않다는 걸 알게 된다. 농장에서 일하는 노동자들에게 자녀가 있는 경우 가장 싼 보모를 구해도 하루에 50달러를 줘야 해서 기타 필요한 지출(주로 노동자 임시숙소 임대료)을 제하면 남는 건 정말이지 쥐꼬리만 한 수준이다. 어렵게 모은 돈을 고향에 있는 가족에게 송금할 때 웨스트유니온 수수료만으로도 또 남은 돈의 20퍼센트가 홀라당 사라져버린다.

불법 노동자는 경찰을 피해야 해서 업무 외적인 시간에는 어디에 갈 수도 없다. 수감자와 별반 다를 게 없는 삶을 사는 이들에게는 사는 재미라고는 눈꼽만큼도 없다. 그저 일요일에 교회에 갔다가 공원을 산책하는 게 전부다. 어찌됐든 큰 도로나 사람이 많은 곳은 피해야 해서 극장도 들어갈 수 없다. 아이도 밖에서 놀 수 없다. 미국 이웃이 신고할까 봐 두려워한다. 이들은 운전면허증도 없는데 또 거리가 멀리 떨어진 지역의 임대료가 저렴한 곳에서 살 수밖에 없다. 매일 출퇴근길마다 걱정돼서 안절부절못한다. 길에서 경찰이 막아서면 그 자리에서 무면허로 운전한 차를 빼앗기고 최고 2,000달러의 벌금을 부과받을 수 있다. 그러면 벌금 내고 다른 중고차 한 대를 또 사는 것 말고는 달리 방도가 없다. 이런 일이 한 번 발생하면 1년을 꼬박 모은 돈이 눈앞에서 사라진다. 고용주에게 괴롭힘이나 학대를 당해도 신고는 꿈도 못 꾼다. 신고했다간 그 즉시 본국에 강제 송환될 운명에 처한다. 국제 밀입국 조직을 통해 미국으로 들어오면서 진 빚이 연체되면 죽었다 깨어나도 상환하기 어려워진다. 만일 아프기라도 하는 날엔 보험 혜택은커녕 돈이 없어 의사에게 진찰도 받을 수 없다. 어느 쪽으로 봐도 이들이 미국 사회에서 덕을 본다고 말할 수 없다. 굳이 따지자면 미국 사회가 이 불법 이민자의 덕을 보고 있다고 해야 맞는다.

뿐만 아니라 미국 농장노동자조합United Farm Workers, UFW도 사회의 대다수 사람이 농촌의 작업 환경(현실)을 전혀 모르면서 이민 노동자의 '의견'에 반대한다고 한목소리로 성토하는 걸 견딜 수 없어서 아예 캠페인을 시작했다. '우리 일자리 좀 가져가세요!Take Our Jobs'라는 이름의 이 캠페인은 이민 노동자가 농장에서 일하는 걸 반대하는 미국인이 직접 농장 일을 하겠다고 신청하도록 독려하는 게 목적이 있다. 그해 여름 약 3개월 동안 농장에서 하는 일과 처우를 알기 위해 연인원 300만 명이 캠페인 홈페이지에 방문했지만 그중 8,600명만이 이 일에 관심을 보였다. 대다수 신청자는 현실과 맞지 않는 임금 처우에 대해 개선을 요구했고, 건강보험과 퇴직금 보장, 이사 보조금 지원과 같은, 농장에서 제공할 수 없는 복지를 주장했다. 그 결과 여름이 끝난 9월 말까지 직접 농장에서 일한 사람은 고작 7명에 그쳤다.

멕시코인에게 꺼지라고 소리치던 300만 명의 애국자가 되는 건 쉽다. 하지만 직접 일하기를 원한 사람은 300만 명 중 7명에 불과했다. 100만 분의 2밖에 안 되는 이 소수의 목소리야말로 새겨들을 만한 가치 있는 의견이지 않을까 생각한다.

다음에 누군가가 우리의 분명한 의사 표현에 귀 기울이지 않더라도 그 사람에게 문제가 있다고 여기기보다 우리가 행동을 먼저 했는지 아니면 의견을 먼저 내세웠는지를 생각해보자.

우리에게는 어떤 미래가 필요할까? 대화를 하고 두 손으로 직접 일할 때 우리의 손끝은 더 나은 생활 방식을 가리키며 우리를 이끌 것이다. 그렇다면 무엇이 더 나은 생활 방식일까?

먼저 존중하는 태도로 행동하고, 나와 다른 사람, 다른 민족, 다른 의견을 가진 사람과 대화를 나눈 뒤 신중하게 자신의 의견을 정리하고 나서 분명한 의사를 표현하는 것이다. 자신의 이야기를 잘 말하고 나 자신, 타인, 생활, 자연에 대해 우호적이라면 의혹도 없고 후회도 없는 나만의 생활 방식이 자연스럽게 생길 것이다.

아름다운 인생의 비결도 고작 이 정도에 불과하다.